朱槿可以在這裡開花嗎？

克萊兒·拉堤農——著
黃意然——譯

UNEARTHED

On race and roots, and how the soil taught me I belong

by Claire Ratinon

推薦序

人與自然界深切地纏繞在一起的恢復力

——古碧玲（《上下游副刊》總編輯）

栽種食物是我修復破碎心靈的方法，也是我將自己織回豐富而大膽的祖先織錦的方式。

關於「自然」的定義，我所受到的震撼越來越劇烈，甚至每每提起「自然」兩字都心虛起來。到底何謂「自然」？「人類世」這名詞灌進我腦中後，思索人類翻攪了地球各個角落後，有生息的、無生息的都與人為種種揉雜得難分難解，我們還可以說用「自然」或「荒野」來界定人以外的他者嗎？但無疑的，當我們在人類社會受到磨難侵害，創傷難復時，遁入「自然」，彷彿逃入母胎羊水般窩蜷起來，是常聽聞的選擇。

擁有英國公民身分的作者克萊兒・拉提農，於參加反伊拉克戰爭的抗議行伍中，她因淺褐的膚色、細捲若飛瀑的頭髮，被一位男子咆哮，指稱她不是英國國民，「妳為什麼不乾脆回去妳來的地方？妳為什麼不滾回家鄉去？」

這是她的族群文化震盪，儘管她生於斯長於斯，卻發覺自己竟然不屬於「盎格魯薩克遜白種人」的大不列顛及北愛爾蘭聯合王國公民。儘管她自幼就明白自己的與眾不同，「曾經希望我的臉蛋、頭髮、皮膚不是這個樣子。」她花了多年時間希望自己成為別人，直到抗議活動的那一刻，「從來不曾稱其他地方是我的家」在那陌生人口沫橫飛的惡毒語言一刀劃下，把她隔絕在外，澈底剝奪了作者以為「出生地就是自己的歸屬」的能力。

家和歸屬感交織在一起，滿溢的安心感不再，她退學回到被父母撫育大的郊區，陷入找不到「家」的心靈空洞。族群的相異，敦促她循線想了解自己父母的來處——模里西斯。更希冀追求所謂的「成功」在大都會立足，以緩解她無根的徬徨焦慮。這種缺乏認同感的膠著幾無良方可醫，直到在紐約工作，遇上都市農耕計畫的「布魯克林農莊」，土壤、蚯蚓、除不完的草、長不完的黴菌、收成不如預期等揮汗若雨的栽種事務，叫她的心臟感受到從未有的嗶啵跳，她想不如歸去遠離塵囂。

確實，在城市人的感知裡，回到鄉村務農，似乎比較「自然」。拉堤農決然賣掉倫敦小公寓，徙居郊區。這過程中，憬悟到她想像的可以療慰醫治心傷的「自然」並非屏除人以外的自然，她重新解構自己定義的「自然」，於其中找到定錨之道。

當居住在都市的人口占地球總人口半數以上時，人們容不下城市裡謀生的植物和生物，無不去之而後快。克萊兒・拉堤農與多數都市園丁一樣，一概視之為害蟲、害獸、雜草。她咒罵翻挖自己甫加覆蓋層的園圃的松鼠；當出現植物與她所種植的作物競爭時，她毫不留情地從土裡拔起鏟除「雜草」。用網子罩住黑醋栗園圃，防止那些「該死的」黑鶇吃得一乾二淨。她坦承自己無論在城市和鄉下對這些「干擾者」都很不友善。

「有了空間與寧靜，卻找不到荒野。」她以為這就是自己想要的，到一處人類痕跡不那麼明顯、生物有更多空間茁壯成長的地方；一旦她在那裡，才發現與自己想像的「荒野」大為不同。那裡也是人為的地方——綿延起伏的金色與綠色的田野都是荒蕪的私人土地，任意用冬青和荊棘的灌木樹籬及帶刺鐵絲網的圍欄劃分。「沒有真正探索的自由，小徑和期望路線、梯蹬和黃色箭頭告訴你該往哪裡走，提醒你禁止擅自闖入。」當地有林地，山楂及橡樹、啄木鳥與紅腹灰雀、鹿和獾處處，但那些空間並不像看起來的那麼「自然」，鄉村裡可能沒有一處是她想像的那種荒野。

她似乎進入了思考「人類世」的影響與運作。領悟到她真正渴望的是「市集園圃和農場的熱烈、活力與生氣，在那裡，人類促進欣欣向榮的生態系統形成。我想望的地方不是沒有人而是充滿了園藝家和栽種人，他們用心目中的荒野與美麗來培育植物和土壤。我渴望的空間是人與自然界深切地纏繞在一起，而不只是繞過別人的私有土地邊緣」。人類確實早已和自然界交揉混雜到難分難捨，就算我們放棄所有的人為力量，「自然」會回復到數百年、數千年甚至數萬年前的無人狀態的「自然」嗎？

閱讀《朱槿可以在這裡開花嗎？》，最具省思之處在於，作者並不一味地認為「萬徑人蹤滅」是她想要回歸田野的意境，放眼人類足跡所沾染介入的寸縷，她反倒不想把人隔絕在栽種生活之外：「我想要居住的地方是放棄劃分與控制的欲望，在那裡園圃側邊的植物可以溢出到小徑上。我想要尋求的地方是人類親手栽種植物，邀請其他的生物到來，這樣我們就可以一起在四季裡跳舞。」

她設想鬆解人們凡事想要據為己有的欲望，人們繼續在土地上種植，找到與他物的相處之道，也要崇敬土壤「當成神聖的實體」，讓植物並排生長；「到處都是有意圖的地球人，而不是完全沒有他們」。拉提農腦中的「烏托邦」輪廓顯然較接近所謂的「里山倡議」——讓生態、生產與生活合一，人們持續擾動、創造環境，張臂歡迎願意入住的所有生物，建構小型農場和社群的種植空間、市集園圃。在其中，人們都是有意圖、無章法地種植，種到作物都滿溢出來，「我想要在那裡和其他栽種的人一起」。

當她經歷了一場我們都無法倖免的全球大流行病之餘，還體驗了前所未有的種族討論，首度感覺最接近家的地方就在那——看著從她家族起源之地捎來的模里西斯苦瓜開出第一批花朵，彎彎曲曲向天伸展，她迫不及待打算把這些苦瓜送給母親。

遷徙鄉間將近一年，她度過一輪四季，摸索到可以重複種植的循環，她管理那片土地，全心全意投入以增進土壤的健康，把土壤視為身體、勞動、溫柔與土地之間的結締組織；她修復了自己、再造了自己，與人無法斷鏈的自然界建立見山又是山的關係。她明白人類與萬物的生存莫不是經由群體的努力。我們每咬一口食物就吃掉不可計數的生物貢獻，消耗陽光、水、光合作用、分解作用的慷慨給予。

拉提農的「出土」是連串的修整，就像栽種植物般，很難在第一次種植就收穫累累。得要不斷調整位置、種植的時間、水量與肥料的控制，學會讀懂風土甚至天象等；在不斷地嘗試之中，邊種植邊觀照自己內心與外眺自己以外的他者。她想要的是人與自然界深切地纏繞在一起，這是一種處於人類世之下的領悟，讓她找到讓自己此刻最舒服的生命觀，如此，朱槿當然可以在這裡開花。

CONTENTS

獻給我的父母、祖父母，

以及我們所有的先人。

序言

我每天早上七點同一時間放雞出去。即使在像今天這樣的七月天，牠們會和太陽一起稍微早點醒來。牠們聽到我來了，當我打開後門，嘎吱嘎吱地踩過碎石子走向雞籠時，可以聽見牠們嘰嘰喳喳的聲音越來越急迫。我推開門，看見一隻源自史前的眼睛透過雞舍側面的小窗盯著我，然後四個胖墩墩、長滿羽毛的身體跌跌撞撞地擠過缺口，滑下坡道，跨過我的雙腳，衝向食物在等待的地方。我停了半晌，觀賞牠們在空中令人印象深刻的一團忙亂，飢餓的小喙叩──叩──叩地啄食早餐的暗灰色顆粒。

大多數早晨我都急忙回到床上再睡一小時，但是這個溫和宜人的早晨，寧靜的氣氛值得再逗留一下。陽光照射過覆蓋在我腳邊地面上的晨露閃閃發光，菜園另一邊田野裡的高草輕輕彎下柔粉色的種莢來迎接這一天。毛腳燕默默地在頭頂上飛舞，黑色身軀、白色腹部、叉狀尾巴輕快地掠過空中。周遭一片寂靜，只有熊蜂找尋春蓼穗狀的小花採蜜所發出的柔和嗡嗡聲，還有雞群的聲音，牠們的注意力已經從餵食器轉移到扒抓地面尋找小蟲。我打開溫室門讓困在裡面的濕氣散逸。黃瓜植株和單一株苦瓜的捲鬚朝我伸來，捲曲著希望能夠找到可以緊緊抓住的穩固東西。這幾株瓜類種得太晚，但我抱著樂觀的心情種下。鋸齒狀邊緣的葉子和黃花緊貼在蒸氣騰騰的窗戶上有如汗濕的手掌。我轉過身，聞到茉莉甜蜜的芳香，從攀爬過木圍籬的藤蔓朝我撲來。我貪婪地吸進花香，熱切地欣賞著星形花朵時，發現某樣熟悉的東西糾纏在附近花圃滿溢而出、混亂的仲夏植物當中。

翠綠色心形的葉子從莖上冒出，而莖在向上攀爬尋找陽光時，緊緊地纏繞著任何可以抓住、依附、勒死的東西。這特殊的樣本被放任生長了很長一段時間，已長出花蕾，最頂端綻放了喇叭狀的白花。一看到這植物，我開始驚慌失措。毫無疑問，無論是由於疏忽、分心，還是無能，田旋花已經在我照看的花園裡撒野，達到有時間安頓下來開花的程度。

我第一次見到田旋花是在孩提時代，當時學校操場四周的鐵絲網圍欄上爬滿了田旋花。我會慢慢地擠壓飽滿的花蕾，直到花蕾不再抗拒發出令人滿足的「噗」

的一聲。那時我並不知道這些蓬亂的花朵有一天將會成為我的剋星，光是看到它們我就會驚慌不已。我想每位栽種人和園藝家都會有一種折磨他們的植物。一種生長習性猖獗或是播種有點過多，或壟斷水、土壤，或陽光的植物，導致他們努力栽種的植物不得不爭奪生長茁壯所需的養分；一種跟著他們從一處花園到另一處花園的植物，提醒他們無論多麼努力，花園裡還有許多東西他們無法控制。田旋花以逆時針旋轉、令人窒息的方式纏繞，根部深入地下三公尺，但是稍施重手就輕易折斷，是我永遠的敵人。

我曾經耗費一整個春天，試圖從我獲准管理的第一塊土地中挖出那些易脆的白根。那是位在哈克尼教區牧師住宅花園尾端的一小塊土地，那塊地的一邊整齊有序，有五畦菜圃，已經輪流種植綠葉沙拉蔬菜好幾季了。但是另一邊則任其恣意生長，長滿了齊肩高的蕁麻和荊棘。那個冬季，我花了幾個月的時間砍除那些亂成一團、扎人的帶刺植物，找到了覆盆子灌木、醋栗叢，和一座隱藏在下面的池塘。可是，一直到天氣開始暖和起來田旋花才現身，爬過分開混亂與整齊國度的道路底下，然後出現在地面上，扼殺多年生草本植物，干擾越冬菾菜。這是項徒勞的工作，但是我受到栽種新手的決心驅使，愚蠢地認為自己可以比這到處遊走的有害植物更頑強。

固執和理想主義是我剛開始種植食物那幾季的特徵。像我這樣改行的人就可能會如此，對於自己的新方向瘋狂熱衷、偶爾不切實際，因為眼前投入的道路將他們從導致自身痛苦的工作生活中解救出來。當我找到栽種植物的工作時就有這種感受，並不是我去尋找這個工作，而是這工作自己找上我。我想要相信，就算在六月那個陽光明媚的星期六，我沒有走到紐約的那條街上，這工作也會在別處找到我。

我當時是個紀錄片製作人，偶然發現了布魯克林農莊，迷上了那裡的一切。我感到不再熱愛自己從事的工作時，突然發覺自己站在屋頂的農場上。想要栽種食物的強烈欲望誘哄我回到倫敦，在那裡我為了穩定的生活，一面仍做著舊的工作，另一方面，我當義工、受訓、學習，兢兢業業地達成任何需要我到戶外接觸植物與其盟友的工作。我在任何獲得許可的地方播種、栽植幼苗、澆水、除草。我在倫敦市中心學習如何養蜂及照料蜂箱後，捨棄了以前學到的傳統養蜂法，採用一種自然的方法，這種方法尊重蜜蜂的行為、不多加干預，效果更好。我到小學和社區活動中心教小孩子做園藝工作，向他們解釋土壤不是髒東西，不可以因為覺得新鮮的蔬菜難吃就把菜吐在我手上。我種了活力旺盛的芥菜和美味的酸模、巨無霸的牛番茄、成箱的四季豆，以及形狀難以置信的櫛瓜，供應給餐廳、咖啡館和一個蔬菜箱計畫。我竭盡所能地做各種工作，設法接觸膽敢在城市裡生長的植物，這件事情改變了我。

我開始理解並欣賞腳下這片土地裡的生命，以及從中生長出來的東西的可貴之處。我忘掉了以前被飛過的昆蟲嗡嗡聲包圍時感受到的本能恐慌。當我開始了解一顆種子如何發芽、一株植物如何生長，這整個生長過程所依賴的所有系統和有機體，以及一旦植物長成後所有依賴它的系統和有機體，我開始編織出一種認知，領悟到沒有任何事物能夠脫離其他事物而存在。人類、動物、植物、元素，我們全都深切深刻地連結在一起。即使是我很可能會與其戰鬥到園藝生涯最後一天的田旋花，也是這神聖無限的網絡中的一部分，和我一樣在生態系統裡有權占有自己的一席之地。雖然我會在田旋花勒死我的紅醋栗之前解開它的莖，讓它遠離我的堆肥堆，但是我這麼做時抱著一種信念：田旋花頑強的根系無論從比喻或事實上都是將大地編織在一起的東西之一。它既平凡也是奇蹟。

栽種食物的行為確實很平凡，是我們與彼此以及祖先之間為數不多的共同點之一。我們都仰賴栽種食物維生，大家的血統都源自農民。然而，第一次看見實際的栽種食物行動、親自參與其中、了解相關的錯綜複雜的細節，並選擇將栽種食物當成我畢生的事業，卻是意想不到的事。在將近三十歲時（重新）發現栽種食物這回事的感覺如此令人驚嘆，顯示出我們許多人已經與這維持生命不可或缺的過程距離遙遠。父母師長鼓勵我們取得學業成就，政府與社會敦促我們放棄追求意義、從事富有生產力和經濟獲益的工作，也難怪養活彼此的卑微工作不被視為是值得尊敬和欽佩的道路了。

但是，對我而言，這已成為我所知道、唯一能追求意義的道路。栽種食物幫助我找回自我，讓我了解在貪得無厭和無所歸屬之外的真實自己。栽種食物向我展示了我在許多方面都被編織進存在的織錦中，我們所有人都是這塊織錦的一部分。栽種食物讓我能夠專心聆聽地球的呼喚，以永遠熱愛的步伐踩踏在地球的表面上。當我在歷史書中找不到祖先的故事時，栽種食物教我如何跟隨他們的腳步。栽種食物還教導我用具有療效的植物來照料傷口，讓我在相信自己毫無歸屬地生活多年後，知道自己是某種深奧、神聖的事物的一部分。

這趟旅程並非一帆風順。儘管我不知道也永遠不會知道我祖先的名字，但是我曉得他們承受了很多苦難。我知道有些人遭到拐賣，有些人離鄉背井移居外地，而在土地上的勞動工作使他們很多人遭到監禁控制。田地是他們遭受壓迫的現場，他們有許多後代下定決心永遠不再回到那個悲慘的地方。我知道這點是因為我正是那些後代之一，我也曾經認為我要從事那份奴役他們的工作是不可理解的事。可是當我們遠離大地、蔑視大地，認為那些耕耘、培養大地的人很低賤時，我們摒棄了非常多的東西。倘若我們一直遠離磚牆外的綠地，我相信我們永遠不可能完整。如果我沒有找到這份工作，我很確定自己到現在還是茫然失措。

我發現我喜歡在城市裡栽種食物。這是一種挑戰、堅定的愛，我試圖在任何一小塊願意接納我的土壤上栽培這種愛。我熱愛那些在狹小得難以置信、陽光普照的地方所生長的植物，正是這種愛讓我渴望更多。我想要更多空間、綠地、更多的植物。我想要一座園子，在那裡我可以種植任何自己選擇的作物，因為照料那塊地是我的權利。我成年後的歲月都一直住在城市裡，因為當你覺得自己不那麼引人注目的時候，即使感覺與眾不同也會比較自在；可是，由於渴望追求更多的種植空間，如今我發現自己住在鄉村裡，擁有一座花園、一塊菜圃、四隻雞，和一間溫室，穿著睡衣褲站在外頭的晨光中，褲腳塞進橡膠長統靴，用力拉扯著糾成一團的田旋花莖。

我們第一次來看房子的時候，我就看到了那些心形的葉子。我心知倘若我們最後搬到這裡住，這個老朋友將會等著迎接我。第一個春季的最初幾天，我試著將田旋花的根從碎石子下面拔出來，這些根在帶領我走到和鄰居共用的圍籬後方時冷不防地折斷了，害我毫無道理地輕聲咒罵新鄰居。田旋花根即使只留一小截在地裡也會愉快地重新長出，因此，就像到目前為止我種植的每一季一樣，我預期明年還會再見到田旋花。

奇怪的是，見到我認得的植物在這裡生長令我安心，因為花園裡有太多東西對我來說仍是個謎。至少有一樣東西是我搬到鄉間後知道該如何處理的。

第1章

房子座落在半山腰上，從前面可以看到位在我們村莊和最近的城鎮之間的林地，後花園則俯瞰一片到處散布著老樹的田野。我走出屋外，將搬家拆箱的工作拋在後頭，繞著花園轉了一圈。看來秋天已經吹過這裡，葉子已然變黃掉落地面好一陣子，每踩一步就發出吧唧吧唧的聲響。我努力回想第一次見到這地方的春天，以及我們回來再三確認想把這裡當成家的夏天，我是看到什麼花綻放得歡快又令人折服。我不記得當時看到什麼植物在生長，現在也無法辨別，因為植物一年一度躲回地裡的行動已經展開了，但是我確實記得當時對於有機會可以認識這些植物、了解如何滿足它們的需求，內心感到興奮不已。

不過現在不是請花園向我揭露真面目的時候。我不該認為自己可以興沖沖地過來，馬上就能得知它的祕密。這座花園裡有許多生命，經歷過許多成長與衰老的周期。這是我的第一座花園，但是在我之前它曾經屬於很多人，所有在這裡生長的植物都是別人帶進來的。這些植物是由園丁撒播、微風吹來，或路人帶來的種子，還有那些在冬天縮回扎在地裡深處的根系以積聚力量、等待春天的第一個跡象來喚醒的種子生長而成。這是由選擇、勞動和偶遇所構成，擁有許多層次的地方。我可以感覺到創造這地方所投入的精力，以及塑造這地方的人在嫁接過程修整剪枝的手藝，還有栽培與種植的技術。百年或者更久以來，接觸到並設法培育這片土壤的生物所累積的能量。即使在植物枯萎的時候，仍散發出的滋養能量。

我想像這座花園的所有園丁居住在這裡時，是如何任性、無意地塑造園子。有些選擇我不喜歡（滑溜如死亡陷阱的室外地板），有些讓我覺得充滿希望（如瀑布般垂落的馬鬱蘭）。我想像每位園丁審視這個地方，設想他們要將哪些植物塞進日照最充足的園圃，或者倘若他們認為哪些植物可以存活，就種到被鄰居芬芳的胡頹子遮蔽的陰暗處。我想像他們歡迎野花入園，希望它們乖乖聽話，就像我也會這麼做，看著野花越過邊緣在別處定居下來，卻發現這些花太漂亮而捨不得移除。我想像他們做出艱難的決定，告別生病的玫瑰、傾斜的矮樹，以及未修剪的灌木叢，想像這些灌木每年夏天開花，但是生長得過於侵入小徑，無法再留在那裡一年。我想像他們在陽光明媚或細雨綿綿的日子，或是霜凍、霧濛濛的日子，滿懷愛心或是心不甘情不願、遲疑不決地照料這塊地方；我想像他們無論是有意或無意留下了自己的標記，將這座花園留給我承繼，從現在管理到未來的季節。

我找尋線索。我研究剩餘的東西，檢視葉子形狀和無頭的莖幹，檢查殘餘物尋找暗示——一些具有特色的東西，可以看出誰或什麼在這季節當中在這裡生長的跡象。我找到不久前才開花的植物的深色殘骸，長得筆直但是現在缺少了葉子、葉綠素和顏色。兩簇萬年草從莖的底部開始變黃；這種花在夏末會和有翅昆蟲一起愉快地擺動，然而曾經鮮豔的花朵現在變得接近血紅色，對蜜蜂來說已毫無用處。蒲公英和羊蹄在水泥磨損的小徑裂縫中找到了家，主根深深扎進泥土裡。前任屋主只是過客，他們在花圃裡添加的植物已經被挖起來，跟著他們搬到新家。從這裡，我能看到那些植物留下的坑洞，如今塞滿了細枝和潮濕的葉子。那些留在地上的灌木叢及矮樹被放任散亂、不受控制地蔓生，外表濃密、底下光禿禿。在花園突然凹陷、最冷的空氣聚集的地方，曾經高大的蕨類植物的原始葉子枯萎捲曲，壓垮了自己，顏色變得暗淡。我用拇指劃開一株不知名植物的種莢，看著一點一點蓬鬆的種子分散開來飄落地面。我想知道這是什麼植物的種子，幼苗長大後會變成什麼樣。一叢令人印象深刻的觀賞草，葉片帶有條紋，低垂的種莢宛如柔軟的粉紅色羽毛，在今日僅剩的一點陽光開始消逝之際，在近乎冬季的風中搖曳。這是一座由殘餘物和廢棄物組成的花園，過去的豐富、疏忽和榮耀都逐漸衰敗。

了解一座花園就像結交新朋友。這是個需要耐心的過程，要容許花園按照自己的時間表展現出來。這段過程中，強迫我的手接受無所作為是最有效的方法，至少在冬天是如此，今年我尤其感謝花園的邀請。我知道，在土壤和落葉底下，花園所收集的故事正等著我。球莖被扔進挖好的洞裡，裸露的根部被沾滿泥土的鞋跟牢牢地踩進土裡，帶芒刺的種子鉤在棉布、羊毛或毛皮上。有的植物是朋友或鄰居栽種的，有的是自己跨越圍籬，或是在路邊將幾塊硬幣投入舊錫罐換來的。

我分割根團，讓插枝生根，在乾燥的日子裡將種子收集到紙袋中，然後傳遞——或說留傳給戴著手套的雙手，手套上結了一層泥土硬殼。以松果和椰子殼做成的餵食器裡塞滿了板油和種子。冬青、常春藤，和山楂的漿果沉重地懸垂著，供飛快地穿梭在樹枝間的鳥兒食用。關於這座花園我還有很多需要了解的事，但是隨著一天天過去，我能看到的東西甚至會越來越少。又一根莖折斷了，又一片葉子被吹到小徑上，滾向聚集在暴雨排水溝上的那堆葉子。

我回到屋內，廚房桌子上有一疊特百惠的容器。紅扁豆、咖哩魚、某種炒青菜，電鍋正在蒸煮著，空氣中充滿了溫暖、熟悉的味道。我吸進米飯富含澱粉的香甜味，再緩緩地呼出來，我的身體熟知這種味道。我媽戴著橡膠手套，正在刷洗烤箱，我爸正在拔出牆上的釘子，一星期前釘子上還掛著另一家人的照片。他修繕，她清掃，那是他們的習慣。如果沒有東西損壞，一切都一塵不染，那他們兩人就萬事大吉。我以前也是如此，但是現在我的生活一團混亂又黯淡——沒有破損，但是雜亂地拼湊在一起。我知道這不是他們為我設想的生活，但是話說回來，這也不是我為自己想像的生活。

我在郊區長大，成天埋頭讀書。在成長過程中，我沒有在青青草地上玩耍、穿著橡膠長統靴或爬樹。戶外令我緊張不安。我喜歡存在於書頁之間以及我個人想像中的神奇大自然，但是我不願意去體驗自然，因為會發癢、打噴嚏、鉤破衣物、擦傷、弄得髒兮兮，我認為那些就是到野外冒險的全部。我相信大自然的一切毫無價值，盡是一些最好避免的東西。

在我青少年時期，目光總是望向城市。當時年輕，沉醉於自己想像中的城市生活：狂野、自由、快樂。我想要生活在可以躲藏在人群中、不會引人注目而安心的地方。我想要體驗被默默接受的可能性，感受到自己並非不受歡迎，因此除了城市以外，我看不出這種事還會發生在什麼地方。唯有在城市我才能想像自己打造出成功的生活，達成唯一一件真正重要的事——讓我在這裡和在模里西斯的家人感到驕傲。所以我就這樣做了將近十年：設法擠上公車，塞在其他擠成一團的通勤族當中，坐在開放式辦公室的辦公桌後面，住在租來的小房間裡，我的生活和未曾謀面的鄰居之間只隔了一道磚牆。

然而在過去幾年中，隨著每個生長季節流逝，我的內心日益安靜，使得城市似乎過於喧囂。我越愛上在那裡找到的自然，就越失去對城市本身的喜愛。我對接近自然界的渴望迅速增加，使得馬路顯得更為擁塞，城市的空氣聞起來更加受到汙染。每當卡車駛經我們在倫敦的公寓振動了牆壁，或是清晨的電子音樂聲害我穿著睡衣站在街上、懇求年輕喝醉的鄰居安靜，我所渴望的安寧感覺遙不可及。渴望多一點翠綠、少一點水泥灰也許是大腦的詭計，但是在倫敦的生活開始令人感到窒息，而我以前認為難以理解的鄉村生活，隨著四季更迭，卻成了我白日夢的焦點。

最後我們匆忙地離開，儘管有段時間想法一直在改變。自從三年前我們同居後就老是撞到公寓的牆，畢竟是兩人擠在適合一人居住的地方。我是個食物栽種者，總是穿著沾滿泥土的靴子回家，而他是位藝術家，租了一間鄰近水泥廠的工作室，回來時牛仔褲和鞋子上到處都是顏料。我是在有穩定薪水的時候買了那間公寓，過了三年距離極近、浴室沒有窗戶、幾乎一切共享的生活後，我們將小公寓換成在東薩塞克斯郡鄉下的一間屋子。有三間臥室、一個車庫和一座花園。

離開的那天，天空灰暗，我們跑下公寓樓梯時，雨點打濕了裝滿書籍、一罐罐自製果醬，以及自從春天以來就沒再穿過的結實靴子的箱子。我們的一生被裝進紙箱，扔到一輛往南行駛的搬家貨車後面。我目送貨車載著又大又重的家當疾馳而去，我們則將唯恐打破的物品以及希望能夠熬過這趟旅程的植物裝進車子後面，告別了倫敦。當我們穿過城市時，雨開始下得更大，不過等我們進入肯特郡以後，陽光破雲而出，我調高音樂的音量，在興奮與不安中對山姆微微一笑，山姆捏了捏我的手讓我安心。

和大多數朋友一樣，我在十八歲時第一次離家去上大學。我想住在城市裡並且下定決心要勇敢一點，於是選擇去了諾丁罕而不是倫敦，因為倫敦距離我成長的地方感覺有點太近了。我在那裡待了大約六個月後，政府宣布了對伊拉克的戰爭，我滿腔年輕人特有的怒火，跑到市中心和其他數百人一起抗議。我大膽地加入所有公民的呼聲中，和他們一起跺腳告訴政府他們的行動不代表我們。在抗議遊行、反覆呼喊、演講之後，我正要和朋友離開時，一個男人攔住了我。

「那邊發生了什麼事？」

「是反對伊拉克戰爭的示威活動。」

「對。那妳是從哪裡來的？」

「哦，我們是大學……」

「不，妳是從哪裡來的？」他轉向我問，將我朋友排除在外。以前就有人問過我這個問題，而且根據他顫抖的聲音裡高漲的怒氣，並且令人擔憂地靠近我的臉，我便知道這並非善意的詢問。血液大聲猛烈地敲擊著我的太陽穴，我告訴他我在這裡出生，我和他的護照外觀並無不同，他所說的英文是我最熟悉的語言。他告訴我，我沒有發表意見的權利，這不是我的國家，如果我不喜歡這裡、厚著臉皮去參加抗議活動，那我大可離開。

「妳為什麼不乾脆回去妳來的地方？妳為什麼不滾回家鄉去？」他怒氣沖沖地小聲對我說，一邊後退離開我們。我的朋友一直緊緊抓著我的身側，她拉著我的手臂把我拖進附近的一家餐廳，我倒在她的身上，痛苦滾燙的淚水順著臉頰流下。

我從小到大都知道自己與眾不同，對這事實感到不自在和難受對我來說是家常便飯。我很小就知道在很多人眼中我是個外國人，一個外來者，從別處來的人。在那男人的話語中，從他嘴唇吐出的惡毒言辭裡，我明白他滿懷輕蔑，不是因為我做了什麼事，而是因為我的身世。他很清楚地表示，我的身世在英國這裡不受歡迎，我的意見也不受歡迎。對他而言，我的家在別處，他要我離開，到那裡去生活，而不是在這裡、在這個國家生活，這是他的國家，永遠不可能是我的。

我還小的時候曾經希望我的臉蛋、頭髮、皮膚不是這個樣子。我浪費多年的時間希望自己成為別人，但是一直到抗議活動的那一刻，我從來不曾希望自己身在別的地方，因為我從來不曾稱其他地方是我的家。那個陌生人用飛快、惡毒的言語，剝奪了我相信出生地就是自己的歸屬的能力。他在這座島的周圍畫了一道白線，命令我站在線外。從那以後，我就反覆不斷地看到這種觀點：在英國這裡身為黑人或棕色人種就意味著這地方不可能成為你的家。在這裡不是白人就表示你屬於另一塊土地，你待在這裡的權利將永遠備受爭議。

我在諾丁罕並沒有待很久，從那天以後，整個城市對我來說都充滿惡意。他用他的言語和憤怒汙染了一切，我放眼望去看到的盡是鄙視和絕望。我感覺很不舒服，也和我的室友鬧翻了，因此一個月後在復活節前夕就退學，再回去和父母同住，回到我簡陋、冰冷的童年臥室。

路易士港，一九六四年

她還小的時候，蘋果在模里西斯是稀有而昂貴的美食。父親會在星期日早上六點左右參加第一場彌撒，之後就去市場買肉給全家人在他唯一的休息日吃，這天是專門保留給上帝的。倘若那星期有剩一點錢，他就會買幾顆蘋果帶回家給孩子們。她挺喜歡蘋果，但是她真正愛的是新年以後盛夏當令的龍眼，和每年十一月產出的碩大多菲內芒果[1]。母親每天大半時間都在廚房為家人做飯，如同世人對大多數家庭主婦的期待，不過她比其他人對此事更引以為傲。在孩子們上學，丈夫邊修鞋子邊回憶他在二戰後為英國陸軍在埃及工作那幾年充滿驚險的日子時，她會攪動鍋中燉著的扁豆咖哩，揉麵糰做印度薄餅，將香料和芥末油搓揉進切成薄片的甘藍、胡蘿蔔、四季豆中，掌控蒸得恰到好處的米飯。

母親會吩咐她留心聽賣菜小販的叫賣聲，他會推著腳踏車沿著他們家旁邊的那條路四處遊走。車上的瓦科阿樹葉編織的籃子裡裝滿了南瓜、綠葉蔬菜和李子番茄，輪子在重壓下抱怨地發出輕微的嘎吱聲。這些全是從他那一小塊肥沃的紅土地上長出來的，他載來賣給婦女，她們一聽到他的聲音就會走到家門口。每當聽見有商人走近，她都暗自希望是那個三輪車上綁著玻璃箱的小販，箱裡裝滿了炸辣椒球、番薯甜餅或扁豆咖哩炸脆餅。等他來的時候，她會滿懷希望地向父親要幾分錢，為她自己和姊妹們買一份紙包的油膩美食。

等她年紀夠大夠強壯，可以提好食品雜貨不會弄掉後，母親就派她去中國商店依次買米或扁豆，或者小包的咖哩粉。店主會在小筆記本裡將她購買的清單記在他們的姓氏旁邊，等發薪日到來時父親就會來結帳。她經常好奇店主究竟何時睡覺，因為即使晚上商店關門了，你還是可以偷溜到旁邊敲敲窗戶，他們就會將你需要的東西從牆上的小開口推出來。

圖道杜斯[2]，一九六四年

他母親不是那麼熱衷待在廚房，不過受惠於她的丈夫，他和大多數男人不一樣，廚藝非常精湛。他和五個兄弟姊妹喜歡看父親俯身顧著爐火上冒泡的鍋子，因為那表示晚餐將會是特別的餐點——咖哩雞或者也許是燉肉，而母親會很高興和鄰

---

1. 模里西斯產的一種芒果，顏色為綠色或淺黃色。
2. 意思是清水洞。

居閒聊一整天，不用困在家裡。他們會互相推擠，想要排在隊伍的第一位，希望能拿到爸爸料理最好的部分。然後他會坐到小板凳上，餐盤平衡地擺在皮包骨的膝蓋上，優先吃那一小塊肉或魚，以免被其他兄弟偷走。用餐時間是一天中最美好的時光，他很少有不吃的東西，但是每次吃到蛇瓜時，那令人不快的口感總是會讓他皺起小鼻子。母親雖然嚴厲，但是會告訴他這種特別的蔬菜是來自居爾皮普——島上氣候涼爽、有野生佛手瓜的區域，也是有錢人居住的地方——他就會大口吞下，相信那是珍貴的食物。父親喜歡看孩子們吃飯，看到他們急切地狼吞虎嚥下他準備的餐點就覺得滿足。父親太會烹飪，因此看到別人在廚房時總是忍不住干涉，建議也許「sa mank inpe di sel」（少了一點鹽）。而他身為父親的兒子，在父母的腳下學習烹飪，將來有一天也會變成那樣。

她在島的西邊長大，他在東邊成長，不過兩人都決心前往英國——祖國。他們在不同時間到達，但最終到了同一個地方，在吃了許多用玉米粉增稠、淡而無味的「咖哩」，與罐頭鳳梨和葡萄乾攪拌後倒在冷掉的水煮蛋上的餐點之後，找到了彼此。他們在醫院接受培訓，那裡自助餐廳的食物與他們離開模里西斯時想像的不大一樣。她想念矮腳蕉、新鮮的椰子汁，和她母親的咖哩魚搭配用青芒果做成的醃芒果。他想念和爸爸在篝火上炸章魚、用辣椒和羅望子果調味的鳳梨、淺色黃瓜，以及在慶祝特殊場合時吃文達耶[3]、玩骨牌遊戲直到天黑。因此雖然她並不知道該怎麼做，但她決定學習烹飪，以免自己得靠餅乾過日子。而他儘管會烹飪，而且廚藝非常好，卻不表露出來，以便有藉口跟她和他們的新朋友待在一起，大家共同烹煮會讓他們回想起家鄉的食物。

我們的新廚房比公寓那間的要大得多，是花園之外最令我興奮的地方。我從來沒有很大的煮飯空間，因此自從搬來以後，我就一直往櫥櫃裡塞以前沒有地方存放的食材：大罐的薑黃、孜然、芥菜籽、不同種類的乾辣椒、成瓶的米醋、是拉差辣椒醬和優質的橄欖油、成罐的醃漬檸檬、羅望子醬，還有可以回溯到二〇一七年的所有果醬，包括醋栗、杏子，及加了杜松子酒調味的黑莓。我們買了五彩繽紛的

3. Vindaye：一種用芥末、香料醃製肉類、海鮮等食物的料理，味道類似印度的 Vindaloo（文達盧咖哩）。

罐裝番茄、一袋十公斤的印度香米，還有一顆胡桃南瓜，所以今天晚餐我要做羅格醬[4]和南瓜泥。我不會做很多模里西斯的菜餚，但是我知道如何煮能夠幫助我平靜下來的食物。我切了洋蔥，然後流著眼淚用杵和研缽把大蒜和薑搗碎。我先去掉南瓜的皮再切成塊狀，然後打開一罐李子番茄。這兩種食譜的基本材料一樣，因此我把兩個平底鍋放在爐具上並排加熱。洋蔥碰到熱油發出劈啪聲響，幾分鐘後開始軟化、邊緣變色，接著放入大蒜和薑完成三位一體。

在後門邊的斑葉鼠尾草旁，有一株稀疏蓬亂的百里香，葉子剛好足夠給這餐飯調味。這種香草是我小時候家裡花園栽種的少數食用植物之一，每當我嚮往家鄉的時候，那個香味總會讓我落淚。我摘了幾根帶葉嫩枝，在心中記下明年要種一株新的。百里香遇熱後散發的溫暖、可口的香味瀰漫在廚房裡，山姆從樓梯上大聲問我在煮什麼。我把番茄放進其中一個平底鍋，打開蓋子翻炒收汁。南瓜則放進另一個平底鍋，蓋上蓋子煎煮悶蒸。電鍋輕微地噗滋作響，爸爸醃製的那罐泡菜擺在旁邊，等著端上桌。山姆生起柴爐的火，我們坐下來享用膝蓋上的晚餐，一面重看《威斯努爾與我》[5]。當我們在取笑戲裡描繪的鄉村是由起伏的田野、壞脾氣的牛群，和充滿敵意的當地人組成時，我想起了為什麼自己在二十多歲時從未想過要住在城市以外的地方。

接下來的周末是我在這裡第一次獨自度過。我沒有換下睡衣褲，因為是星期六早上，山姆到倫敦去了，我沒有任何計畫。我蜷縮在沙發上，看著一頭紅髮輕輕地上下晃動，沿著小徑朝屋子走來。大概是新鄰居，我們已經見過幾位了，到目前為止大多數人都親切友好。房子的其中一側，在穿過一片荒蕪的前花園，經過一輛生鏽老舊的露營車，住著一名和藹可親的老太太，她講述了歸巢鴿子和在海裡游泳的故事，並且送了我們一罐自製的醃漬洋蔥作為歡迎禮。至於和我們共用一道牆的那戶鄰居，卻相當清楚地表示他們沒有興趣示好。不過住在小巷盡頭的琳達確實想和我們做朋友，門才剛打開，她就把我拉進懷裡緊緊擁抱著，手裡抓著一張歡迎卡。

「歡迎來到這個村子！你們適應得怎麼樣？」她問道，我推她進屋裡，關上門以禦寒。我們搬來的消息顯然已經在街坊鄰居間傳開了。她客氣地拒絕我要奉上

4. 以番茄為基礎加上香料和洋蔥、大蒜、辣椒等材料做成的香辣番茄醬。
5. 一九八七年上映，由布魯斯．羅賓遜自編自導的英國黑色喜劇電影。

的茶，告訴我位在村莊另一邊的教堂的事，她都是去那裡做禮拜，另外稱讚了廚房櫥櫃的顏色，還跟我說明了附近的規劃申請事宜。不出所料，她問我從是什麼工作，我竭盡所能地解釋：「嗯，我以前在倫敦栽種食物，有時候會寫文章談論這方面的事，不過現在搬來這裡我不大確定要做什麼。我也許應該在搬家前多訂些計畫。噢，不，我不算是園藝家，因為我實際上不懂觀賞植物，也不知道要如何照料草坪，反正我其實也不相信該這麼做。」我解釋得或許有點多餘，不過琳達太過親切體貼，沒注意到我因為沒有「真正的工作」，也不清楚自己在這裡要做什麼而感到尷尬。她用談話化解了我的不自在，建議我加入村裡的園藝俱樂部；跟我說她丈夫和兒子的事，她丈夫以前是飛行員，兒子是個庭園設計師；還有她住在新加坡時的事。

「妳會跟格雷姆和瑞秋處得很好的，他們住在山丘上。我想她是在一家慈善機構工作，他們養了一群雞，如果妳想要一些雞蛋或是養母雞的建議的話。」我們交換電話號碼、再次擁抱時，她這樣告訴我。琳達甚至在走出前門的半路上也沒停止閒談，一邊沿著小徑往回走一邊鼓勵我去參加周日的禮拜。等她走到視線之外後，我回到毯子底下，用手機尋找本郡的規劃申請網站。這天剩餘的時間都浪費在緊張地閱讀一百封左右來自村莊居民的憤怒信函，他們反對一項計畫，他們說這計畫將會永遠破壞這處傑出自然風景區。除了沉浸在他們的憤慨之中，擔心我們搬到這間屋子是個錯誤外，我沒有更好的事情可做。

翌日天氣晴朗清爽。我把手錶往回撥一小時，拉開窗簾看初霜。這天在任何一個園丁或農人的行事曆上都是重要的日子。在這天以後的許多個早晨，氣溫會下降到接近零度或零度以下，戶外空氣中的水分會從地面往上結成冰。這段時期美麗而危險。精美的水晶蝕刻會勾勒出每片草葉、每片接近地面的葉子上每條突出葉脈的輪廓。鋒利的邊緣呈藍白色，直到早晨太陽高高升起磨鈍了邊緣，讓霜融化到土壤裡。

今年是我開始種植以來，第一次沒有任何我有責任保護的植物。這個冬天是我第一次沒有查看天氣預報和天空的雲層，然後急著騎上自行車去預先防範第一個霜凍的夜晚可能帶來的危害。不過，那種衝動依然存在。過去幾季以來，這種本能已經變得根深蒂固，因為怠惰、心不在焉或拖拖拉拉可能會損害我來年春天的收穫。不過，今年我是從後面臥室的窗戶凝望這場初霜，大腿緊貼著電暖器，睡衣外面罩一件套頭毛衣。目前沒有什麼值得跑出去的，就我所知還沒有。霜從我們那一小塊髒亂的草坪上越過落葉，一直延伸到後門外的田野，切過低矮的草叢，在彎彎曲曲順著斜坡而下的地面上變得越來越厚實堅硬。

有些植物承受得了這樣猛烈的襲擊，葉片細胞非常強健，讓霜僅僅是裝飾。但其他植物並沒有做好應付這樣極端情況的準備。細胞中的水分從液體變成固體時膨脹起來，衝破細胞壁，預示了即使不是立刻、也迫在眉睫的死亡。每年到這時候，我們這些全心全意照料植物生命周期的人都密切注意天氣。在這秋冬交會之際，我們保持警惕地照看著。這份工作要求我們隨季節變化行動，儘管我們尊重季節，卻也喜歡挑戰達到季節的極限，不斷地推進可能性。當天氣變得極為凜冽，威脅到較不耐寒的植物時，我們急忙衝到外面，懷裡抱著一捲捲輕薄的園藝用不織布，覆蓋在葉子上再將織物固定住，如同晚上為孩子蓋被子一般。在波瑟芬妮時期[6]開始前，我們用毛毯保留一點溫暖以免負責照顧的植物死亡，盡量設法維持秋天的優美。當每天只剩十個小時的日照時間，而且日益減少時，那一年的生長季節就結束了。

山姆在午餐時間過後不久回來，那天剩下的時間裡，我們把最後幾箱東西從一個房間搬到另一個房間，慢慢拆箱拿出一些零碎的物品，塞進屋子的各個角落。

我們的聲音在空空蕩蕩的房間裡迴響，六個月前讓我們相信可以在這地方安家的一切都已搬光。天氣變化得很快，風越來越強勁，從牆上及門下的小縫隙吹進來，發出有如氣息擠過夾在拇指間的草葉般的呼嘯聲，不時吹奏出刺耳的音調。大雨持續落下，每當風轉向東吹，便將雨滴從臥室窗戶上方的牆壁與屋頂相接處一道幾乎看不見的縫隙吹進來，因此我們想睡覺時就伴著水滲進來的滴漏聲入眠。

6. 在希臘神話中波瑟芬妮是大地女神的女兒，被冥王黑帝斯擄去冥府當冥后，大地的萬物因而停止生長，後來宙斯派荷米斯說服黑帝斯讓波瑟芬妮重返大地，每年回冥府四個月（另一說為六個月）。波瑟芬妮時期指的是日照一天少於十小時的時期。

第2章

這裡的十一月天陰沉、短暫而緩慢，但花園裡的鳥兒似乎並不介意。這可能是樹木逐漸變得光禿造成的錯覺，不過每天似乎都有更多的鳥兒出現。椋鳥、大山雀、林岩鷚、鷦鷯飛過樹枝間，將枯葉撞到地上，從清晨到下午三點左右太陽下山都吱吱喳喳地聊個不停。我以前認為賞鳥的人很無聊，但是我將餵食器掛在纏繞在客廳窗戶四周的紫藤多節的樹枝上，看著那些鳥繞著餵食器飛來飛去讓我相信其實不然。

藍山雀熟練成功地克服餵食器，牠們纖細的外形非常適合上下顛倒地懸盪，讓鳥喙可以啄進富含脂肪的種子球裡。牠們粗壯的脖子意外地靈活，歪著頭的模樣非常可愛，牠們能夠以不便的角度轉身，採取一切必要手段帶著填飽的肚子飛走。而知更鳥在體型較小的幼鳥階段雖然可以勉強降落在餵食器上，不過蛻去幼羽的知更鳥長出膨起的紅色胸脯，顯然會妨礙牠們的行動，致使牠們在將飢餓的鳥嘴伸向食物時得猛烈地拍動翅膀，直到筋疲力盡只得退出喘口氣。麻雀會俯衝到近旁的樹籬，探出頭來估算方法。有些會精確地衝出來，伸出爪子準備抓住籠子；有些則多花點時間環視景物，緩緩地逐步靠近，確定一切安全後才接近。麻雀是我自認為非常熟悉的鳥，小時候有很多麻雀和鴿子一起降落在我家花園裡，然而，近距離觀察會發現牠們遠比我認識的更加特別——雄鳥有深色的面罩、像雀科鳴鳥的鳥嘴、栗色與黑色條紋的翅膀，全身其他地方幾乎都是柔和的灰褐色，尾巴的尖端有皺摺。雌鳥整體來說比較低調，身上的顏色不像雄鳥那樣引人注目，鳥喙顏色較淺，眼妝下手也沒有那麼重，而是一道輕柔的棕黃色條紋從眼睛刷到後腦勺。麻雀教我重新審視自己曾經認為熟悉的事物。

儘管沒有什麼別的事情可做，我仍然在花園裡遲疑不決。之前並沒有抽空思考等我們搬到鄉村後要做什麼。在倫敦時，我任由自己分神去照顧最後一批豆子、櫛瓜，和夏季的綠葉沙拉蔬菜，收割完以後，再將芥菜和羽衣甘藍的幼苗移栽到原地。我一直種到我們離開為止。甚至沒有時間舉辦告別派對，我也不介意，我不想告訴朋友，我不確定等我們搬家後自己要做什麼。我心中有一部分並不相信我們會付諸行動，認為我會繼續在倫敦栽種植物，那部分的我仍然不敢相信我搬來這裡。

我開始到屋外做一件事：清掃那無窮無盡、覆蓋在滑溜的室外地板上的落葉。這是有點徒勞的工作，不過感覺單純得令人安心。每隔一天我就戴上最厚的園藝用手套，戴一頂羊毛帽罩住不聽話的頭髮，走到初冬寒冷的室外待上一小時。我們鄰居的那棵柳樹形狀奇特，陰森地籠罩在頭頂上，他們非必要不加修剪而且不是很有眼光。那棵柳樹的軀幹和許多枝條都彎垂到圍籬上，那些極為纖細、低垂的枝條垂得很低，因此每當一股微風輕拂，尖而泛黃的葉子就飄散到花園各處。每四十八小時就新蓋上厚厚的一層。我在搖搖欲墜的棚子裡的舊油漆罐和蜘蛛網當中找到了一把小掃帚，將葉子掃成一小堆，努力認真地執行這個反覆、不穩的動作——打掃滑倒，打掃滑倒，有事可做很好。

河堤和溪岸上經常可以發現垂柳的蹤影，柳樹喜愛潮濕的環境，因此是穩固富含水分的濕軟土壤的理想樹種。這讓我對這座花園土壤裡可能含有的成分有稍微深入的了解。在搬家前，我利用土壤景觀地圖調查過這裡的土壤組成，希望能有適合種植蔬菜的肥沃土壤可用：介於黏土、沙子、淤泥之間的土壤，能夠以令根系欣喜的精密程度保水和排水。現在很顯然我看地圖的能力辜負了我，因為我腳下這塊土地絕對是黏土。在不列顛寒冷、潮濕的冬季裡，這種土壤又黏又重而且抗寒，等到夏天乾透以後就會變得堅硬、塵土飛揚。與黏土合作是一大挑戰，不過倘若能夠成功地處理，黏土裡可是含有豐富的養分。

在那塊大致可稱為草坪的土地周邊的花圃裡，灌木叢與矮樹看起來像是好好地生長了一季，不過它們扎根的土壤看起來呈灰白色，如混凝土般堅硬。到這時節才為土壤提供所需的堆肥覆蓋物有點太遲了，因為從現在起早晨很容易結冰。因此我持續清掃，將一把把雨水浸透的柳葉裝進搬家後搶救回來的垃圾袋裡，以此作為一種承諾，希望再過個兩年我還會待在這裡，收集深色的腐葉土碎屑當作厚厚一層豐富的覆蓋物，鋪在這片土地上，為了我努力負責的這些植物的根部改善土壤構造。

山姆對於我們要搬到哪裡有兩項主要的標準：有一間他可以步行回家的好酒吧，屋外要有晾衣服的空間。乾淨的衣服因為在公寓裡面晾乾而有霉味，每每讓他非常沮喪。雖然還要再過幾個月天氣才會暖和到可以實現這個願望，不過我們走向村莊綠地，到我們家附近的新酒吧喝第一杯酒。五年前一個下雪的夜晚，我們在南倫敦的酒吧裡相遇，他在當晚演出的樂團裡吹奏薩克斯風，表演結束後，我們在音樂聲中互相大吼，聊著瑜伽和素食漢堡，然後跳起舞來，直到他穿的靴子開始四分五裂。

起初，我們很難為彼此擠出時間。他白天在畫廊工作，而我晚上都要跟同事及公司位於舊金山的客戶開製作會議；不過才一年後他就搬進我的公寓，我們兩人都放棄了原先的工作，試著把時間花在我們真正在乎的工作上。他幫助我克服了在倫敦馬路上騎自行車的恐懼，教我如何選擇合適的防水夾克。他為我買了酪農穿的那種弗萊瑟分防水褲，他從小到大都穿這種褲子，在我忙著搬動堆肥的整個冬季和收割羽衣甘藍、菾菜、花椰菜的整個春季，這條褲子讓我的雙腿始終保持乾爽。他幫助我學會如何輕鬆自在地待在戶外，讓我可以追求對植物的熱愛，而不會受到不安的阻礙。在幾乎每塊我種植的土地上，他都和我一起工作，鏟木屑、教小朋友蚯蚓的知識、在東倫敦到處挖掘荊棘。我們一起收成的綠葉沙拉蔬菜幫我們繳了市政稅，我想要不是因為山姆我絕對不會想到要搬離倫敦，他是播下種子的人。看到他在鄉間和曠野行動自如，我更容易跟隨他的腳步照著做，在他令人安心的身邊，搬家似乎較為可能，因為我們兩人會一起做。

我們順著路走下去，瞧見兩個新鄰居在他們的前花園裡整理、清掃葉子，我們停下來聊了一會兒。女主人告訴我們，他們計畫重新裝修房子，而男主人自豪地指向新的車庫門。山姆告訴他們他每周要去倫敦工作一次，我輕聲咕噥著我沒有什麼事可做。我在聊天時總是侷促不安，不過這是村裡的禮節，我想要做得更好，因此盡我所能地跟著點頭大笑。她評論了我的頭髮，接著像之前許多人一樣，毫無預警地伸手過來，將手指插入我的捲髮中。我受不了別人觸摸我頭髮的感覺，也無法忍受幾乎不認識的人不請自來的越界行為。我往後退了幾小步，慢慢將頭髮從她的手指間抽出來，移到她搆不著的地方，並且齜牙咧嘴地擠出笑容，一邊試著繼續聊天一邊將頭髮在頭頂上挽成圓髻。

我們告辭後走下山，過了橋，往村莊綠地走去，儘管我寧可回家，但我忍住了轉身的衝動。通往酒吧的小徑轉而向上，我們經過一群自由自在地遊蕩的鵝時，一隻鵝抬起頭來發出幾聲警告的鳴叫，其餘的搖搖擺擺地跟在我們旁邊走了一會兒。鵝、綠地、村舍、建於十四世紀的酒吧，這地方的歷史包含：十六世紀時有幫派經常光顧這間酒吧，帶來走私的茶、白蘭地和蘭姆酒；十七世紀時村裡的火藥工廠製造出歐洲最好的火藥；第二次世界大戰時期，有一枚飛彈丟到附近的田地裡，炸裂了所有工人小屋的窗戶。這一切感覺就是典型的英國，如同村莊本身和周遭的風景一樣，是我不大知道該如何描述的英國特色的範疇。

像這樣忙碌的周日下午，酒吧裡毫無空位。地板上到處都是狗，空氣中瀰漫著肉類、烤馬鈴薯和肉汁的香味。七十多歲的男人坐在吧檯旁的凳子上，手裡拿著一杯啤酒和坐在對面的朋友聊天。當我們走向吧檯時，他停下來注視著我們，眼睛微微瞇了起來，在我脫下外套時審視著我。我感覺熟悉的熱氣順著脖子悄悄爬到臉上，於是轉過身去，想要逃避他灼熱的視線。「不管你喝什麼，我只要一半就行了。」我跟山姆說，然後溜過轉角找尋僻靜的地方容身。這時他可能不再盯著我看了，那也許只是因為他不認得我們，不過山姆遞給我飲料時，我不敢回頭看。我想要躲在他後面，將我的身體和他的側面身影對齊，但是他揮了揮手並抓住我的手。

「嘿，是住在路另一頭的格雷姆。我前幾天遇見了他。我們過去吧，我幫妳介紹一下。」

我生長的地方距離霍格斯米爾河不遠。在河的源頭更像是一條溪，從伯恩霍爾圖書館旁邊的白堊岩泉中汩汩冒出，在許多個星期五的傍晚，我都在那裡挑選書籍，以便借出在周末閱讀。傳說征服者威廉（又稱為私生子威廉）曾經在那裡停下來讓馬喝水。前拉斐爾派畫家約翰．埃弗雷特．米雷爵士曾在這條支流的岸邊畫過一幅風景畫，將莎士比亞作品《哈姆雷特》中傷感的奧菲莉亞描繪在風景中，讓她漂浮在眼子菜屬水草間，身上撒滿了野花。他在河畔花了五個月的時間，將她周圍的動植物畫得臻至完美。她跌落的那棵柳樹橫倒、粗壯的樹幹和散亂的樹枝上有一隻知更鳥坐著觀察；一叢犬薔薇將粉白色的花朵胡亂伸向河水；起絨草掉落的種莢、淡藍色的歐洲勿忘草，以及看起來像是粉紅錐形的水苦賈環繞著她。米雷描繪了長禮服遭水吞沒、她被拖到水面下前的那一刻。

我記得第一次看到這幅畫是在十來歲時到倫敦探索的時候。她懸掛在泰特不列顛美術館，是美術館創立時由糖商亨利．泰特所致贈。我對這幅畫深深著迷，並不是因為在她周遭看到了我童年的東西，而是因為她在我眼中看起來無比美麗：白皙的皮膚、紅潤的臉頰，儘管死亡迫近卻放鬆自在。米雷曾經坐過、看起來像這幅畫中的那段河流遠離小徑，是在我小時候避開的那片荒野中。

在世紀之交，也就是一百多年前，尤厄爾仍顯然是個鄉下地方，有農場和農田，如今是一排又一排大小適中的房舍，座落在以整齊角度排列的道路上。雖然在二戰期間，這區域大多數地方都保持青翠——市民農地種滿了蔬菜，還有為戰勝而耕種的菜園——但是這裡距離城市太近，因此也遭受轟炸。英國戰鬥機飛越日後建蓋的我家房子上空，飛向艾普森丘陵，在德國轟炸機前往倫敦東區的碼頭和工廠投擲炸彈的途中攔截敵機。毀滅性的戰爭所留下的坑洞蓋滿了新房舍，大約三十年後，我的父母親和哥哥搬到其中一間，在那裡安家等著我出生。

等我來到世上時，霍格斯米爾河的發源地構成了郊區，而霍格斯米爾河在京斯頓與泰晤士河匯合的地方被認為是倫敦的邊緣。我成長的地方是個中間地帶，距離最近的城鎮不遠也不近。一條又一條路上的半獨立式房屋，每幢各有一個不大的花園，還有停車的地方及足夠養家的空間。偶爾也有平房，或者在各處突然出現的宏偉花園住宅，不過大多都是同樣有兩間臥室、一間儲藏室的並排房子，花園緊挨在一起。方圓數英里內沒有一塊起伏的草地或農田，完完全全的郊區。

我父母以「前大英帝國國民」的身分，受邀從剛獨立的模里西斯移民到英國，這是一場大規模招募活動的一部分，目的是填補國民保健署護理人員職位的空缺。能夠移居不列顛，來到希望與榮耀的土地，並且受訓成為護理人員，是他們一直希冀的機會，也是夢想。努力用功、賺足夠的錢寄回家養家活口是最大的成就。我父母親都以為他們會接受一般護理的訓練，沒想到會被編入人員短缺最嚴重的領域——精神科護理。因此他們抵達時沒得選擇住在哪裡，最後住到薩里郡的郊區城鎮艾普森。

他們被安置在方圓大約一平方英里內的五家精神病院中，也就是所謂的「艾普森醫院群」，這是世界上同類精神病治療機構最大的集中地區，成為來自前大英帝國各地的人們聚集並展開新生活的地點。其中有許多人是第一次離開母國，他們聚集在一起，讓各種文化、民族、國籍、語言及宗教信仰極不尋常地交會。來自印度、斯里蘭卡、菲律賓、迦納、奈及利亞、加勒比海地區，以及模里西斯的人，包括我的父母（他們是分別來到這裡），全都在一起生活、工作。醫院融合了多種文化，就像我父母剛離開的模里西斯那樣，正是這種多樣化讓他們的社群具有發揮保護作用的特性，保護大多數新進護理人員免於遭受更尖刻的種族歧視，然而對那些被分派到綜合醫院的護理人員來說，這種歧視司空見慣。那地方講究團結和支援，分配到爛工作、沒機會晉升是每個人都要承擔的負荷。由於在家鄉和這個新天地，他們受到的教導都是要向英國上司表示遵從，讓他們對確實體驗到的歧視感受沒那麼強烈。我父母是透過一群模里西斯的朋友認識了彼此，他們大家會在實習護理人員宿舍聚會、一起煮飯，他們兩人都住在那間宿舍裡。

等到我哥哥丹尼爾和我出生時，我父母已經成為合格的護理人員，搬進他們自己的房子，忙著打造他們長久以來希望能夠為自己、為家鄉的家人創造並傳給孩子的美好生活。他們輪流上班，以便總是有人留在家裡，除了星期日之外，那天我們會轉變一下，到媽媽工作的病房待一個小時，在舊筆記本上寫故事，或是把生長在她辦公室窗外的那棵栗子樹的果實裝進袋子裡。

每年夏天，我們會各自打包行李塞進車裡——我帶一袋書，丹尼爾帶隨身聽，爸爸帶成罐的香料，媽媽準備其他的一切——然後往南開到法國。只有我四歲那年的夏天例外，那次我們到湖區去，先經過黑潭再到坎布里亞郡，最後抵達愛丁堡。我們在涼爽、潮濕的坎布里亞夏天出發去探索這些湖泊，卻沒有合適的服裝防備這種天氣。所有遊客中只有我們樂觀地穿著夏裝和不防水的薄夾克。在一張我和哥哥、爸爸的合照中，三個人站在石頭小徑上，背景是岩石構成的灰與綠，一條狹窄的瀑布切穿我們後面的垂直岩壁。我兩手抓著爸爸的手貼在自己臉上，對著相機鏡頭擠出笑容。我們三個站在風中，穿著極短的短褲，膝蓋上沒有任何禦寒的裝備。爸爸告訴我，那趟旅行最美妙的部分是回到溫暖的公寓，他煮完飯後我們坐下來一起用餐。那個星期我們竭盡所能地抗寒，然後開八小時左右的車回到薩里。從那以後，我們全家再也不曾到北邊度假。

我父母並沒有想到我小時候的情感體驗會和他們自己的差別那麼大。他們不可能預見我自覺另類和醜陋、不顧一切想要融入的感受將會如何塑造我。我想沒有一名父母能夠預料到孩子在面對這個世界時會有什麼感受，但是當時我非常希望他們能夠了解我經歷的一切，儘管這超出他們的理解能力，我也找不到合適的言辭來解釋。

我還能回想起我仍然相信媽媽告訴我，我是她所期待的漂亮女兒的時候。我記得小時候，為了我的第一次聖餐儀式試穿一件有荷葉邊的白色連身裙，我們兩人都同意我看起來像個公主。但是我不知道什麼時候開始起了變化，只知道我開始發現更多讓我和朋友不一樣的地方，而不是相似的地方。我不記得第一次遭人辱罵，或是被告知我沒有受邀去玩，或是被直截了當的汙衊氣到呼吸困難。猴子、毛哥力[7]、狗屎皮……這些詞彙讓我在母親的懷中哭泣，尤其是因為這些詞彙的不實而感到困惑、受傷。她會緊緊抱住我，誠摯地告訴我他們說的話並不重要，因為他們錯了。「我們是來自模里西斯，不是巴基斯坦。」她會這麼跟我說。

「妳覺得自己跟別人不一樣，總是試圖找出解釋。我從來就不知道該怎麼說或怎麼做，所以感到很內疚。」如今我媽這樣對我說，聽到這句話令我非常痛苦，就和回想起童年時期我多麼傷心，以及我為此做了什麼一樣難受。我想要和朋友一樣，而我唯一能夠想到的方法就是模仿他們，於是我哀求父母給我朋友擁有的東西、吃的食物、穿的衣服。我扭曲自己表現出「正常」的樣子，盡我所能地掩藏任何會洩露出我回家後的生活與他們截然不同的跡象。語言成為我內心的戰場，特別

7.《森林王子：毛哥力的叢林故事集》中，在印度叢林裡由狼帶大的主角名字。

想要在英文方面出類拔萃，寫出令人印象深刻的文章，讓文字屬於我。我談論、閱讀、滔滔不絕，因為文字是我占據空間、隱藏痛苦的方式。那個男人在諾丁罕小街上辱罵我之前，我在英國文學和語言科目全都拿A。我在英國的大學裡修習英文，而他卻信誓旦旦地說我不可以將英國稱為自己的國家。

不過，我的童年並非沒有歡樂。父母從以前到現在一直深愛著我，他們確保我需要的東西樣樣不缺。我們在必勝客慶生，每年耶誕節不是在自己家就是在叔叔嬸嬸家度過——他們和我沒有血緣關係，是因為愛才成為我的叔叔或嬸嬸——最後總是玩喧鬧的猜猜畫畫遊戲。雖然我們是天主教徒，他們是印度教教徒，但是我們兩家每年八月都慶祝印度教的「保護繩節」，將深褐紅色的線綁在彼此的手腕上，紀念我們之間如兄弟姊妹般的關係。在陽光明媚的日子，我哥哥和堂弟會在外面踢足球，我則在屋內與書為伴，試圖消失在想像的世界裡，或是看電視，例如《姊姊妹妹》、《莫伊莎》，或《戴斯蒙理髮店》[8]，從觀賞其他長得有點像我的女孩子中找尋慰藉，她們不像我一樣浪費時間，希望自己是別人。

我在模里西斯社群的懷抱中長大，這個群體感覺像是一家人，在自己找到的地方打造了家園。他們建造了宛如漂浮睡蓮葉般的島嶼，我們的家人和好友可以爬上去尋求安全和集體認同感。而我們身為他們的下一代則接到了冒險下水的任務，我們努力游泳、試著融入，在波浪起伏的水中盡最大的努力。然後我們回來吃慈愛的阿姨們用大鍋煮的晚餐，如此填飽肚子後，下次發現自己得設法不要沉沒時就可以支撐住自己。當置身在模里西斯的大家庭與震天動地的喧鬧笑聲、樂觀開朗的音樂，及豐盛的食物當中，我深深感到自己是一個富有愛心、有趣、特別的團體的一分子。但是在其他時候，我蹙眉退縮抱怨，試圖掩飾我們的聲音、味道、氣味與朋友鄰居的不同。隨著一次一次的抗議，我慢慢遠離了自己的歸屬。我媽告訴我，我小時候可是非常倔強地拒絕說克里奧爾語，寧可陷入無禮的沉默，也不肯用母語回應。我無法想像這麼不禮貌的行為能夠免受懲罰，但是我相信她的話，因為這解釋了為什麼我現在幾乎不會說家族的語言。

我渴望家的感覺，因為以前曾經有過，擁有的時候讓人感覺愉快而安穩。當屋子裡充滿炒大蒜和薑的香氣以及蒸白米飯的溫暖時，我就有這種感覺。在宜人炎熱的夜晚，坐在我阿姨位在貝爾瑪爾的家外面，等音量漸增的樂聲和笑聲安靜下來後，威士忌擺在桌上，我們坐著看小蜥蜴聚集在光附近所投下的陰影，燃燒

---

8. 三部都是以黑人演員為主的情境喜劇。

香茅裊裊的煙霧趨走叮咬的昆蟲，我也體驗到這種感覺。另外我也曾在意想不到的時刻有過這種感覺。在美好寧靜的時候，這種感覺更真實存在、更有可能。在霧濛濛的日子裡當夕陽西下，與老朋友在公園裡，或者在春風輕推著我向前，我的手指與心愛的人緊扣在一起的時候。但是，這種熟悉家的感覺鮮少逗留，令我痛苦的是，我無法長久抓住這種感覺來填補內心的空洞。家不僅是一個地方、一棟建築或是一塊土地，而是一種感覺、一種行動，因此與所有的感覺和行動一樣，並非靜止不動。家是由味道和氣味、個人與群體組成；是色彩與質地、聲音及歌曲，是你內心空間滿溢的安心感。歸屬感是人類的需求，我們只有在欠缺的時候才知道它的重要性，而且知道未必能夠明確說出。家和歸屬感交織在一起，兩者都避開了我的掌握。

我想要把英國當成家，想要成為英國的一分子，對我而言，這表示要否定阻止我達成這目標的一切。隔著崇拜白人與英國風格的迷霧，我無法理解不消除所有讓我與眾不同的因素如何能夠融入。我咒罵自己的頭髮，生氣地怪爸爸把我生成這副模樣，因為是他的捲髮與媽媽的髮質結合，造成我的頭髮難以梳理。我會做童話般的夢，在夢中變成藍眼睛的白人，感覺自己終於受到上帝眷顧成為天選之人，卻含淚醒來發現自己仍在粉紅色的臥房裡，躺在深紅色的床單上，身體仍是棕色的。

我會用木尺在地圖集上查出英國與模里西斯、巴基斯坦的距離，彷彿了解地理距離可以保護我免受言辭武器的傷害，在每次言辭武器朝我射來時能夠緩衝肚子上挨了一拳的感覺。我會在心中列出所有讓我更接近英國人而不是模里西斯人的地方，並試圖忽略任何我無法辯解之處。當時我不了解確定自己是英格蘭人與英國人的差別，但是希望自己能夠成為英格蘭人，然後我就會有歸屬感，終於能夠稱這地方是我的家。不過，我現在不再有這種想法了，不像以前那樣渴望英國風格，因為我其實不清楚那是什麼，問山姆他認為那是什麼意思，他只是聳個肩沒有回答。儘管如此，我們還是設法搬到了在英國歷史年表上具有重要意義的地方。

當你離開肯特郡，越過郡界前往黑斯廷斯海岸時，路標並不是寫「歡迎來到東薩塞克斯郡」，而是到「一〇六六鄉村」。這已經成為告訴我們村莊近了的標誌了。黑斯廷斯之戰就發生在距離我們前門三英里遠的地方，這是學校上的歷史課中少數我記得相當清楚的事件之一。我記得學到諾曼第公爵（也就是征服者威廉），在佩文西附近登陸，為了爭奪王位向剛加冕的英王哈洛德的軍隊下戰書。距離我們現在居住地幾英里遠之外就是英軍從山頂下來迎戰法國人的地方，他們眼看著新國王在經過一整天堅持不懈、狡詐地攻擊後陣亡，有一說是被砍成碎片，另一說是被一枝箭刺穿了眼睛（端看你相信諾曼士兵的敘述或是貝葉掛毯上的故事）。接下來的二十一年，英格蘭由法國的君主統治，所以倘若你自認是英格蘭人，那麼你的一些祖先很有可能是法國人。

儘管我的父母親在六千多英里外的模里西斯長大上學，他們也知道征服者威廉的故事，也曉得亨利八世和他的六個妻子的事蹟。在大英帝國的監督下，遵循英國人在英國決定的課程，他們在孩提時代學到的歷史就是我小時候學的歷史。學校沒有教他們模里西斯的歷史，沒有教授任何有意義的內容。他們學到的是首先來到模里西斯的是葡萄牙人，接著是屠殺了渡渡鳥的荷蘭人，之後由法國人掌管，不過他們輸給了英國人，然後再過了大約一百五十年後才獨立。幾乎沒有提及模里西斯人是如何來到這裡，為何有那麼顯著的多樣性；當然也沒有提到他們從出生以來就接受的殖民統治。

Dina Arobi。Ilha do Cirne。Mauritius。Île de France。L'Île Maurice。

一座印度洋上的火山島，位於馬達加斯加以東五百英里處，面積為七百九十平方英里。據信無人居住，但肯定不是無人知道，從十世紀起就時常有經過的阿拉伯及史瓦西里的水手和商人造訪，他們稱之為Dina Arobi（意思是廢棄的島）。葡萄牙人是在十六世紀初期最先登陸那裡的歐洲人，他們在海灘上發現了刻有文字的蠟板，據信是阿拉伯文（或希臘文，視你相信哪種說法而定），是那些在他們之前抵達該島海岸的人所留下。一五〇七年，葡萄牙船長迪奧哥．費南德斯．佩雷拉將這座島取名為Ilha do Cirne（天鵝島），以紀念載他到達此地的那艘船。在接下來的數十年中，葡萄牙人引進了山羊、猴子和老鼠，但是發現島上沒有想要的資源，因此決定不在島上定居殖民。

一五九八年，荷蘭人聲稱這座島為荷蘭所有，並且以荷蘭共和國執政官及奧蘭治親王——「拿索的模里斯」的名字為這島命名。在其後的四十年裡，他們主要關注的是該島在印度洋上的戰略地位以促進貿易，但是在那段期間沒有荷蘭居民承諾要永久居住在此。由於急於防止英國或法國占領這島，他們從一六三八年開始試圖將模里西斯建造成殖民地。接下來的七十年中，他們不斷地嘗試將這座島改變成繁榮之地，帶來母雞、鹿和甘蔗，並且播下不曾在這座島嶼土壤中生長的種子。他們也將第一批遭奴役的人帶到島上：一百零五名來自馬達加斯加的男女，其任務是砍伐島上珍貴的黑檀樹，以滿足對熱帶硬木的貿易渴求。在幾星期內，這些遭到拐賣的人有半數逃進島上林木茂密的內陸，是第一批逃脫的奴隸。

荷蘭人苦苦掙扎，責怪乾旱、暴風雨、蝗蟲、老鼠、猴子破壞了他們嘗試栽培的可能有利可圖的經濟作物，例如：稻米、木藍和菸草，並且趕走了他們希望能夠定居此地的殖民地開拓者。在荷蘭人的統治下，島上人口從未超過四百人，而且男人遠多於女人，此外他們始終無法成功種植出足夠的食物來養活自己，或是供應給停靠在陸龜港（現今的首都路易士港）的荷蘭船隻。在他們砍光貴重的黑檀樹後，這片土地就沒有什麼留下來的價值了。一七一〇年，荷蘭人拋棄了這座島，離開的時候摧毀了他們建造的一切。

在他們離去後有幾年的時光，這座島除了成為路過海盜的基地外無人占據，直到一七一五年，阿塞的吉庸·杜佛尼船長在到波旁島（現在的留尼旺）途中來到模里西斯，他手中握有咖啡樹，並且以法國的名義聲稱擁有這片土地。後來法國人重新將這島取名為法國之島，在法國占有這座島將近一世紀的時間裡，總共有十九位總督，不過有一位時至今日仍被奉為聖徒尊重，就是馬埃·德·拉布多內，所謂的本島「奠基人」。在他的統治下，擴大了甘蔗的種植，無論是自由或是受奴役的人口都增加了，基礎建設也發展起來，為該島最終會形成的種植園經濟奠下基礎。

一七九四年，法國大革命廢除了奴隸制，不過儘管在法國法律改變了，在法國之島卻無人理會，因為五萬名遭奴役的人是島上經濟不可或缺的一部分，他們占了人口的百分之八十以上。雖然法國人不斷努力地建設法國之島成為富有生產力又有戰略優勢的殖民地，但這座島依然無法自立，並且因為占了貿易和戰爭的最佳地理位置一直備受覬覦。在拿破崙戰爭期間，英國與法國交戰爭奪該島的所有權，最後獲勝。法國依照優渥的條件向英國投降，讓他們的習俗、法律、語言、宗教信仰、財產完整無缺地保留在島上。在英國的管轄下，這座島又恢復稱為模里西斯，蔗糖的生產和貿易迅速發展，奴隸制遭到廢除——雖然模里西斯是英國殖民地中最後一個准予被奴役的人口獲得自由的地方。在廢除奴隸制後，模里西斯引進了大多來自印度的契約奴工，雖然嚴格按照法律來說他們是自由之身，卻與舊有奴隸一樣遭受到同樣殘酷的對待。一八三九年，英國及國外反奴隸制協會將契約制描述為「換個名字的奴隸制」。

經過與殖民政府當局抗爭多年以後，一九五九年開始實施成人普選權，為一九六八年三月十二日鋪好了路，那天在下了一周的大雨後，太陽突破雲層普照在新獨立的模里西斯上。今天有將近一百三十萬的模里西斯人在島上生活，使其成為非洲人口最稠密的國家。英語仍舊是官方語言，也是議會使用的主要語言，而教育和媒體則大多使用法語；島上百分之九十的人口日常說的是模里西斯克里奧爾語，此外還有一些其他語言，包括印度後裔講的北印度語、坦米爾語、博傑普爾語，他們占了模里西斯三分之二以上的人口，還有模里西斯華裔社群所說的中國方言。

模里西斯的史話是殖民主義掠奪及帝國野心的力量形成一個國家的故事，是歐洲帝國為了經濟獲益爭奪貿易及剝削的權力，也是占領、貿易、戰爭的故事——這些是歷史書上講述的故事。然而歷史書上沒有充分描述的是，這座島上有豐富獨特的生態系統，在茂密的熱帶森林裡有棕櫚樹和高大的黑檀樹，象龜與不會飛的鳥兒在地上漫步，鴿子在空中飛翔，鸚鵡在頭頂上嘎嘎大叫，而那些來到這裡看見大量想要的資源的人，卻濫伐、破壞、蹂躪、澈底摧毀了這一切。自然景觀遭到嚴重破壞，拆成碎片出口販售，剩下的肥沃平原被改造成縱橫交錯的種植園和單作栽培地區，大幅削減了島上的生物多樣性。歷史書中也沒有提到，在短短幾世紀間，一個國家的人民是如何由幾世代被拐賣壓迫的人所構成，他們的智慧與古老的靈性遭到妖魔化和壓抑，他們的名字和故事都被抹去。或是整個民族如何從他們相互交織的生活中創造出自己——一手緊抓住在祖國的回憶，另一手將新的身分、語言及新的歌曲縫合起來一起唱。他們急迫而不完美地發明新的生存方式，以便能夠在極其殘忍的征服中倖存。

在我們搬家兩年前的一個星期二晚上，我坐在倫敦公寓的沙發上試著深呼吸。我覺得彷彿兩邊的肺裡各有一塊磚，連平常一半的空氣量都吸不到。我從周末開始呼吸就很費勁，因為我接觸到了一隻毛髮粗長蓬亂的黑貓，牠所到之處都留下一長串的貓毛。我使勁地深吸吸入器，渴望這麼做通常能帶來的舒緩，但是毫無變化；擔心我的情況只會惡化，山姆叫了一輛計程車，我們前往急診室。

自從兩歲時在模里西斯感染肺炎以後，就記憶所及我一直都患有氣喘病，但是以前從未發作過。當我把頭垂在兩腿之間，和其他病人一起坐在候診室時，我仍然否認發生了什麼事。可是等輪到我看醫生時，我的血氧濃度已經低到無法離開醫院，我驚慌失措，開始認為我可能比自己意識到的更接近死亡。住院的那五個晚上，恐懼籠罩著我，幾乎無法入睡。我清醒地躺著，聆聽其他人呻吟、哭泣、嘔吐的聲音，在面對自己有限的生命時，我腦中只有一個念頭：我的人生為什麼要花那麼多時間鬱鬱不樂？

在神志清明的時候，憂鬱似乎是理性的，禁得起邏輯的檢驗。在住院期間，我的頭腦因喘不過氣來而變得敏銳，那時確實是這麼認為。有時候我的憂鬱狀態會發生變化、波動，因此相信可以說服自己不再感到憂傷。然而，憂鬱並不是理性的，至少我的不是，在陷入低潮時，任何理性的論點都無法安慰我。

在孩提時代每當我陷入憂鬱，就會如飢似渴地閱讀，總是在尋找新的詞彙。但是我始終沒有找到適當的詞彙，來描述那種從未覺得自己屬於某個豐富而根深蒂固的東西、從未覺得有人明白或了解自己的經驗。我長期處於悲傷的狀態，陷在兩種文化和身分的深刻分歧中。與家人朋友疏離，我一直冷落自己的家人，跟朋友們也始終無法真正地心意相通——我從未覺得自己完整過。

等我年紀稍長以後，那種感覺起了些變化，不僅在童年過後仍舊持續，而且變得更加脆弱矛盾。我相信不可能有人會喜歡像我這樣支離破碎的人，我會為此徹夜難眠，相信自己注定要困惑孤獨地度過餘生。因此我訓練自己表現得快樂，將自己苦惱的地方掩藏起來。我躲在漫無邊際的喋喋不休和強顏歡笑後面，即使在對朋友表現得誠實的時候，我也會隱藏自己那痛苦的根基。我變得非常善於假裝，因此在當下我的表現感覺幾乎像是真的——幾乎。

最令人不安的是，憂鬱奪走了我清晰的思緒，讓我突然陷入神遊的狀態，時間變得總是靠不住，白天感覺好像總半陷在夢境中，夜裡又覺得床邊有惡毒的陰影存在而半醒著，叫不出來也無法動彈。但是我每天都活在預期厄運會降臨的低沉轟鳴中，我的身體準備好隨時承受最糟的狀況，所以在當下幾乎不可能感到放鬆自在。只有在糟糕的事情最後真的發生時，心情才會輕鬆起來，彷彿在說：「啊災難，你在這裡啊，我一直在等你呢。現在你來了，我終於可以喘口氣了。」

待在醫院螢光燈管照明下的那段時間，我對於怎樣才算活著感到敬畏。我不由自主地回想遭到焦慮吞沒、反覆陷入憂鬱狀態的那些時光，思考那是多麼浪費的一件事。我缺少氧氣、迷迷糊糊，極度渴望出院，滿腦子想著我應該可以用一點邏輯勸誘自己走出憂鬱期。假如我的憂鬱合乎邏輯，也許我就不會任它吞噬掉那麼多年的生命。

我追逐穿過花園照進屋內的陽光碎片，光線照亮了所經過每個房間角落裡掛著的蜘蛛網。蜘蛛在屋子各處編織了那麼多的網，我不知道如果清掉那些蜘蛛網，房子是否還能豎立、不傾頹。我逐漸知道陽光何時會照到最上面兩層的階梯，我每天都走過去坐在那裡，臉龐溫暖，腳趾冰冷。午後陽光晒到臥室，我把身子探出窗外一會兒，吸收著自己能把握到的初冬太陽，一面看著紫藤的最後一批葉子掉落。

我在今年白晝較長的日子裡所累積的溫暖漸漸消失，我努力用毛毯和熱茶留住溫暖，讓暖度貼靠在身上。雖然我們不能像植物朋友那樣將陽光轉化為食物，但我確信自己把陽光吸收到體內、轉化成類似能量的東西。我是向光性生物，渴望陽光照射在臉上，不論氣溫如何或者太陽周圍有多少烏雲。

「妳為什麼不去散散步？」山姆問。

這是個和善合理的建議。我們搬來這裡後不常去散步，附近就有田野、林地，以及可以躍過的小溪。但是我不大喜歡獨自去散步，因此找了個藉口，謊稱需要整理東西或是將家當拆箱之類的。我知道出去探索對自己有益，可能會讓我稍微覺得在這裡安頓下來，但是我太過焦慮了，擔心到陷入停滯。

我以前曾獨自在鄉間散步過幾次，在神聖的寧靜中冥想靜修。一次去一星期，前往西南邊的德文郡，再到達特穆爾，然後融入於大把大把的靜坐練習，默默地用餐，獨自到樹林和荒原、突岩散步中。每天散步是我練習的一部分，我將與世隔絕和枝葉當成城市生活的滋補劑。獨處是從日常生活中抽身出來的重點，在那些日子裡，我全心投入的寂靜感覺像是一種保護——即使在我迷了路，找不到回中心的路，來回踱步，希望能有一絲記憶閃現，指引自己走到正確道路的時刻。即使在我匆匆地走過森林，感覺像是一頭野獸，以為自己遠離了文明，卻滑下堤岸來到一條滿是遛狗人的河邊小徑的時刻；即使在我靜靜拿一把把長草餵食小馬，寧靜卻被揮舞著來福槍開車經過的農夫打破的時候，在這些時刻我都覺得靜默是我的盾牌，我可以開始探索，爬上石南覆蓋的山丘，讓回歸自然的冥想傳統來引導我，堅持准許自己無須注意禮貌、不必與人目光接觸、不需要和路過的人打招呼，假裝能夠融入風景中，至少在那幾天是如此。在靜修的時候，我會覺得自己隱身起來，而藉由躲藏在寂靜之後，我就能夠獨自一個人散步。

可是在這裡，我不知道如何獨自散步。我無法利用靜默的保護面紗，因為我不只是過客，既然想要把這地方當成自己的家，我就不能匿名躲起來。山姆知道我想到戶外去，可是我拿不定主意，理由我無法充分解釋。跟他在一起躲在他後面，我覺得沒那麼引人注目，也比較不擔心迷路，於是他提議和我一起去，我姑且說聲：「好吧。」

我們決定藉著月光散步。把光禿禿的樹木吹得互相撞擊的狂風暴雨終於繼續前進，留下平靜無雲的夜晚。當我們越過田野，滿月開始出現在嶙峋的林木線上，在近乎黑夜的天空中顯得清新涼爽。這裡的月亮明亮得嚇人，我以前從未見過，強烈的亮度讓我們行走時身體在地面上投下深藍色的影子。田野有些地方仍然因為近日的暴風雨而淹水，因此山姆走在我前面，用一根枝條找路。他在這片土地上走動得比我有把握，我連該怎麼走都不知道，由他帶路感覺比較安全。我發現自己小心翼翼地按照他的步幅走，把腳踩在由他的腳步向我展示安全的地方。

隨著光線逐漸融入更深的黑暗，我的眼睛開始適應了。樹木和樹枝的輪廓在月光照耀下變成藍色，空氣中的寒意凍住了我的雙唇。我跟隨山姆跨過帶刺的鐵絲網圍籬，這道圍籬被其他抄近路穿過這片私人土地一隅的人給壓低了，我們穿過一片沼澤地，跨過通往林地的梯蹬。我的每一步都緊跟著他的每個腳步，他似乎知道自己的方向，就算他不曉得，我也看不出來。

雖然所有近期的靴印都被雨水沖刷掉了，但穿越樹林的小徑清晰、明顯常有人走。在黑暗中，我們蜿蜒穿過寂靜的樹林到達另一側的空地，我努力將這條路徑牢記在心，在腦海裡畫著由別人的腳步開闢出的小路地圖。順著小徑我看見一棵巨樹在滿月的光輝下閃著銀灰色的光芒，樹幹上有一片片幅度極大的起伏，宛如一大塊一大塊呈褶狀下垂的織物布樣，標有幾百年來由生長擴大而形成的裂縫和裂痕。在皺摺與摺痕間嵌著一層一層厚實的簷狀菌，大小有如餐盤，菌傘下的許多脊狀隆起洩漏了它們的古老。這棵樹非常引人注目，優雅強壯、高大挺拔、微微發亮，我伸出雙手放在冰涼光滑的樹皮上，感覺自己是眾多把手掌貼在樹幹上的人之一。

月亮越爬越高、越來越小，溫度也逐漸下降。滲入腳趾的寒意告訴我該回家了，我們快速轉身往回走，再度穿過樹林，越過沼澤地，跳過看起來比靴子還深的水坑。我們經過一條似乎因為雨水而上漲的小溪，溪流緩緩地往南流向大海，在溪裡看見圓月的倒影，隨著水波蕩漾化為碎片。黃褐色的貓頭鷹在我們經過時對著夜色輕聲鳴叫，我們拖著半凍僵的身體步履艱難地走向村子，木柴燃燒的煙味和各家屋舍微弱的閃爍燈光，指引著我們回家。

第3章

我向來覺得冬季非常考驗人。隨著夜晚逐漸變長，白晝日益寒冷、陰沉，我的憂鬱傾向就越來越嚴重。在栽種植物前，我對冬天的效用幾乎一無所知，不了解寒冷季節的循環是不可避免的，同時也能帶來新生。寒冷的天氣之於我，就像是無以逃避的折磨、一年一度的懲罰。我會查看模里西斯的天氣——這裡是冬季，那裡就是夏季——幻想著接近赤道的生活。

今年也不例外。風呼嘯狂吹，天空低垂，光禿禿的樹木在一個又一個颳風的日子裡都蜷縮起來。風吹得房子嘎噠作響，還把鄰居家的集雨桶吹過我們的圍欄，撞進花園裡。排水管滿溢出來，我們驚慌地跑到自助五金材料行買桿子來疏通。我一再地整理書櫃，我們將走廊和廚房的牆壁漆成白色，山姆鑽孔掛上我以前沒見過的照片。在沒有忙著擦洗或粉刷掉前住戶所留下的痕跡的日子裡，我總擔心我們不該搬來這裡。我擔憂自己會一直害怕得不敢去探索，或是太過緊張而無法和鄰居交朋友，總是焦慮不安而難以安頓下來。大多數早晨都有霜降，冷天持續不斷、令人疲憊，雖然這完全比不上我在紐約度過的那四個冬天的凜冽。

儘管我抗拒寒冷，但是那座城市初雪的日子還是能夠哄騙我出門。第一陣浪漫的雪花飄落，我和其他移居紐約的人興奮得把鼻子貼靠在寒凍的窗玻璃上，希望能夠在結霜的人行道上散步，並且放假到積雪覆蓋的街道上滑行。那裡的初雪如夢似幻，鬆脆的藍白色在腳下發出嘎吱喀噠的聲響。在經過夏天高達四十度的熾熱後，那樣的冷度令人驚愕卻也讓人振奮，但是在令人驚嘆的短短幾天後，雪會開始吸收城市的髒汙，從純淨的白色變成骯髒的灰褐色。最醜陋的是汽車轉彎處的路邊，輪胎痕刻印在變黑的雪泥中，這些泥濘會變成看不見的冰，隨時準備讓匆匆忙忙的通勤者摔倒、撞到尾椎骨。當雪下得真的很大時，就連笨重的市區公車和垃圾車都無法在街上行駛，垃圾會堆積在人行道旁無人收拾，等無可避免的下一場暴風雪來襲，這些黑色垃圾袋就會被埋藏在下面，融化又再結凍，直到變成如玻璃般的雕塑，需要好幾個星期才能完全解凍。

我第一次去紐約是在將近十年前的十月初，記得還沒完全適應新環境，朋友班恩就先問我什麼時候回家。班恩和我成為朋友已經四年了，我們是在第四頻道為

「各種不同」背景的電視研究人員舉辦的培訓課程中認識的。起初我們都不怎麼喜歡對方，但是最後卻建立了相互支持的友誼，好能承受嚴格的業界要求，及身為「象徵性的民族」代表所帶來的情緒負擔。在電視界工作既是恩賜也是詛咒，這個業界叫人興奮也讓人筋疲力盡，有許多聰明、令人愉快的人，也有很多自大狂和惡霸。班恩是聰明、令人愉快的人之一，我們經常在一起密謀如何逃離自大狂與惡霸的管理風格。

距離我們認識大約三年後，班恩生病了。她覺得不舒服已經好幾個星期，不過裝出一副勇敢的樣子，因為她和所有在電視界工作的人一樣，忙著工作沒空去看醫生。某個星期六，她的皮膚開始發黃，於是她自己去了急診室，懷疑是黃疸，周末值班的醫護人員為她輸血讓她住院，等到星期一我去探望她的時候，她的膚色已經恢復，正等著出院，迫不及待想要讓位給其他需要病床的人。可是隔天他們告訴她是白血病，需要盡快開始治療。我還記得那天晚上她打電話告訴我的時候，我感到極度的痛苦迅速襲來，雖然她說了什麼我一個字都不記得。我哭得非常厲害，對著黑暗的臥房嚎啕大哭，反倒是班恩在安慰我。

在她診斷出來一星期後，我坐在她的病床邊緣，她保證會與病魔搏鬥，我則答應會在她奮戰時繼續愛她，我們可以一直當朋友，直到健康地老去。儘管即將開始做第一輪的化療，她拒絕向絕望和墮落屈服，也不許我這麼做。她堅持我們保持抱怨工作的活力，然後一起想辦法，因此當我們坐在那裡，不知道接下來的幾個星期、幾個月會發生什麼事的時候，她幫我寫了一封早該遞出的辭職信給我在英國廣播公司的老闆。班恩用自己當成警世故事，按下「傳送」電子郵件，讓我擺脫為了能申請抵押貸款而繼續從事的工作。不過我又花了一年的時間才鼓起勇氣離開倫敦，搭上飛往紐約的班機。

決定離開是未經深思的舉動。表面上我是想要擺脫另一個糟糕的電視工作，不想再為一個受不了我的人工作，但在內心深處，我是想要遠離倫敦和我胡亂闖入的生活。為了撫平分手、個人心理創傷，以及許多工作上的衝突所造成的傷口，我開始計畫出走。因此收到續約的提議時，我告訴老闆我要出國，不打算在耶誕節前回來。我從希斯洛機場起飛，睡了八小時以後，降落在約翰・甘迺迪國際機場，儘管我以前從未到過美國，也沒有認識的人住在那裡。我原本沒有打算要停留兩個月以上，因此隨著一次次將班機延期，班恩就越來越懷疑我不會回去了。當我開始在那裡過生活，短暫的出走似乎將要演變成移民時，她就更急切地問我何時回去。

最初的十二個月過得雜亂無章、恍恍惚惚。我搬了三次家，和幾乎陌生的人當室友，精神崩潰，花無數個小時設法弄清楚如何申請簽證以便在紐約多待一點時間。我很天真、不切實際，我交了朋友又失去他們，我工作賺取小費，有時回家時連一塊錢都沒有增加。我非常渴望有機會從頭開始，搬到大海彼岸，體驗全新的生活，想看看是否有別的地方願意接納我。我想要的是，讓自己覺得之所以對居住地沒有歸屬感，是因為我「選擇」這樣的生活狀態，而不是被迫接受。有一段時間，這樣的做法奏效。我交了些喜歡我說話聲音的朋友，他們不在意我可能不會久待。我透過幾罐常溫啤酒、幾小杯廉價威士忌、幾片一美金的披薩交朋友，他們向我展示大膽、輕鬆地做自己是什麼樣子。一個在東村跳蚤市場賣人造珠寶飾物的老婦人對我說：「我不知道英國有黑人呢。」她不經意的評論讓我感到困惑卻又驕傲。我覺得自己更加獨特而有趣，因為對某些我遇見的人來說，我的存在出乎意料，甚至是難以置信。我開始感覺自己好像是神話中的生物，儘管這理由很奇怪，但我喜歡覺得自己很特別。

我選擇冒險而不是面對自己。我披散頭髮跳舞，唱卡拉OK唱到太陽升起；坐在新朋友的偉士牌機車後面逛曼哈頓；逮到機會就喝最髒的髒馬丁尼[9]。我輕率地約會、貪婪地吃喝、三更半夜在地鐵上睡覺，任列車載我越過連接各行政區的橋梁。這一切都是為了讓自己一直前進，好讓從青少年時期就開始積聚的悲傷追不上我；我不必一直記著那個惡言惡語、讓我仍然會做噩夢的工作場所；我可以假裝不再為已經離我而去的愛情而傷心。紐約市是消失的好地方，也是當你不快樂時說服自己很快樂的好所在。這裡讓人激動、充滿活力、不眠不休，有趣極了，而且非常適合讓你迴避處理自己的事。

那是我在紐約度過的第三個夏天，六月中旬一個炎熱的日子，我和朋友發覺自己跟著一張釘在門上的尋寶字條、潦草的箭頭及「往這邊走」的標誌，穿過一家咖啡館到達大廳，接著搭電梯到繁忙街道上一棟工業建築的八樓。門打開時，我一邊遮住眼睛避開突然變亮的太陽，一邊踏出金屬地面、走到土壤和碎石子上。溫暖的空氣聞起來有芳香的泥土味，在我面前有一排排的羽衣甘藍、胡蘿蔔、青蔥、莙菜、成束生長的羅勒，還有茄子、番茄和萵苣。各式各樣的植物從我腳下幾英尺的巧克力色土壤中長出來。我看著膚色健康、汗流浹背的種植者和義工匆忙走過，提著滿滿的澆水壺，還有裝滿小白菜及當季第一批甜椒的板條箱。曼哈頓的天際線在

9. 在馬丁尼內加入橄欖汁使酒看起來髒兮兮的，所以稱為髒馬丁尼。

背景閃爍，放眼所及一切都沐浴在燦爛的陽光下，在紐約夏季無止境的藍天下活躍起來。在城市景觀環繞下的田園仙境。

一直到我回到街道上，這意想不到的地方仍然令我激動不已，並且興奮了好幾天，於是下個星期我就熱切地回到這裡，頭一次在植物和土壤當中度過了一天。我來的時候穿著牛仔短褲和帆布懶人鞋——非常不適合體力勞動的服裝。我以前從未自願碰觸地面，也從來沒有覺得非得故意弄髒雙手不可。我半蹲半跪地移動，拍掉壓進膝蓋裡的碎石子，不時倒出聚積在鞋子裡的泥土。在學著如何除草時，泥土碎片和小石頭嵌入我的指甲縫，我納悶這些投機的小植物究竟是如何自己來到這片距離地面那麼高的土地。我弄得越髒，目光就變得越敏銳，我除掉仍在適應新環境的幼小植物周遭不受歡迎的競爭對手，鼓勵幼苗茁壯成長結出果實。我就此上了癮。

偷溜到公寓大樓的屋頂是我和紐約朋友共度夏天夜晚最喜歡的活動之一，我在倫敦從沒這麼做過，因為那裡的屋頂是斜的又常有陣雨。我們會扭動身體爬上哐啷作響的太平梯，或者笨拙地鑽過用磚塊撐開的逃生出口，手裡抓著啤酒和零食，爬上去後走到屋頂上，逃離底下城市街道的汗水、氣味和噪音。等夜晚開始變涼以後，我們再溜下來，不留下任何會讓房東或管理員發現的證據。因此儘管城市裡的農場已經夠新奇，我還是忍不住想到這座在城市屋頂上的農場。

他們將農場取名為布魯克林農莊，因為他們的第一座農場原本應該在布魯克林，卻發覺農場其實是建立在皇后區的「標準汽車產品大樓」樓頂，這裡正是我所居住的行政區。這個農莊成立於二〇一〇年，當時一群農夫和他們雇用的承包商鋪設了綠屋頂系統，然後用起重機將一噸又一噸的土壤吊上去，再將幼苗直接種植在剛鋪好的泥土裡。在市區當中的屋頂上，可以在真正的土壤裡栽植作物，生產出足夠的食物真正供人食用，實在叫人不可思議，但是在這個令人難以置信的地方，一座綠葉繁茂的聖所卻從高處拔地而起。這是偉大夢想與不屈不撓共同達成的壯舉。

在發覺自己置身在這座農場的時候，我已經設法弄到了簽證，並從事紀錄片製作的工作。為了通過移民程序，我費盡千辛萬苦，因此當成功過關、獲准在此工作三年後，我決定說服自己我比以前在倫敦工作時要來得快樂，但是我的處境岌岌可危，賺的錢僅勉強夠付房租。我在自己想要關心的計畫上花很長的時間工作，但是我在尋找的感覺卻是製作影片無法給予的。那些屋頂上的植物還有栽種植物的人深深吸引著我，因此我努力熬過一周的工作日，等星期六來臨就可以跳上那些階梯到屋頂上去。有些時候我負責看顧市集的攤位，告訴客人當周最好的菜是什麼，這些蔬菜經過多麼精心地栽培，完全沒有使用化學製品，然後為他們挑選的蔬菜稱重，聊聊他們打算烹調的方法。其他時候，我就和農場人員一起移栽幼苗或除草。我喜歡在雞籠附近工作，採摘豆類、酸漿果或綠葉蔬菜，偶爾停下腳步，將損傷的萘菜或羽衣甘藍的菜葉塞過金屬絲網，讓雞啄成碎片。

在比較忙碌的日子，我會在蜂箱旁邊待一會兒歇口氣，坐得近到可以聽見蜜蜂穩定的嗡嗡聲，牠們來回飛舞，有絨毛的花粉籃裡裝滿了橙黃色的花粉。在堆肥區旁邊的切花花圃裡，種滿了淡粉紅色及藍紫色的矢車菊還有莧菜，一串串血紅色的穗狀花序朝地面垂落。花蜜召喚著帝王斑蝶前來覓食，牠們的翅膀在燃橙色的襯托下飾有一條條黑白相間的花邊，纖細的腿部上面是點綴著精緻斑點的身體。當我看見一隻蝴蝶把腳輕巧地放在一朵深橘色百日菊綻放的花瓣上，伸出牠的吻管，我才意識到以前在紐約市從沒見過像這樣的蝴蝶。

在農場上消磨時間感覺像是一劑解藥，消除我在周間對工作逐漸滋生的不滿。雖然這也是工作，但感覺截然不同——充滿魅力，卻有些單調、重複，不過令人感到滿足和值得。躲在一排排的植物當中，我開始找到一點遠離城市的喘息時間。每周一次，待幾個鐘頭的時間，回家時頭髮裡有葉子，指甲縫中夾著泥土，手上提著一大袋蔬菜，不知怎地就感覺沒那麼煩亂了。我在這片超脫塵世的綠色空間找到了前所未有的放鬆。這裡既安全又親切，而生活感覺與這裡截然相反。我以前習慣用優惠時間的雞尾酒或者早午餐配血腥瑪麗來沖淡煩惱，但是我越來越厭倦這麼做：厭煩搭乘震耳欲聾的地下鐵通勤，厭惡呼吸充滿霧霾的空氣，厭倦了沒有成就感。

在所有能夠獲得消息的地方當中，我是在臉書上發現這件事的。我傳送的最後一則訊息是在她生日那天，在那之前有兩則訊息、幾封簡訊，還有一、兩通直接轉語音信箱的電話。由於有五個鐘頭的時差，我和老朋友之間的聯絡變得越來越疏遠。雖然沒有收到班恩的消息很奇怪，不過有時候她治療太累就會安靜一陣子，好幾天都找不到人。我學會了不要驚慌，相信她會再度出現，告訴我她一切安好，而且終於獲准出院回家一段時間。

她的名字被標注在一篇貼文裡，因此突然出現在我的動態牆上，我從未見過的人以過去式在談論她。我瘋狂地尋找確切的訊息，消息是她姊姊宣布的，一個明確的字眼告訴我班恩走了，而我崩潰了。

我無處可以宣洩悲傷。紐約沒有人認識她，在我搬來之前她就已經生病了，始終沒有精力，也沒有錢來拜訪。我不知道該向誰述說，也找不到描述她的詞彙。

我打電話給她媽媽，聽她講述班恩臨終前的模樣，我強忍著眼淚。我讀了自己傳給她的最後幾句話，一如往常的驚嘆號和親吻的符號，我不知道她是否讀了。我對自己居然沒注意到她沒有回覆而感到厭惡。我怎麼會沒發現呢？我怎麼會不知道發生了什麼事？我該怎麼向她道別？

農場是我唯一能夠忍受的地方。我帶著哀傷爬上樓梯，請土壤、作物、炙熱的太陽幫忙支撐這難以承受的重。那天我自願除草，全心全意地投入工作的節奏，不再那麼擔心渾身肯定會沾滿泥土。做這項任務必須要意志堅定，即使無法馬上看見成果，也要相信自己微小的舉動會有用處、自己的努力具有價值。這是一項永遠無法真正完成的工作，因為雜草總會捲土重來，但是我們就像薛西佛斯[10]一樣堅持不懈。農場上不是每項工作都像收成那樣令人歡欣鼓舞，而是為植物茁壯成長做好準備的卑微、不起眼的整地工作。除草向我們示範了在引導、促使植物成長茁壯的過程中所需要的勤奮和信念，顯示了這個過程不是只有輝煌成就。這是適合栽種新手開始的好地方。

她的逝去令我的情緒波動起伏。我會全神貫注地澆水，看著水管噴灑出的水花形成薄紗狀的彩虹，接著下一刻她不在的事實就會猛然重擊我的胸口。我會在市集攤位上和別人一起大笑，然後羞愧地驟然停止，因為她已經無法再笑了，而我竟敢開懷大笑。雖然我知道她可能會死，但是沒有想到她真的走了，因此我必須一再地意識到這一點，讓我的心相信這是真的。

我在令人筋疲力盡的炙熱當中不斷照料土壤，直到累得無法再繼續。當太陽沉到摩天大樓後面，天空由湛藍轉為粉紫，隨著氣溫穩定地下降，我的皮膚由於積聚了陽光而汗毛直豎。我躺在地上，這時身體已經弄得髒兮兮了，我凝視上方好一會兒；膚色又黑了一些。我想像告訴班恩我在這裡發現了什麼，我發生了什麼事。我可能發現了一件神奇的事，如果可以的話，我很想和她分享，想要告訴她我如何度過一天，充滿愛心地照顧我叫不出名字的作物，以及我找到了一個熱情友好的地方，有新朋友教我種植，還有可以讓我成長茁壯的聖地。

她絕對認不出那天的我：因為辛苦工作而兩手晒黑、黏了一層泥土，汗流浹背、渾身濕黏，這是我們兩人都不曾想過自己會想要做的苦工。她會把頭往後一甩，濃密的黑髮飛揚，放聲大笑，露出大半的牙齒，因為我很肯定，她會以為我是

10. 希臘神話中的人物，受到眾神懲罰，辛苦將巨石推上山頂，巨石又會滾落，如此反覆永無止境。

在開玩笑。然後她會笑得更厲害，因為如果你像她一樣了解我，想像我沾滿泥土平靜地躺在那裡，一定會很好笑。

在七月的太陽下哀悼很殘酷。我希望天氣符合我的內心，我想要烏雲和暴風雨。天氣晴朗明媚的歡快，以及人行道上喝瑪格麗特雞尾酒的人的笑聲，都令我抓狂。我希望這世界明白我的悲傷，反映我內心的抑鬱，我願意做任何事來換取片刻倫敦雨天令人憂鬱的昏暗。

我們從來沒有談過她逝世的可能性。即使新的治療方法把她逼到崩潰邊緣，她都不曾抱著自己不會好轉的想法，至少在我面前沒有。她以挑戰的態度忍受治療的殘暴，拒絕向治療的摧殘投降，即使化療使她的骨頭變得脆弱，讓她疲累、疼痛得無法站立。我選擇相信她說的話，而不是自己的所見所聞。我看見自己想看到的，相信自己必須相信的，因為難以接受她也許無法好轉的可能性。她的病情復發時，我人在數千里外，她內心的搏鬥遠比我想像的還要猛烈，她在病床上發起了一場激烈的運動，爭取更多人——尤其是那些弱勢群體的人——在骨髓資料庫登記成為捐贈者。為了她自己和其他所有陷入相同戰役的人，她把剩餘的精力全都花在擴增那個資料庫，而宇宙在她生命的最後一個春天以配對成功和移植來回報她。在這段期間，我一心只想著自己，設法保護自己，不去思考她即將接受骨髓移植的真正含意。我去上瑜伽課、找心理治療師、吃便宜的外賣麵食，卻沒有注意到她上次接電話是多久以前的事了。

我在葬禮那天工作，希望讓自己轉移注意力。通常夏天到了這個時刻，炎熱會讓空氣變得混濁、不適宜呼吸，但是那個八月的最初幾天卻有著異乎尋常的涼爽。時間像冰河似的移動，如在悲傷的濃霧中一般。我想要加速度過這一天，可是悲慟決心要讓一切放慢速度，拒絕讓我避開它要表達的意思，繞過它堅持我必須體會的一切。由於無法集中精神，我提早離開辦公室，經過地下鐵站，走到N線盡頭，再左轉往水的方向走。

地獄門是東河上的潮汐型海峽，儘管水勢洶湧，翻騰的水流曾將許多船隻和屍體拖到河床，但是從十七世紀起就是通往大西洋的重要門戶。那些不敢抓住可以毫髮無傷安全通過的微小機會的人，就得花費時間、金錢和煤炭繞遠路。有一段時期，每年約有一千艘船隻在這裡沉沒或擱淺。一七八〇年，一艘名為輕騎兵號的英國巡防艦載著士兵、受奴役的人及大量的金幣，在那裡撞上岩石沉沒，儘管有個名叫史旺的男人——他是經驗豐富的領航員也是個受奴役的人——警告過船長艦艇無法完好無損地通過。紐約人至今仍然在搜尋這艘船的殘骸，希望找到失落的寶藏。

我正是受到這水系的吸引，雖然不像過去那麼危險，但是依舊湍急。我在尋找一種富有意義、能夠予人安慰的儀式，於是靠著一棵老樹坐下，背倚在粗糙的樹皮上，寫信給她。我流著淚匆匆寫下未說出口的狂亂感受，淚水落在紙頁上，把寫的字模糊成一團。當白晝即將結束，天空如著火似的發紅，我將寫給班恩的訊息放入小罐子，扔進底下的水中，想起我們將阿姨的骨灰撒在模里西斯北海岸的大海裡時，我感覺多麼地平靜。

我看著罐子輕輕地上下晃動，起先速度緩慢，然後突然一陣迴旋就被拖到了水面下。我想要相信海水會將我的話帶給她，但是仔細一想，這真是個愚蠢的想法。我希望藉由這樣的汙染行為減輕自己因為離開那麼久而心懷的愧疚，並試圖向她道別，因為我錯失了機會。這原本應該給我帶來一些慰藉，有那麼片刻確實感覺像是告別，然而我緩步回家時胸口卻壓著鉛塊似的重荷，喉嚨緊縮得好像快要閉合。即使到多年後的現在，每當想到她，那種沉重、堵塞的感覺又會再回來。

隔天是星期六，我在農場學習收割。我學到秋葵應該長到多長才能將莢果從莖上剪下，還有不同的甜椒應該變成什麼程度的紅或檸檬黃才能採收進板條箱。我學到輕輕擠壓番茄時應該有多少彈性就表示可以採摘了；還有無論重回四季豆的田地多少次，總是有更多藏在葉子下面，躲在莖後面，彷彿每次你一轉身豆子就又多長了一吋。我仔細地觀察，努力跟上經驗老到的農場工人的速度和勤奮，他們將成磅的農產品迅速放進一個又一個的板條箱裡。雖然我跟不上，但很慶幸能夠參與這個過程。

對我而言，番茄的到來比日曆上的任何日期或宇宙連線更能預示夏天開始。當陽光普照的漫長白晝促使它們的莖長得又高又粗，番茄就會蓬勃生長。完美的星形黃花大大綻開，需要渴望花蜜的蜜蜂嗡嗡飛過或是笨拙的農人碰撞讓花轉變成果實。這季節的轉折點是夏至，當白晝最長的一日過去，番茄就開始膨大、呈現出成熟的模樣。比千篇一律的超市番茄更令人驚嘆的是，這些不同種類的原種番茄[11]是一場美的展覽，從鮮橘色、黃色、紫色到有著條紋的深紅色，森林綠逐漸變成斑駁的暗紅，還有一些相當奇特，近乎黑色。某些較罕見的栽培品種拒絕遵守對稱原則，很少有完美的球形，長得像小南瓜、李子，或梨似的圓圓鼓鼓而不平整。

11. Heirloom tomato 指未經人工改良、非雜交育種的番茄。

布魯克林農莊有一排排的番茄，有的和我一樣高，排成隊形在微風中搖擺。最受喜愛的種類是櫻桃番茄，結出成千上百的淡橘色小果實，爆發出糖果般的甜味。不過我更喜歡碩大的金黃色原種番茄，果肩帶點桃紅色，果實頂部有顯著、深色的十字形彷彿燒焦過，我很樂意直接拿在手上吃，也許最多加一小撮鹽。倘若剛摘下來仍保有太陽的溫暖，那就更棒了。我去模里西斯已經是大約五年前的事了，上一次吃到像種在屋頂上的番茄那麼美味的新鮮番茄就是在那裡。每當我滿懷希望地切開用塑膠包裝、人工催熟的超市樣本，面對鬆軟的粉灰色果肉，淡而無味，完全沒有陽光的滋潤，我就會渴望吃到那些李子番茄。這些屋頂的番茄是如此的獨特神奇，讓我想起了模里西斯。

在番茄園中待一段時間，我的手指就變成黃色，接著綠色，然後近乎黑色，因為我照顧的植物反過來照應我，毛茸茸莖幹上的殘餘沾得我的兩手和衣服上到處都是。櫻桃番茄毫不費力地就能從莖上喀嚓一聲摘下，但是沉甸甸的牛番茄最好用鋒利的工具來採收。每一顆都必須輕輕放入板條箱，不可以扔或丟，以免損傷緊實發亮的表皮。我虔誠地跪在地上，將番茄一個挨一個並排擺放，不疊超過兩層，然後迅速送至鄰近的餐廳製成卡布里沙拉或披薩醬。假如有一顆掉落裂開，對我來說還是同樣的珍貴。我會小心翼翼地將破損最厲害的拿回家，如同對待有一道小裂縫的雞蛋、一件寶物一樣，然後做成羅格醬。

倘若拔的時候力道稍微過大，或是沒有穩住植株，這樣速度過快的收割可能會扯掉枝條或是折斷莖幹，造成致命的傷害，影響到未來的收穫。我深感責任重大，必須把工作做好。我不忍傷害這些無視都市環境、認真生長的綠色生物，或是危及仰賴這些植物為生的農人的生計。這完全不是「低技術」的工作，而且提供了我一天所需的東西。我需要培植一些東西；需要專注精神、參與某樣東西的茁壯成長。我需要偷窺暗綠色蚌殼狀的葉子下面，看見萌芽茄子的紫色底部從尖尖的萼片露出來，然後將最大顆的茄子從枝條上摘下，帶回家煮成咖哩。

班恩的診斷出來後，我辭掉了令人難以忍受的工作，一年後移居國外。如今她走了，回顧我——我們——在七年前選擇的道路，這條路在我看來比以往更加空虛。我竭盡全力地勤奮工作，獲得了一點地位，但是在付出一切努力之後，我感到孤寂。我一直透過攝影機鏡頭觀察其他人過著有意義的生活，但是在那個生長季節，這份工作從原本是我的一切到變得毫無價值。我再也看不出來我職業的意義，想要沿著另一條路去尋找目標。

接下來的冬天是我在紐約的最後一個冬季，也是第一個失去朋友的冬季。秋天把樹葉變成金黃火紅，再轉成褐色，冬天將最後的葉子吹落地面，農場關閉了，我感到非常絕望，覺得失去了唯一帶來些許寧靜的地方。儘管到目前為止的生活，我對植物的神祕變化一無所知，也不知道自然界的重要性，但是那個夏天把我從內心留下的巨大空洞、從失去她後繼續生活的強烈痛楚中拯救出來。那個夏天將會一次又一次地拯救我，因為它教會我欣賞寒冷，等候春天的禮物。在那塊土地上一排排的食用植物之中，是我唯一感受到有癒合的可能性的地方。透過這個非常基本的栽種食物的行動，我可以將自己重新縫合。在紐約市當中這片富饒的飛地[12]裡，自然向我自我介紹，明白地告訴我她不再於我的人生邊線上徘徊。

一年後我離開了紐約。雖然原本沒有打算待那麼久，不過我在那裡住了四年，我很幸運地拿到了傑出人才工作簽證，但這份文件感覺好像限制了我的選擇，我再也無法接受那樣的抉擇。我對自己的期許已經改變，想要的度日方式也已經改變。我想念家人，我無法面對在美國構築自己的人生，因為知道每三年就必須說服美國移民局允許我留下，而且我在此絕對沒辦法從事與植物相關的工作，除非我願意繼續當義工，在製作紀錄片極度繁忙的工作中安排時間去做，而我對製作紀錄片已不再有熱情了。

回到英國讓我有可能可以抽空學習更多有關植物的知識，並且接受訓練、研究、動手栽植。然後，假如運氣夠好的話，將栽種食物的勞動和技術變成我工作生涯的一部分。合理的做法可能是在鄉下找一家願意接納熱情新手、把她培養成栽種者的農場，然而當時我並沒有想到這個選項，因為我真正愛上的是在城市裡種植的做法。我確信除了愜意的酒吧和老朋友外，我可以在倫敦找到一塊我歸屬的綠色空間。

到了我在布魯克林農莊的第二個生長季節之後的那年冬天，我回到了哈克尼的公寓，和朋友敘舊，了解所有的變化，並且以全新的眼光在我自認為熟知的地方發現以前沒注意到的一切。我花很長的時間在附近的公園和運河邊散步，在水邊駐足，觀賞棲息在柳樹上的鸕鶿展開令人印象深刻的翅膀。我看著白冠雞築巢、守護毛茸茸的小雛鳥，身軀肥胖的鯉魚浮上水面搶走鴨子的麵包屑。一切似乎比我以前見過的更有生氣、活力、更加美麗。也許是因為我太快跑去紐約，或者是因為我從來沒有駐足夠長的時間好好注意。不管怎樣，這是倫敦第一個吸引

12. 是一種人文地理概念，意指在某個地理區畫境內有一塊隸屬於他地的區域，作者以此比喻布魯克林農莊在紐約市自成一個國度。

我全副注意力的春天，我著迷地看著木蘭樹上盛開著飽滿大方的花朵，銀杏樹上長滿優雅的扇形葉片，顯現出最亮麗的綠意。

第4章

耶誕節悄悄來臨。在那之前的日子雨下個不停，路面的凹陷淹滿了水，附近的田野看起來像沼澤地。在大多數的夜裡，穩定滴落的雨聲穿過屋頂的破洞將我吵醒，我緊閉雙眼，試圖抓住所能獲得的一小段睡眠，但是眼皮底下的燃橙色看起來像是弄髒窗簾、啪噠啪噠打在窗臺上的變色水氣。鐵鏽色的雨點滲入牆壁，讓牆面逐漸悄悄地碎裂瓦解，與正在澳洲肆虐的叢林大火呈同樣的橘紅色——他們必定非常盼望下一場我正在咒罵的雨。

我們從花園廢棄物中撈回冬青與柏樹的樹枝，將樹枝穿在山姆用兩大根枝條固定在一塊木板上製成的骨架上，拼湊出一種耶誕樹。舊耶誕樹的裝飾球和贈送的裝飾品現在搖搖晃晃地掛在湊合的粗樹枝上，雖然這是一樁小事，不過可以少砍一棵樹。今年我們邀請我父母一起共度歡樂季節。多虧了他們，我們才有這間屋子和這座花園，還有足以容納不止兩個人的空間，以及我一直烤個不停的百果餡餅。

我爸不善於放慢步調，不曉得該怎麼清閒度日，但我很堅持。即使屋頂仍在漏水，外面的燈也不亮了，我還是說服他暫時放下工具，看著他肚子裝滿食物和一小杯威士忌，在電視機前面迷迷糊糊地睡著，我感覺好多了。我在附近找到一間教堂，以便他在平安夜可以如往常一樣去參加午夜彌撒，可是當時間到的時候，他決定留下來和我們一起玩牌、吃點心。我們全都鬆了一口氣，因為媽媽從來都不想和他一起去，她認為上帝不會介意她在哪裡禱告，而我在十幾歲時就放棄了上帝。

「妳禱告嗎？」一個好朋友最近問我：「我只是好奇妳從哪裡得到希望？」詢問不相信神的人這個問題有點奇怪。「我不用小時候那樣的方式禱告。」我告訴她。我從小就是天主教徒，向上帝、耶穌基督和聖母瑪利亞祈禱。我上天主教學校、受洗、領聖餐、接受堅信禮。我曾經相信過，但是後來不信了。第一次對天主教會感到憤怒是在我得知他們認為同性戀有罪的時候，我自己清楚被別人論斷是什麼感受，無論神父或《聖經》怎麼說，我都拒絕站在論斷別人的立場。有天晚上，我對隔壁房間的媽媽大喊，告訴她我不想再當天主教徒了，原因就是教會的恐同症，她只說了聲：「好吧。」因為對一個率直又固執己見、每隔一天就叫嚷一次的青少年還能說什麼呢？我父母都沒有全盤相信教會的宗教教義，因此當我決定打從心裡否決教會的教義時，他們並沒有阻攔我。

過了很多年我才明白，我出生就信仰這個宗教主要是因為殖民時期的殘留影響，一想到我小時候信仰別人的神祇我就再次大為光火。在《黑人法典》的文件裡詳細說明了模里西斯及其他法國殖民地的奴隸制度法規，強迫受奴役者信奉天主教是眾多法令中的一項。這份文件概述了什麼樣的罪行要受到鞭笞、烙印或死刑的懲罰，以及受奴役者生的孩子也會遭到奴役。該法典聲明受奴役者必須受洗成為羅馬天主教徒，要求他們為自己的所有者和主人祈禱，禁止他們信奉自己的宗教或精神信仰，並且明令星期日不能工作，就算是受奴役者也不例外。

有人認為該文件中編入了一定程度的人道，但是其最重要的目的是，正式確定受奴役者的地位為「私人財產」，以確保他們是資產、所有物，是「商品」。這是份可恨的文件，在其信條下所做的一切更令人痛恨。該文件可憎的地方是，強迫那些原本有自己的信仰和神祇的人改信他們的宗教；對於以其名義被抹殺掉的一切來說可惡透頂。

模里西斯，一九六二年

認為自己每個周日都應該上教堂的期待是從他們父母傳下來的，而他們的父母也是從祖父母那裡傳承而來，一代傳一代。他們被教養成虔誠的天主教徒，相信白皮膚講法語的神父告訴他們的一切，懂得不要去質疑上帝的話。他們坐在前排長木椅以外的位子上聚精會神地聆聽，禮拜儀式是用拉丁文傳達，他們學習如何唸出那些含意難以理解的詞語，因為倘若表現好的話，在最後一聲阿門後，他們就可以和朋友一起玩耍，那些朋友在整場彌撒中也安靜地坐著。

他們從小被教育成害怕鬼魂、幽靈和巫毒，所有那些唯有異教徒才會沉迷的邪惡東西。他們被教導要懷疑那些和祖先說話、在十字路口留下切片萊姆當祭品的人。但是他們的嬸嬸阿姨會在他們頭上揮舞一小袋鹽來驅鬼避邪，如果午夜過後才回家，他們就會倒退著走進屋裡，將可能跟著自己的惡靈留在門口。

全村的人會出來看彗星劃過夜空，尾巴懸在空中，想著那些在彗星經過的夜晚誕生而受到詛咒的孩子。他們害怕滿月和狼人的傳說，這種半獸半人的怪物會在天黑後四處覓食。不時會有人目擊，消息就會傳開，叫大家夜裡要當心，因為狼人可能潛伏在陰暗處。據說狼人來自馬達加斯加，是用黑魔法召喚出來的，因此每當聽見狗對著黑暗嗥叫，他們就會祈禱耶穌、聖母、拉瓦爾神父保佑他們安全不受傷害。

在清朗的夜晚，她會仰望星辰，好奇上帝如何將這樣壯麗的景致掛在夜空中。在海邊度過一天後，在返回市區的公車上，她會把鼻子貼在窗戶上望著滿月升起，看著月球崎嶇不平的表面，面對那張她能看見的臉，感到一陣恐懼湧上心頭；在睡覺前，她會比劃個十字的手勢，然後向皮膚白皙的耶穌和聖母，以及白髮蒼老的上帝禱告，保佑她不會像月亮那樣。但是隔天晚上她會再回去看月亮如何改變形狀，並再次尋找那張臉的出現，因為她深受宇宙的浩瀚和未知吸引，她的好奇和敬畏之心總是勝過恐懼。

「我不用小時候那樣的方式禱告，不過我想我確實有祈禱。」我告訴朋友。

對我而言，播種、栽種、收成、食用就是崇拜的行為，我跪在地上，向自然界的力量和規律低頭。我以崇敬的態度向大自然致敬，獻上我的信任。我相信周期會轉動，即使它們不符合我的需求，或是表現不如我的預期，我還是能從中汲取教訓。我的祈禱是配合季節轉變及天氣變化行動，尤其是在一年當中的這段黑暗時期——難以憶起光明、溫暖及草木生長的時候；記住光明、溫暖及草木生長，並相信它們會再回來；相信栽種、園藝、關愛、施肥這些微小的舉動具有深刻意義，相信這些行為與許多其他全心全意的人的微小舉動同時發生，總有一天將會加總起來真的成為富有意義的事。

我相信我所坐的位置，在我們星球強大自然力量的變化當中是極其渺小的，而這星球位於眾多宇宙中的其中宇宙裡，在浩繁的太陽和月亮之中，有著自己的太陽與月亮。我抱著這種認知坐著，相信這會賦予我不大的舉動更多的意義，而不是更少。這樣的認知顯示我的存在既像奇蹟又極其平凡。由於有這樣的理解，我覺得自己能夠加入這股讓人敬拜自然力量的強大能量流動中。所以，是的，我想我確實有祈禱，栽種植物就是我禱告的方式。

我遵循古老傳統的做法，仰望夜空尋求照料花園的指引。我注意觀察記錄月亮盈缺的預報，聽從那些前人的智慧，他們察覺到月亮引力的牽引和釋放會誘使種子發芽、敦促植物扎根，或者決定採摘後收穫是否還會持續。我盡可能地遵循陰曆，但是住在城市裡時，我從來沒有目睹過月亮升起，更別提察覺她散發出的能量了。現在，我看著海潮退離海岸線，見證月亮擁有的力量，跟隨月亮的周期種植，對我來說，這是一種靈修。

在一年即將到達尾聲之際，我和我媽站在一起，倚靠在花園盡頭的圍籬上，望向地平線上變暗的林木線。我注視著她，清朗的夜空令她往上伸長了脖子。今晚是珍貴的夜晚之一，雲層散開來了，夜幕低垂時可望升起又大又亮的月亮。教區委員會制訂了「暗空」政策，這表示屋外或街道的燈不許點亮，因此這裡是國內數一數二的觀星地點。

我確信她會喜歡「看見月亮」這份豐厚大禮，因此我等到漸盈但未滿的溫暖凸月開始出現在地平線上，才建議她將視線調整到水平的位置。「真不敢相信我以前不曾在英國看過這樣的月亮。」她驚奇不已地輕聲說，試圖拍張月亮的照片寄給她在模里西斯的兄嫂，對方也是觀星同好，不過她嘗試拍攝的所有照片全都模糊黯淡，因此她放棄了徒勞的任務，我們就在暗夜裡盡情地欣賞溫暖橙色的月亮。我們站在一起，瑟瑟發抖地看著月亮上升，變得越來越小、越來越亮，高升到十二月凜冽的天空中，逐漸失去溫暖的色澤。

媽拿起她的手機，用一種應用程式來識別頭上閃爍的是哪個占星的星座。她在模里西斯時也這麼做，在暖和的夜晚空氣中走在甘蔗田旁，挽著我阿姨的手，以免被她自己的腳絆倒。假如我在她的家鄉出生，或許我們會一起仰望天空，學著如何找到銀河。若不是我生長的地方有郊區街燈、安全照明燈、庭院景觀燈遮蓋了夜空中大多數的輕柔閃光，我們可能也會這麼做。直到現在我才注意到她深愛著夜空；直到現在我搬來這裡，我才發現自己對夜空的喜愛。

儘管霜凍的跡象瀰漫在空氣中，山姆還是說服我在夜間冒險外出。瑞秋和格雷姆邀請我們去酒吧，他代表我們兩個接受了，澈底忽略了我每年一次拒絕慶祝跨年夜的傳統。我同意在午夜前一個小時前往我們家附近的新酒吧，在這個新的地點迎接新年，只要山姆保證不隨意走開、留下我一個人。

這回走進酒吧，感覺不大引人注目，讓我如釋重負。酒吧裡擠滿了人，歡樂的喧鬧聲和熱氣打在我臉上，大家聊天、喝酒、大笑、打翻酒的熱情讓我的眼鏡蒙上一層水霧。看起來似乎村裡大多數人都在這裡，我決心也要好好享受在這裡的時光。每隔幾分鐘就有人在前往廁所的途中從旁邊擠過去，格雷姆就會抓住他們飛快地介紹一下。「如果你們需要樹木醫生，馬克就住在轉角處」，還有「萬一你們的管線出了什麼緊急狀況，葛瑞格就住在教堂再過去的那條路上」。據說瓊安可以幫我們做窗簾，另外假如我們決定結婚，那邊那個男人駕一輛雙輪輕便馬車，可以按小時雇用。這裡的所有人都是具有效用的人，而且幾乎每個人早在今晚之前就知道我們搬來了。

大家都很友善，大多數人都喝得醉醺醺，我已經沒有話題可說了。我無法提供任何可雇用的技能，我開始認為自己沒有任何能力可以成為對這社區有用的人。沒有人需要一個利用小空間栽種食物、對花壇一無所知、沒興趣使用除草劑也不翻土的人來幫忙維護他們的鄉村花園。所有想要菜園的人都已經有了。我來到這個村莊，沒有真正的工作或技能可以與這些介紹給我認識的人分享，我不由得感到尷尬。這似乎是這裡的人行事的方式——你扮演一個角色、提供一項服務，但是我滿腦子充斥著這種無用的感覺，因此試著甩開這個想法，擠進其他人的談話中。

一位吧檯人員想要擠過去收杯子時，格雷姆吸引他的注意，湊近他身邊和他說話。「這兩位剛搬來那條路上，」他指著山姆跟我說，「繼我們和你之後，他們是村子裡第四、第五位沒有投給保守黨的人！」他們全都輕聲笑了起來，山姆也笑了，互相會意、好玩地眨眨眼，我設法走回瑞秋站的位置。在今年的最後半小時中，我們閒聊了養雞、種菜，以及大概有多少共同的朋友住在史普林菲爾德港口的船上。我們一起為村內時事通訊抱怨「鵝霸」的事而捧腹大笑，閉路電視拍到他們的車子在村裡的鵝群過馬路時靠得太近。這不是我想要度過今晚的方式，不過也和預期的不大一樣，我可以想像和住在這裡的某些人成為朋友。

接近午夜時，大家湧到外面看煙火，碰杯喝下裝了半滿的卡瓦氣泡酒，互相祝福來年一切順利。我們沒有再待多久，很快就靜靜地穿過村莊走回家，我們兩人加上瑞秋、格雷姆，和他們那隻邋遢的狗維尼。在二〇二〇年的頭幾個小時，我們大家跟著一道劈開黑暗的手電筒光束前進，只有在格雷姆履行一年一度的傳統，爬進他祖母曾經住過的小屋的前花園，偷摘一、兩枝迷迭香以便做元旦烤肉的時候，我們才停下腳步強忍住竊笑。我也彎下身子摘了幾片葉子，不是因為晚餐需要——我們花園裡已經有一叢了——而是因為我想要讓常綠植物令人愉快的木頭香味伴著我走，將我們壓抑的笑聲迴盪在新年頭一個夜晚的冷冽薄霧中牢牢記在記憶裡。

雖然沒有調查過，但是我確信倫敦能夠提供更多我在紐約找到的東西，事實證明我搬回來的倫敦東區是非常好的起點。有好幾個星期我都在哈克尼探索以前不曾造訪過的角落，從一塊綠地跳到另一塊，尋找種滿開花的春季球莖的社區花園，探尋有養豬、羊、鵝、雞的城市農場。隧道式溫室、農場動物、香草花圃藏在公寓大廈之間，或是被高聳的辦公大樓所包圍。我繞著圈子走來走去，試著找到這些地方，我上次住在這座城市時沒有遇見這些農場並不令人意外，因為當時還不知道有什麼可以尋找的。你必須想要遠離繁忙的道路，離開柏油及混凝土，才能找到這些綠色小島，在那裡花朵或肥料的氣味暫時取代了廢氣。

這樣搜尋的過程讓一切顯得更有魔力，不過找到的地方都不大適合我。我在尋找的是某種特定的東西，類似布魯克林農莊那樣的地方，在那裡栽種植物不只是因為植物的美麗或是種植過程中的樂趣。我需要找到一個為了裝滿盤子填飽肚子而存在的地方，於是在春末一個陽光燦爛的星期二，搜尋結果讓我來到了克萊普頓的史普林菲爾德公園。

那天耕種社群的市集園圃生意盎然，各種深淺不一的綠繁茂地生長，蔓延到菜圃兩側及鋪著木屑的小徑上。左邊有座隧道式溫室種著豆類、黃瓜和番茄，帶著花朵含苞待放的跡象和結果的徵兆。右邊是一連串的菜圃，裡頭的葉子有各種各樣的形狀和質地，以及——我很快就發現的——味道。萵苣、酸模、歐芹、蒜菜、細葉香芹、馬齒莧和三稜韭蔥。從這頭走到另一頭，我經過了一排鼠尾草，粗糙的老枝上長滿了暗色、柔軟的新芽，在我拂過葉子時散發出溫暖的香氣。經過棚子和木製長椅後，有一扇沉重的鐵門守衛著王冠上的珍寶——幾座古老的維多利亞時代的玻璃溫室。只有一座完整無缺仍在使用，因此成為播種和培育幼苗的地方，位在後面的其他溫室都已經陷入絕妙的年久失修狀態。荊棘、蕁麻、臭椿從破碎玻璃片上的縫隙下面和中間偷偷鑽進來，重新占據了大片的區域，這些植物因為有點太懂得如何生存惹得很多人討厭，而且無論受邀與否都會急切地生長。整個左側都遭到一大片多刺、頑強的植物侵襲，它們伸入每一吋光禿禿的土地，直到碰上石板小徑才停止。另一側則有一座池塘，連同一小群金魚和一座小木拱橋，池水兩旁種著葉子沉重、直挺的棕櫚樹和其他溫帶與熱帶的植物——一座遭遺棄了一段時間的迷你植物園，不過仍完好無損美麗依舊。水邊一棵難以相信的柑橘樹也茂盛地生長，長得最高的葉子碰到了玻璃屋頂的頂點，從樹的大小來判斷，應該已經在這裡生長多年了。在那個季節當中，我看著柑橘樹的果實逐漸膨大，淺黃色的果皮上坑坑疤疤，形狀像檸檬，大小卻有如葡萄柚。另一位義工認出了這棵出人意料的柑橘，她告訴我們：「這是香櫞果。」每年秋天，猶太社群慶祝住棚節的神聖儀式上都會用到這種果實，以感謝上帝賜予大地的豐收。香櫞果的果皮厚實而珍貴，就生長在距離猶太教堂不遠的地方。

和在紐約時一樣，只要有空我就去當義工，我會安排好生活行程，以便每星期二搭兩班公車到史丹福山，再走到種植場地。大約在同一時候，我開始在收音機、報紙、電視上聽到越來越多有關歐盟的談話和抱怨，這不是我很了解的議題，不過爭論中有些事情令我感到不安。我聽到了熟悉的抱怨，提到很多人「來到這裡」，從不大樂意分享這座島嶼的人手中搶走工作、房子和醫療保健服務。千篇一律的故事，每份報紙、每條新聞快報、每個政治專題小組討論歐盟的方式都讓我的喉嚨緊縮，雖然沒有親耳聽到太多這樣的意見，但覺得好像無法避開。有些人提出了國家主權的論點，另一些人支持的願景表達出他們露骨的種族歧視和仇外心理。一種轉變正在蓄勢待發，那種熟悉的感覺令我焦慮不安。

星期二成為我一星期中的燈塔，是我引導自己前進的日子。我晚上為一家加州的製片公司工作，有時是在夜裡，這樣既可支付帳單又能騰出白天的時間，以便將時間盡可能投注在植物上面。我日夜兼顧，一邊過著從事紀錄片工作的舊生活，一邊滿懷希望地嘗試在戶外工作。我身穿最舊的衣服，拎著打包的午餐和一保溫瓶的茶，帶著過去一周滿滿的精力和期待來到這裡，準備全部釋放出來，翻動堆肥、篩濾腐葉土、除草再除草，然後學習如何採收不同的綠葉沙拉蔬菜。

這是個熱情友好的地方，無可避免的勞動讓人感覺心情舒緩下來。這地方適合任何樂意把手弄髒、勾掉一些待辦清單事項的人。負責的栽種人蘇菲工作勤奮、個性也很溫和，她體貼待人、樂於分享知識，解釋如何提供幫助又不妨礙她腳步靈活地從沙拉蔬菜圃走到溫室，再到隧道式溫室、堆肥堆，確保所有在她注視下工作的人都得到所需的東西，以便他們發揮作用。這地點隱藏在公園的角落，一條兩旁種著針葉樹和杜鵑的幽靜小路盡頭，不過大門用一塊磚撐開，好讓路過的人知道歡迎他們進來參觀。這地方歡迎所有的人，包括那些不想進來的人。

在市集園圃沒有人抱怨移民。這裡不會有人抱怨，因為距離可以找到我最愛的炸鷹嘴豆餅和可頌餅乾的那條路僅有幾步之遙，短短幾步路就能走到那條不起眼的商店街，我聽說這條路可以說是倫敦、也許是不列顛，或者甚至是歐洲信仰最虔誠的地方。這裡不會有人抱怨，因為在這座城市裡充滿了各種人和語言、菜餚，彼此並肩存在，雖然不一定總是和諧共存，卻不拘禮節地承認我們的鄰居和其他人一樣有權住在這裡。儘管不時以英國國旗的紅白藍來裝飾的紅白黑三色組成的八卦小報，上面充斥著憤怒的言辭，以粗體大寫字宣告誰是「我們」誰是「他們」，這些小報堆放在書報亭的貨架上，到下午的尖峰時間就售光，但是在這裡感覺不到抱怨移民這種事。

當我站在隧道式溫室的弧線下，從豆莖伸出的捲鬚爬到頭頂上的拱形結構，心形的葉子垂下來遮蔽了一串串鐘乳石般細長、深紫色的四季豆，我絲毫感覺不到這種事正在發生。這座農場是個平靜的地方，在這裡某些政客的聲音無法壓過黑鶇的歌聲，也無法蓋過義工為了從剛種好的苗圃驅走松鼠而發出的堅定但友善的噓聲。這裡感覺很安全，沒有有害言論滴進我們共用井裡的聲音。

那年夏天我頭一次品嚐了酸模。看似無害的尖葉子散發出濃烈的酸味，讓我的味蕾和臉都扭曲了。另外我也第一次嘗試多腺懸鉤子，晶瑩發亮的紅色寶石戴著毛茸茸的帽子，味道也是酸得驚人。我學會採摘大黃的方法，將拇指滑向莖的底部，緊緊抓住毫不猶豫地從根部拔出；然後在家裡，山姆教我小心地用糖和肉桂來燉煮，這樣一來我對大黃的看法就可以擺脫記憶中學校裡討厭的硬邦邦、難消化的布丁。我拿到了一顆少有的成熟無花果，這些無花果在溫室玻璃下變大變甜，讓我意識到這裡的日照也許比之前以為的還要充足。那年夏天，我快樂地把自己弄得一身髒，感覺受到保護，比以前在英國的任何時候都要來得自在。

我一直在尋找一處感覺像布魯克林農莊的地方，結果在這裡找到了，這裡有歡笑、喜悅、土壤、汗水，我們的工作代表著人們可以吃到在離家不遠處種植的農產品。這感覺是一大變革。在沒有耕作的日子，我會閱讀任何找得到的破舊、二手的自己動手種植指南，努力拼湊出紫花椰菜或溫室黃瓜的生命故事，夢想過著採摘蔬菜的生活。這段時間充滿了滿懷希望的想像和美妙的可能性，這是義工專屬的領域，因為不必負責農場是否有夠高的生產力，足以被認為可行而值得。我只要學習如何折斷蕓菜莖，不受責任催促，幻想每天都這樣過日子，卻不知道用這種方法謀生對我的要求不僅於此。儘管如此，我發揮了強大的想像力，構想出一種富有意義、可持續的生活，從事廣大社會認為卑微的工作，而這種生活確實可行。我下定決心在下一季要回到這個地方，接受有機栽培的訓練。

最寒冷的月分到來，一旦為越冬植物罩上園藝用不織布，以抵擋凜冽的天氣後，這塊種植地就不再對義工開放。隨著天氣越來越不宜人，日照時間逐漸縮短，我又恢復白天在維多利亞公園和運河邊散步，晚上則交給按照太平洋標準時間的工作。等春天來臨時，我從義工變成實習栽種人，星期二又恢復成為我一星期的最高潮。

然而不論我多麼努力避開，關於歐盟去留問題的爭辯卻越來越激烈、醜惡，而且就我看來，越來越無條理，貨幣和立法、邊界與移民、控制及權力都是話題。這種民族主義和所謂的愛國主義的回聲在大西洋彼端也能聽到，因為美國在認真考慮唐納·川普成為他們下一任總統的可能性。最近有一種生氣勃勃、憤怒的排他情況正在醞釀，我所聽到有關「主權」的爭論幾乎都是圍繞著驅逐不屬於這裡的人、阻止更多人移民到英國。聲音最響亮的正是最偏執的，使我的舊傷疤又開始隱隱作痛。

我從來沒有真正能將「對自己的理解」與其他發現自己不受社會歡迎的人分開。我看著不同的人種、文化、民族在社會輕視的光譜位置略微改變，無論變革動力如何變化，圖謀卻始終不變。我聽到大眾討論有必要維護英國的特性，那是寶貴的生活方式，但是我不知道他們是什麼意思，只知道他們描繪的想像未來並不包括我。我聽到的每一個有關「奪回我們國家」的評論，每當有人宣稱「這國家已經人滿為患」、應該要「拿回控制權」的時候，他們所談論要擺脫掉的對象顯而易見，儘管他們的推論荒謬得站不住腳。我早就明白當膚色出賣我的時候，我的護照保護不了我。

我為求安心和朋友、熟人討論過很多次，他們看到了這些煽動性的言論，也對此感到困擾和擔憂。我們會告訴彼此，這種事不可能、也不會發生在此時此地。然而這樣的談話並沒有帶來多少安慰，因為就連這些話也提醒我，像我這樣的人永遠被視為是外來者，永遠免不了要猜想自己的歸屬何時會遭人議論。我們徹夜未眠等待脫歐公投結果，但是在結果確定前就睡著了。早上六點收音機鬧鐘吵醒了我們，大衛・丁布比宣布「英國人民表達了意見，答案是，我們要脫歐」。我的心沉了下去，以為這件事不會發生，可是卻成真了。

接下來的星期二，我來到種植地，身體因為騎自行車爬上緩坡而發熱，皮膚接觸到乾冷的早晨空氣而涼爽，從那時起我每星期二都來，一直到秋天降臨。我在剛鋪上覆蓋物的苗床裡挖洞，洞與洞之間相距一把小泥鏟的長度，然後將強化過耐寒的萵苣幼苗從育苗穴盤取出，再將新長出的根壓進苗床的洞裡。在我們工作時，蘇菲會說明為什麼要避免挖土，土壤不喜歡受到打擾，而且土壤不僅僅是容納之處，不是只供植物樹木鑽入的無生命物質。在那年夏天以前，我從來沒有想過土壤的用途。我以為土壤是由掉落的生命殘餘物所構成，是供人在上面行走、鋪設，或建造的物質。蘇菲教我土壤是充滿生命力的東西，由許多生物組成，這些生物在土裡利用土壤共存，同時共同創造土壤，她教導我土壤非常珍貴，我們的工作是要為土壤提供營養及保護。身為有機、生態農業、以自然為中心、永續，或者不用化學製品的栽種人——無論哪個術語適用於你的做法——我們的工作是培養土壤，好讓植物大多時候可以自己生長。這表示只提供土壤營養就放手不管，剩下的交由生物、真菌、細菌來處理。土壤樂於接受養分，而且有一套不容干涉、混亂複雜的吸收系統，因此，除非環境特別糟糕，我們會發現沒必要最好不要去翻土。

我相信那裡的土壤一直得到很好的培育。在那塊土地裡有多年以來的愛與奉獻，有無數個日子及鐘點的包容和善意。但是我一想到要獻身給這國家的這塊土地，竭盡心力讓這塊土地繁茂蓬勃，同時卻感覺自己在這座島上可能無法茁壯成長，我就開始感到焦慮不安。我想要相信不必屈從（或者長期防備）這種極端的愛國主義，也有可能培育這片英國的土地。可是當與土地的連結和身分認同感如此緊密地聯繫在一起時，在一個我從未覺得真正歡迎我的國家培養土壤有什麼意義？

我背對著電暖器蹲下來，等待熱氣穿透衣服擴散到皮膚上。這裡非常舒適。近旁的洗衣機有節奏地嘎噠嘎噠攪動，我仔細聽著，我的心周圍的空間感覺好似洞穴，被一種隱約的憂慮感覺給掏空了。不過，洗衣機的聲音平穩而確定，我住在紐約時，洗衣服要從公寓拖著一袋髒衣服和寢具下樓，走到街上，到達街區盡頭的自助洗衣店。這是件累人的事，我卻暗自喜歡。我會坐著聆聽所有的機器轉動潑濺，在洗潔劑甜膩、溫暖、濃郁的香味中，感覺平靜下來。

我透過覆蓋在後門上那片凝結的水珠往外看。夜色中一團濃霧沉澱逗留，沉重地籠罩在後方的田野上，悄悄地往上爬進花園。那棵松樹已幾乎隱形，四周盡是團團白霧，僅能約略看見，我想不起來那棵老樹後面是什麼，似乎一點也不記得如今被大霧籠罩得看不見的景物。我對這地方毫不熟悉。倘若離開這臺電暖器，將旋轉循環的節奏拋在後頭，推開門走到花園盡頭濃濃的霧中，我還能夠找到路回來嗎？

我坐了一會兒，看著水滴順著玻璃流下，匯集在門框上，幾乎能辨認出空雞籠的輪廓和柳樹的搖擺。一隻潛伏的鴿子隱祕地坐在柳樹的樹枝間咕咕鳴叫，其他的樹大多如骸骨般光禿禿的沒有葉子，顏色黯淡，成為白底上的灰影。山姆從地板上把一杯茶推給我，然後將一手放在我的胸上，直到我淺短的呼吸緩慢下來與他的呼吸速度相當。他之前曾在這裡找到我，靠在電暖器上，聽著洗衣機的隆隆聲尋求安全感。他最近很常往返倫敦，自從我們搬家後至少一星期兩次，他不在時我覺得比較難定下心來。每次他離開的時候，總會輕聲建議我也許可以到外面去，或者拿著冥想坐墊或瑜伽墊到閣樓房間待一會兒——所有以前有幫助的事情。我說我會的，但是在他離開後，我最終還是坐在沙發上，為我們國家的政治局勢或是後面田地的規劃申請而憂心忡忡，到最後只想消失在一集又一集平淡易忘的電視節目中。我應該要思考新生活要如何收支相抵，但是我無法強迫自己去做。

自從我們來到這裡以後，有訪客的時間和我們單獨相處的時間一樣多。他的父母、我的父母、兄弟姊妹和朋友周末來，然後他父母又來一次。我們沒有拒絕任何人，而是上演一齣提供過度豐盛的餐點、在退潮時寒冷的沙灘上散步、當夕陽沉落到巴特爾森林時坐在爐火邊的戲碼。我想要看起來比自己實際感受到的要來得適應，全心全意地投入表演，讓訪客相信我們做了正確的抉擇，而且藉由演出我也努力說服自己。等他們離開後，我剝下寢具放進洗衣機洗，聽著機器不停地轉啊轉。

我繼續待著烘暖背部，時間長得足以看著濃霧開始消散，逐漸後退到山下。片刻前還一無所有的地方出現了一排樹，很快地就會出現一排又一排，直到林木線與地平線會合。這回我留心觀察，將樹木支氣管狀的輪廓描繪到記憶裡，這樣一來倘若它們再度消失，或許我就不會感到如此的迷失。我凝視著窗外陰沉、低垂的天空時，手機亮了起來，是住在附近我們唯一認識的人發來的午餐邀請。最近我大多時候都待在室內、窩在家中，因此努力克服不願外出的心理，穿上保暖緊身褲來幫助我撐過這趟短途旅行。有好朋友就在二十分鐘的車程外，我非常感激，更感謝的是，他們是那種會在一月寒冷而清新的日子裡提議在篝火上煮午餐的人。

等我們開上他們家長長的車道時，冬日黯淡的太陽正穿過厚重的雲層，篝火也生起來了。在那段流逝的時光裡，我們在吸引人的熊熊火光中，將哈魯米起司和塗抹了青醬的波特菇放在悶燒的橡木塊上烤焦，再夾進暖烘烘的圓麵包裡，裝到擺在膝蓋上的餐盤中享用。帶著填飽的肚子和冰冷的腳趾，他們引領我們橫過他們的田地，穿過灌木樹籬，然後一個接一個地滑下堤岸，來到樹木多年來寧靜生長的地方。他們指給我們看，哪裡有條小溪標示著他們與別人的土地之間的界線，以及哪裡有棵樹木倒下，開始長出黑得像煤炭的真菌——同心環紋炭球菌。我們互相扶持跨過突破地表的樹根，出聲提醒小心可能會絆倒我們的荊棘和金錢薄荷。他們告訴我們，哪裡在春天斑駁的陽光下，會有野生蘭花從茂密帶斑點的蓮座狀葉叢中開出粉紫色的花朵；哪裡的地面凹陷足以讓水積到及腰深，等夏天到了就有機會潑濺水花來降溫。

我相信在一個地方找到家的感覺就是這樣子。了解這片土地和野生動植物的規則變化和表現方式，並分享你的世界一隅。這正是我計畫搬離城市時所想像並希望能夠學著做到的。慢慢去了解從我家門前臺階展開的這片土地的起起伏伏，在心裡繪製成地圖，與從我居住處一路延伸到森林裡的自然世界建立一種親密親近的感覺。

我總是在屬於別人的土地上種植，總是抱著無時無刻不在的恐懼栽種，擔心那塊空地將不再歸我管理，被收回或出售，或者單純就是我在那裡的時間到期了。當然我認為在城市裡種植食物是件很了不起的事，借用令人十分嚮往的財富累積方式，利用可食用的植物和花卉在這塊土地上發展出無聲的革命。一直以來栽種食物的行為都遭到貶低，並且被驅逐出財富和特權聚集的地方，因此參與在城市裡栽種食物的行為是一種有趣又卓越的造反。可是我從來沒有按照自己的方法種植，這成為我非常渴求的事，只要一小塊我可以照料、或許也會反過來照顧我的土地。

在我可以栽種的地方似乎沒有一處能夠容我持續地投入。我將我的愛奉獻給一塊土地，但很快就不得不放棄。因為沒有屬於自己的園地，我要在倫敦種植就需要簽訂這樣的協議；在托特納姆一座廢棄的苗圃栽種時，我同意在受限於別人的想法和計畫的情況下種植。我在史托克紐因頓一片屬於英國國教會的土地上種植時，我是在受制於那塊地隨時可能會廉價賣給房地產開發商的情況下栽種。我不斷將植物種入地裡，同時希望那些允許我種植的人不會改變對我的工作價值或是植物存在的看法。於是我開始渴望有塊可以自己作主的空地，一塊不受他人意見左右的園地，而唯一可行的方法就是賣掉公寓、離開倫敦，另尋別處生活。因此當我們決定搬家後，我就在尋找屬於自己的園地。

我追求的與其說是所有權，倒不如說是始終如一和奉獻。我想要獻身給一塊土地。我想要培育這片土壤，待足夠久的時間，看著這片土地因為我的呵護而繁茂蓬勃。我覺得在涉及土地以及生長在其中的植物和樹木時，所有權這概念很奇怪。所有權並沒有提到種植工作最根本的互惠互利，也沒有描述我在尋找的那種關係，我想要按照土地的規律來管理土地，可是沒有文件或交易能夠確保我的想法可以實現。在資本主義制度下，要麼擁有要麼一無所有，因此儘管我非常討厭這樣，但我明白沒有其他途徑可以讓我與一塊土地、一座園地建立深厚的關係。

我在腦海裡能夠看見花園這塊地還沒有人開墾的時代，也能想像這塊地還不屬於任何人的時代。一〇六六年諾曼征服英格蘭後，征服者威廉宣布英格蘭所有土地都歸王室所有，在隨後的幾世紀中，影響土地所有權的法律不斷演變，使得農民用來栽種食物、放牧牲畜的土地逐漸脫離了公地用途，轉而分配給有錢有勢的人。威廉國王將英格蘭的二十一個地區劃歸森林法的管轄，此法的目的是保護動物和其棲息地，以便貴族階級狩獵。仰賴土地維生的農民被禁止砍伐林木、築圍籬種植莊稼，以及自行打獵，否則將會處以罰款、殘割，甚至是死亡等懲罰。在接下來的數百年內，越來越多平民放牧、勞作的土地遭到貴族和仕紳圈占。那些曾在土地上勞作但不擁有土地的人的權利不斷遭到剝奪，突顯了持續至今的土地不平等，到現在英格蘭仍有百分之三十的土地掌握在地主仕紳的手中。事實上，英國最富有的貴族西敏公爵及其格羅夫納家族發達的主要來源就是土地和房地產，他們的財產組合可以追溯到諾曼征服時期。至於英格蘭的其餘土地，百分之十七去向不明，百分之五屬於所有普通屋主的總和，剩下的百分之四十八則為公司行號、暴發戶、保護慈善機構、教會及王室所有。

不過我對自己加入這個追求所有權、染指土地、攫取所有權證書的體系非常生氣。我成了想要擁有自己的土地這個遺留問題的一分子，因為我不知道還有什麼途徑可以與一塊土地建立關係。令我難過的是，擁有土地是能夠讓我有足夠的安全感，可以真正獻身給一片土地的唯一方法。我覺得這麼做不妥的原因是，我純粹是憑藉我的經濟特權（這是我父母的勞力和犧牲為我創造出來的）才能夠要求擁有一塊地，而有許多人不論多麼熱誠地想要管理土地也無法做到。

所有權與土地的關係並不恰當。所有權只要求所有者拿得到資金就好，所有權不問你是否會照顧土壤或餵養鳥兒，是否會了解在那裡生長的東西的喜好，也不堅持你要讓土地比你發現時更有生氣、更強健、適應力更強，或者將土地視為你和其他也在那裡生活的生物的家。當所有權只要求你在搬家日有足夠的錢轉帳、簽署文件、支付律師費用，你還能期望地主與土地建立什麼樣的關係？

在開車回來的途中，我透過光禿禿的灌木樹籬看見一年中大多時候都被樹葉遮蔽的房舍。蓋著茅草屋頂的宏偉建築、鑲著鉛框的玻璃窗、廣闊的花園、巨大的穀倉，有些漆得烏黑、一棟漆成白色的都鐸王朝時代的房子，桁架為黑色，外牆上畫著一五〇九年。數百年前建造的屋子裡住著世世代代在這裡生活的家庭，這裡歷史悠久，而且非常富有，房地產比我知道的要大得多。等我們到家的時候，太陽已經下山，天空變成意想不到的溫暖粉紅色調。我們這間一九四〇年代普通的半獨立式房屋在搬來時感覺過大，現在顯得大小適中、合理多了。

我大膽走到花園去瞧瞧常綠灌木、拔些雜草，發現了一種我認為是黑醋栗的植物，也可能是葡萄藤。我審視那棵笨重的大樹，它肯定是最早掉葉子的，因為我們搬進來時它已經完全禿了。鄰居的花園堅持不懈地試圖爬過圍籬，他們的胡頹子在這通常不毛的季節開了花，散發出蜂蜜似的甜蜜香味。儘管光線溫暖，空氣依然冷得刺骨，我蹲下而不是跪下，以免黏土土壤中的水分浸濕了膝蓋。當我想要拔除草地上的匍枝毛茛時，注意到一種出乎意料的植物：與青草相比，成簇暗綠色的葉子較為挺直、不易被風吹彎，形狀不像草那樣扁平，而是像細香蔥或類似的植物那樣呈圓形，很可能是來自同一科的植物。我摘了一片葉子，聞到微弱但辛辣的洋蔥氣味。我將葉子放到牙齒間咬碎，感覺到蔥屬植物熟悉的刺激襲上舌頭。是鴉蔥。這是我現在居住的這片土地上出現的第一個可食禮物。

第5章

日子融合成一系列連續的日出日落。我大多數早晨都是在鳥叫聲中醒來，不確定是星期二、星期三，還是周末。我在半明半暗之中躺著，努力諦聽某種物種的鳴叫聲，希望將鳴聲牢記在心裡，晚點會試著和網路上的錄影比對，這樣明天我再度在黎明醒來時，就能夠想像鳥兒停落在窗邊，在昏暗的光線中呼喚彼此。

我又恢復了以前的習慣：看電視烹飪節目。當我還是個憂鬱的青少年時，整個夏天都在看美食節目，每天連續收看好幾個小時，沒有出門也沒有和朋友相聚，而是在看別人準備、烹調食物中找到安慰和陪伴。我會看一些比較教學性的節目，學習如何切洋蔥、幫義大利麵醬調味，但是我更愛看主廚在世界各地旅行烹飪。他們在市場裡走來走去，捏一捏水果測試成熟度，深深吸入新鮮食材的香氣，讓自己沉浸在他們自己的或別人的地方或文化當中，然後烹調出通常包含了許多故事與傳統的美味食物。我從食物中得到慰藉，不光是只有吃，還有製作菜餚所需要的例行動作和投入，這些菜餚都經過苦思，灌注了愛心，深植在家庭與家的營造中。

我最喜歡的片段是看見主廚不知怎地走進一戶人家，這一家的長輩會示範如何烹煮一道令人驚嘆的菜餚，需要花上一整天的時間，大家一起烹飪、準備共享。有一位老婆婆從頭開始製作義大利麵食，把蛋加進精製麵粉中，再將柔軟、布滿皺紋的拳頭根部壓到麵糰裡，不斷地揉捏直到麵糰變得光滑。或是一位眼神慈祥的奶奶親手包餃子，每一個小包裹都包得整齊劃一，一個挨一個地擺放。

不過，這通常不只是食物而已，在每一個靈活的動作中都蘊含著慷慨和會意。每個簡單誇張的動作將一大堆材料變成營養豐富的食物，其中包含了所有先人的技術與經驗，世世代代的智慧透過廚房裡裹上麵粉、淋上醬汁、在鍋裡攪拌、烤箱裡烘烤的每一分鐘傳承下來。他們仍然活在烹飪尚未把速度當成安排原則的時代，那時的人認為花上好幾個鐘頭、甚至一整天烹調一道大菜或好多道小菜是稀鬆平常的事。過程和結果同樣重要；花費在攪拌和調味的時間與用餐的時間同樣不可或缺。

我從冷凍櫃拿出一些湯來解凍。告訴自己今天要努力重新做發酵麵糰，但是半個早上過去了，我又回到沙發上看一位西西里島糕點師傅將杏仁膏塑造成水果的形狀。廚師的靈感來自他出身的島嶼及島上提供的材料，他抱著崇敬的心將深色桑葚做成深紫色的冰淇淋，令人著迷。難怪我們談論造就了自己的起源時會提到我們的根，這是承認我們的自我與養育我們的土地和食物深刻地相連、交織在一起。即使我們現在沒有，也從來不曾，在那片土地上生活。認識在你成長的地方種植著哪些東西，這些植物是在孕育你和你的家人、傳統的同一片土壤中生長，這樣的認知將食物擺在你身分認同的核心。

看著像這名廚師之類的人物，以及他高超的烹飪技藝與對烹飪的投入，我漸漸明白血統如何能夠透過代代相傳的味道和技藝而深埋在每個人體內。待在爐火旁邊，或是站在裝了四分之三滿的燉鍋旁，或是將湯匙懸在熱氣騰騰的餐盤上，你會慢慢認識到自己是什麼樣的人。吃下家人的食物是趟內省的旅程，到達你的腹腔底部，抵達那個告訴你你的歸屬在哪裡的地方。無論你發現自己在世界的哪個角落，廚房裡的例行工作都能提供你一條回家的路。

雖然我小時候在廚房裡學到了很多，但是那個漫長夏天所看的美食節目讓我明白了自己真正缺少的東西。我沒有在祖母的腳下度過童年，學習製作扁豆咖哩炸脆餅的確切技巧，或是跟著祖父到外面的廚房，看著他用篝火煎他捕獲的魚。外婆的深紅色地板在我腦中留下溫柔的回憶，我曾坐在門廊上挑出米裡的小石頭，然後外婆再用金屬鍋煮飯；爺爺會用鐮刀砍下一根甘蔗莖，去皮後切斷再給我嚼，甜蜜的甘露充滿了我的嘴巴；還有在我大著膽子不屑地拒絕所有午餐的食物時，他將馬鈴薯切成薄片油炸，再和太陽蛋一起端給我吃。這些都是我溫馨的記憶，但是我永遠不會知道，假如自己在他們身邊成長，而不是只有那些片段的時刻；倘若我們說同樣的語言，笑著同樣的笑話，能夠對彼此述說生活裡的故事，我可能會成為什麼樣的人。

有很多我永遠渴望得知的事情如今已無法企及。我永遠無法知道祖父母到底是什麼樣的人；即使是他們還在世、頭腦夠清楚的時候，我也不會說我們的語言。我想這就是我會在養育我的食物中找到慰藉的原因。雖然我以前可能多次拒絕這些食物，覺得吃它們很丟臉而哀求改吃雞塊，這些食物仍然穩定地存在，提醒我了解我是自己的家族、文化、歷史的一分子的力量。這些食物始終令人感到安慰、美味和熱情友好。現在學著煮這些我開始喜愛欣賞的菜餚，我會做得更好，但是我很肯定我爸並不怎麼想教我，他更喜歡自己負責做飯，向我們展示他小時候多次為家人煮飯所傳達的愛，一直存在於他現在對我們表達愛的方式中。分量十足、剛起鍋熱騰騰的菜餚，配上辣椒和醃菜。

每年冬末在我們生日前後，我們都會製作柑橘醬。在山姆和我初遇一年後，就決定一起試作柑橘醬，因為從小他家每年都會製作一批，我想要讓這一年一度的例行工作成為我們自己的儀式。那是個興奮、芳香、嚇人的經驗：湯汁溢出、受挫地尖叫、最後一刻驚慌地修正。我們的第一個錯誤是採用了一份含糊不清的食譜，最後又自己胡亂地計算，將所能找到的糖全部倒進沸騰的大鍋中，然後焦急看著湯汁汩汩冒泡，危險地快要逼近鍋子邊緣。我們小公寓的兩個房間裡充斥著糖和柳橙滾燙的氣味，引發了挫敗、白痴的爭吵。這一切都是在說明我們的關係熬過了這次經歷，我們胡亂拼湊的第一次嘗試結果成為我所嚐過最可口的柑橘醬。

用於製作柑橘醬的柳橙來的時機非常完美。當耶誕節的閃光黯淡下來成為背景，一月的天空永遠灰暗，這些鮮豔多汁的球體開始出現在蔬菜水果店裡。選用一些味道不那麼溫和的種類，加上大量糖的幫助，這些果實可以為仲冬的輓歌帶來一陣不合節令的陽光。苦橙與其他柑橘類水果明顯不同，表皮布滿坑洞，拇指一壓就像充氣不足的輪胎，其苦味令人難以下嚥，因此無法新鮮食用（這點請相信我，我們曾經犯過一次這樣的錯誤，絕對不會再犯了），但是非常適合拿來剁碎、浸泡、烹煮、放糖進去攪拌、收汁，直到調製到完美的稠度，然後裝罐，以備未來很多時候你發現自己缺乏陽光時可用。

我逐漸愛上了這個長達兩天的可笑過程，今年我把製作柑橘醬保留到一個特別糟糕的周末，我認為我們會需要振奮一下精神。能夠買到苦橙的時間只有幾星期，我們設法找到足夠的苦橙來按照常用的奇特食譜製作。劃痕、剝皮、切片、重複，我全心全意地重複這些動作。苦橙、血橙，還有檸檬，廚房裡瀰漫著鮮明、多汁的味道。我規律地將削皮刀鋒利的鉤狀刀刃劃過果皮削成薄片，用漸漸起皺的指尖穩穩握住，海綿狀的髓心向後貼著刀刃。這動作吸引了我感官的全副注意力，不過我們仍有餘裕閒聊，我一面確認山姆把果皮削得和我一樣薄。然後我們使勁地擠壓剩下的果肉、髓心，和籽，直到它們放棄，內側翻了出來，果肉迸裂，果汁流淌到手指之間，再順著前臂流向捲起的袖子。這時候的氣味最為濃烈——苦澀、強烈、芳香、清新，與外頭灰濛濛落個不停的雨，以及持續猛烈颳著的風的抑鬱形成明顯的對比。我們從不在陽光明媚的日子製作柑橘醬。由於沒有夠大的碗或鍋可以容納所有的材料，因此我不得不分次秤重、測量、計算，將果皮分裝在兩個碗中，再加入一半的柑橘汁和一半包在細紗布裡黏糊糊的髓心和果肉，然後再加水。我將兩個碗蓋上，讓材料浸泡一夜。

我們總是分兩批製作，一批接著一批，用的鍋子是我從媽媽那裡偷來的鑄鐵燉菜淺鍋。每年山姆都提議值得投資一個果醬鍋，這樣就能一次全部完成。雖然我們現在有空間存放鍋子，我還是忍住了，因為我喜愛的正是這過程的繁瑣，需要我抽出很多時間，以確保自己不會急就章，而是會正確地做完。這過程需要我全神貫注，在腦中將分量減半，然後分兩次完成所有的步驟。這就是我最喜歡這過程的地方，也是年復一年重新製作的原因。

浸泡二十四小時後，該來煮水果了，用穩定的火力好好地燉。廚房裡瀰漫著柳橙味的霧氣，我吸入同時凝聚了三種柑橘的溫暖香味。我不停地攪拌觀察，等到果皮變得半透明，鋒利的刀尖可以毫無阻力地劃過一片柳橙皮時，我就知道已經準備好了。取出裝滿果肉泥和籽的細紗布袋後放入糖——看了令人牙痛的巨量砂糖堆得高高的，然後倒入熱氣蒸騰地等著的鍋內。這超過了似乎適當的分量，當然也超過大家可能認為健康的量，不過就是需要那麼多，沒有必要在製作如此美味的東西時，卻在最吸引人的材料上節省儉約。

鍋裡的東西從鮮豔的橘色變成深咖啡色，周圍的空氣變得甜膩。我不停攪拌以防止湯汁黏在鍋上，並且勤奮地撈去浮到表面上的泡沫，裡頭的混合物逐漸減少，變得越來越濃、越來越黏。山姆懶得撈泡沫，不過我喜歡柑橘醬清澈而不是混濁，因此不會在這快到終點線的關頭冒險向怠惰妥協。同樣的攪拌、撈泡沫、觀察滾燙甜膩的柳橙泡泡翻滾破裂的例行工作經過一小時左右，我們利用從冷凍櫃取出的結霜盤子來測試凝固的狀況。我們只尋求果醬在推擠時徐緩、輕微地起皺，因為我比較喜歡柑橘醬多一點彈性，搖晃而平滑，而不是結實硬邦邦。

我們按照自己的食譜製作，經過四年的淺嘗，現在我確定我們特有的糖的混合比例恰到好處。味道一半傳統，一半是我們倆出身的結合。苦橙、溫暖的甜味，和一點焦糖味。大部分的糖是白糖，來自甜菜，大概是靠近山姆祖父家的諾福克郡，或是他媽媽的家鄉林肯郡，又或者靠近他出生地的中部地區某處的英國農人種植的。最後一杯讓顏色變深、添加風味的甜味，讓我們的柑橘醬有點與眾不同的是，嗯，深色的黑糖。深巧克力色，帶有濃郁的糖蜜香味，是在模里西斯島上種植的。

二月一日是模里西斯廢除奴隸制的周年紀念日，但是我直到幾年前才知道。我希望這日期對我具有意義，但是在我成長過程中並不知道這個日子，而我認識的模里西斯人中沒有一個人談論那座島的歷史。我的家人無論是有血緣關係或是自己選擇的，都從來不曾談過，尤其不談奴役或是在那之後的契約制度。還記得第一次發現這些是我們島嶼歷史的一部分的時候，那時我才十三、四歲，有次回去拜訪，島上到處都在播放一首歌，我入迷地看著我爸和他的兄弟姊妹突然仰起頭來，閉上眼睛，對著空中認真地唱出歌詞：「Disan exklavaz monte desann dan mo lekor。」

我問他這些歌詞是什麼意思，因為想知道他們為什麼那樣唱歌，他翻譯給我聽：「我的身體裡流著奴隸的血液。」我一直認為塞卡是好玩、輕佻，有時愚蠢的音樂，但那是我第一次聽說塞卡指向我們的歷史，而那些歌詞戳破了我在那之前一直認為這座島是蜜月天堂的幻想。

塞卡是受奴役者與逃脫的逃亡者的音樂。那是記錄反抗和回憶的音樂，也是傳達在苦難中仍可能有歡樂與愛的音樂，這音樂承載著倖存者的故事和聲音，在海岸邊點燃的篝火旁演奏，對著黑暗的夜色哼唱。每當我爸拿起拉瓦恩手鼓彈奏的時候，我都會想起那首歌，而且在那之後我只要聽到那首歌就會落淚。我央求爸爸再多說一點，他告訴我一個所有模里西斯人都知道創建了這個國家的受奴役者的故事。那是有關逃脫的奴隸的故事，那些人掙脫了枷鎖，跑上莫納山陡峭崎嶇的山坡，躲藏在茂密的叢林和幾乎無法到達的洞穴裡，最後在山頂上建立了小小的定居點。在奴隸制度廢除後，穿著制服的警察爬上山去通知他們自由的消息，然而看到以前俘虜他們的人前來，這些逃脫奴隸驚慌失措，絕望地不想再被俘虜奴役。與其再度失去自由，他們寧可爬上懸崖最頂端，面朝西方的家鄉跳下去自盡。

那是他們唯一知道有關模里西斯奴隸的故事，因此我只聽說了這些。當他們沒有別的可說時，我也沒有想過要問他們為什麼。長大後，我曾經試著去找尋我們的歷史，但是往往找不到，有關奴役的史話大多以大西洋為主，很少包含在印度洋上這些島嶼所發生的事情。幾天前，我在伊斯特本的慈善商店找到一本講述奴隸制度的書，厚達七百五十頁的巨著連提都沒有提到模里西斯。我只找到兩本歷史書和幾篇用英文撰寫的研究論文，因此我現在比我的父母叔伯阿姨知道的要來得多，更遠超過我不識字的祖父母所聽說的。

大英帝國講述的歷史是選擇性的敘述，深植在建構公共生活的管理體系，以及教導包括我父母在內的無數孩子的課程中，他們一直到青少年時期都還是大英帝國的臣民。而我父母的年紀並不老，這是才不久前的事。我想正是因為我們的歷史遭到掩蓋、噤聲才萌生了羞愧，而羞愧讓許多模里西斯人避談奴役和殖民主義。與奴役有關這個概念本身就是模里西斯人不願意承認的事，被認為是受奴役者最直系後代子孫的克里奧爾人仍然處在社會結構的底層，隨便什麼都比當克里奧爾人好。C'est le malaise Créole（這是克里奧爾人的無奈）。

由別人來寫你的故事就是如此。由壓迫者來寫你們的史話會讓你們相信，那些剝削者的恥辱是你們該承擔的羞愧。這種羞恥是他們賦予的，他們希望由我們來背負，之所以希望我們承擔是因為他們自己拒絕這麼做。而我們模里西斯人因此一直相信承認自己祖先的真相比忽視、撇清、參與抹殺自己的歷史要更為可恥。

歷史就是講述故事、創造神話；事件發生後編成敘事，然後歸類為歷史。相信目前的歷史是不變而神聖的真理，是假設那些記錄歷史的人皆是客觀的編目人員，要求我們接受這些所謂的真相並盡可能地保存下來。可是就像歷史一樣，真相是那些相信自己不受看法、偏見，或歧視等小事阻礙的旁觀者所創作、記錄的。故事經過一再地講述，然後由掌握最多權力的人來塑造，讓故事反映他們所認為道德高尚、不證自明的事。西方的科學醫學、藝術文學、心理學及精神病學、宗教信仰與精神信仰都是由同一類人所創造，他們建構的語言、概念、價值也被視為是客觀的。這是個很好的系統，只要階級制度保持完整不變，權力未受到挑戰，歷史就可以繼續在不談背景的情況下重述。

找出提供給我們之外的故事是必要的，卻會令某些人感到不安。這樣的行動要求我們拓展思維，認真思考歷史並非我們被迫接受的單一敘事；要求我們騰出空間接納多種真相可以同時存在的事實。我認為的真相和你認為的真相可能是黑與藍，但是到頭來，兩者可能都是事實，可是一種歷史及真相不應該篡奪另一種歷史和真相，這既不誠實也不公正。讓一種史話凌駕在另一種之上的後果在我的親戚家人和我身上顯而易見——從我們一直被禁止了解自己的故事，以及無法找到祖先的名字就能明顯看出。我們這些在歐洲例外論薰染下長大的人被灌輸的歷史，省略了令人為難、厭惡的事情，我們學到的歷史以寬容的態度提及勝利者，卻選擇忽略他們帶來的傷害。我們接受的教導提及發生在別人手中的不公不義，卻不提存在我們骨子裡的不公義。他們奪走我們的歷史，試圖說服我們過去的歷史並不存在，或者就算存在也無關緊要，我們最好全然不知。他們改寫了我的故事，可能也改寫了你的，這樣一來你就會將他們的版本當成是自己的，從不懷疑你的歷史可能遺失了什麼。

這樣的抹殺是故意的。讓我們這些遭抹殺者無法知道我們的民族，以及像我們一樣的人，所遭受的不公不義的真實程度，阻止我們要求真相和賠償。讓我們保持緘默和順從，漫不經意地與在世界各地不停剝削人們的權力結構站在同一陣線。這樣的抹殺讓我們不知道在自己被竊占之前發生的事。在抹殺我們的過程中，有哪些知識和學問、創新與看法、愛情故事和戰爭故事、語言及信仰遭到湮滅？最為令我心痛的問題是：倘若當初不受干擾地過自己的生活，那我們可能會成為什麼樣的人？殖民地民族擁有的遺產遠遠不只有苦難的故事。我拒絕相信這就是一切，因為知道以前還有很多，我知道有反抗和教訓，還有倖存者。我知道這是真的，因為若非如此，我就不會在這裡了。

我希望能夠找到的就是這樣的祖先。我希望我能夠學到或是在傳給我的書中能夠找到這些歷史，而不是迷失在殖民教育體系和遭到破壞的遺產的縫隙之中。由於文化適應和移居，我長輩的教誨逐漸消失，在我為了融入而放棄自己的語言時化為塵土。在遭受奴役、殖民之前，他們原本會是農學家，在父母親的土地上耕種養活家人，他們會將自己的技術和智慧傳承給家人和社群。這些知識是由習慣、儀式、信仰，與本能所構成，賦予人們傳統及身分認同。

今天我試著用這種方式栽種植物，盡量遵循祖先的觀念，勇於聽從我能領會的本能及傳統。密切注意天氣的變化，認真觀察植物一天天的改變，根據它們的需求來調整我的節奏，提供蓬勃生長所需的一切。尊重提供生命力的要素——土壤和水，絕不奪取超出必要的東西。盡我所能地回報大地，感謝大地貢獻的一切。

逃脫者。逃亡者。逃脫奴隸。逃亡。

島上的奴隸制歷史既是受奴役者的故事，也是勇於追尋自由的人的故事。他們逃脫了，將種植園和鎖鍊拋在後頭；他們策劃逃跑，有時是單獨一人，有時是結伴一起，逃離那些自稱maître（主人）的傢伙。他們在樹林間飛奔，消失在黑暗中，將生命交託給荒野，他們爬上險峻的山坡，下到深谷，悄悄溜進洞穴般的陰暗處。他們會在河邊稍作停留，大口喝下新鮮的水，在森林樹冠的樹蔭下躲避正午的酷熱，將疲累的頭枕在覆蓋地面的蕨類植物上休息一會兒。他們在穿過崎嶇山峰傾洩而下的清澈瀑布底下的水池中沐浴。他們會留心聽鳥鳴聲的回音，把這視為可以小歇片刻的信號，讓自己振作起精神、彼此交談，彷彿總有一天可以放鬆下來。他們不時會容許心思飄離緊迫的現在，允許自己為過去傷痛，或者大膽想像真正解放的未來。

他們宰殺那些已變成土生土長的牛隻，捕捉海中肥美的螃蟹以及河裡游動的鰻魚。他們採集野生的覆盆子、椰子、蜂蜜、芋葉來養活自己，在自己開闢的隱祕園地裡種植玉蜀黍和菸草。他們一邊夢想著未來一邊收集種子，有些直接播下，剩下的用小塊碎布包起來，暫時保存在安全的地方。他們採集藥用植物來照顧彼此，摘下蘆薈葉來舒緩灼熱的皮膚。他們實行長輩教導他們的占卜和草藥醫學，注意哪裡生長著墮胎植物，以防萬一婦女們再次遭到俘虜；還有哪裡可以找到樹皮有毒的樹木，以備萬一他們想要報復的話。他們徵募植物盟友加入他們的反抗行動，與殖民者用來剝削他們的土地重新建立親密的關係，恢復以前的慣常做法。

他們藉由觀察太陽在天空中移動以及月亮隨著日子流逝改變形狀來推測時間。他們在沒有牢固遮蔽處的情況下承受著肆虐全島的旋風，強風暴雨讓樹木連根拔起、落葉，導致土石滑入海中。他們蹲伏身子抵擋毀滅性的暴風雨天氣，等待晴朗的藍天和完美的彩虹回來。

他們一直在張望，一眼戒備著那些追捕逃脫奴隸的人，另一眼望向大海，朝家鄉的方向看去。他們談起自己的身分、家庭，還有在遭拐賣之前所屬的群體。他們談論自己的價值觀和信仰，以及在他們自己土地上的階級制度、規範和階層區分。他們述說著隨身帶來、令他們回想起家鄉的故事和謎語；他們以彼此的真實姓名相稱。他們尊敬祖先，擔心自己會在遠離家鄉的地方死去，骨頭無法埋在祖先的遺骨旁邊；他們與大自然的神靈對話、抽籤占卜，希望可以得知未來的事。

他們不斷更換地點，不顧一切拚命抓住生存的機會，計畫突襲他們逃離的種植園，偷取所有帶得走的木薯、玉米和雞。他們的存在赫然聳現，令殖民者心生恐懼焦慮，擔憂這群不法之徒會在夜幕低垂後出現，襲擊他們和「他們的」財產。他們教導彼此如何作戰，有時也會互相打鬥，更經常為自己的性命搏鬥。他們的生活擺脫不了殘暴，他們反抗、受傷，有許多人死去，這一切都是為了永遠不再被別人聲稱自己是對方的財產。

他們選擇的領袖曾經是老練的戰士，變成逃脫奴隸後又再度成為戰士。桑．蘇西來自莫三比克，以逃脫奴隸的身分生活了十三年。佩多．庫圖巴也是來自莫三比克，在助手協助下領導一個由十二名逃脫奴隸組成的集團，其中文森是馬達加斯加人，馮索瓦則是克里奧爾人。他們稱貝拉卡為土匪首領，因為他占據了莫納山，為無數逃亡者提供安全的庇護所。他們為自己和追隨者的自由奮戰，我們現在知道他們的名字是因為他們因此遭到處決。

當逃跑者只逃脫了很短的時間就回來或被抓，這稱為小逃亡，罪刑較輕。那些無限期潛逃的人將會被控犯了大逃亡，倘若證實有罪，將會被處以監禁、殘割身體、鞭笞和處決。但是對某些人而言，寧死也不願意成為別人的財產。

有些逃脫奴隸不顧一切地想要回自己的國家，會強徵一艘船或是用樹幹刻一艘獨木舟向西北方航行，靠著星星指引，緊緊地抓著護身符，希望能在橫渡五百英里的航程中倖存抵達祖國。對於那些在島上出生的克里奧爾人來說，隨著一代又一代地消逝，他們在別處感覺離家鄉更遠，因此逃亡是他們反抗的方式。這是一種宣言，即使只是短暫的，聲明他們可以對自己的生活行使一些控制權。

山姆為我們報名參加了淨灘活動，儘管西亞拉風暴才剛離開，另一場風暴可能又會來，一路上風勢越來越強，我們還是往下走想要盡一點力。我們撿起任何口袋裝得下的垃圾——瓶蓋、巧克力棒包裝紙、不知名的塑膠塊和塑膠片，一面沿著海岸匆匆奔跑，祈禱能在大雨開始傾盆而下之前回到家。

過了幾天最嚴重的風暴才離開。全國到處淹水，雖然雨停了，風仍然執意颳個不停，我幾乎整晚醒著躺在那裡，聽著風從門窗邊的縫隙呼嘯而過。早晨來臨，我的牙痛了起來，疼痛縮小了思考焦點，我又在睡覺時咬緊牙關了。我在這裡還沒有牙醫，甚至還沒有到村裡的診所登記，因為我一直在迴避許多單調乏味的待辦事項，這些事情會讓我在這裡的存在變得更加具體。

山姆打開窗簾，讓我盯著鄰居前花園那棵光禿禿的橡樹看了好一會兒。椋鳥在橡樹的樹枝上停留片刻，然後猛然飛到紫藤上，再飛到臥室窗戶上方的排水系統，找尋可以築巢的缺口。我望著窗外的前花園，可以看見出人意料的綠色植物尖尖的頂端，推開腐爛的葉子，突破濕透的泥土。草坪的表層大多是青苔，因為我們鄰居的許多樹木糾結在一起，形成潮濕的陰涼處，不過上面點綴著報春花皺巴巴的蓮座狀葉叢。這是春天即將來臨的最初徵兆。

如同我們這些適應季節、關心氣候的園藝家每年的習慣一樣，我確信自己很快就會為這一切發生得太早而煩惱，並且會試著澆熄那些渴望冬季結束的人的興致。每個季節、每個月、每一天都有其目的；我盡量不希望時間匆匆流逝，不過，一年的最初幾個月總是艱辛，而且有些日子比其他日子更辛苦。我走到後門去，站在那裡看著外面的後花園，從我上次到這裡以來，除了兩次風暴吹落的樹枝和樹葉堆外，沒有多大的改變。

天色黯淡、一片白茫茫，一切似乎都因此變得扁平。太陽躲在厚厚的雲層後面，仰頭看天空也很難判斷時間。山姆用手肘輕輕推我，要我走進花園，他說得沒錯，一點活動、一點空氣可能會讓我心情好一些，因此我在緊身褲外面套上磚橙色的舊工作服，再多穿一雙襪子。這些舊衣服有我跪在倫敦土壤上那些日子的味道。

今天不必急著除草，還不是很需要。雖然已經開始長出一些雜草了，不過還可以等，但是我覺得應該要做些熟悉而令人安心的工作，實現培育這塊土地的承諾。於是我先從清理所有被強風吹得散落各處的細枝和枝幹開始，然後將注意力轉向已經侵入花圃的草叢和焊菜。在這園子裡生長的植物大多是有意種植的，不過自己經由別的管道來到這裡的植物也開始現身。在觀賞植物的園圃中間有一株健康的橡樹樹苗，八成是松鼠或松鴉的傑作，由於鳥或風或地心引力的作用，地薔薇、萬年草和山毛櫸樹苗出現在石頭和鋪路板之間。我想，對大多數有眼光的園藝家來說，這些也是雜草，但是有些在這裡待得比我更久，可能值得擁有一塊園地，無論它們看起來可能有多像跑錯地方。

我希望隨著春天轉入夏天，再進入秋天和接下來的冬天，將能同時欣賞到精心編排和即興發揮的景致。這些自願來到的植物也許會令人驚嘆，成為前所未有、讓人滿意的驚喜。它們可能會和這裡種植的其他植物同時開花長葉，完全偶然地成為一幅美麗、意外的織錦的一部分。因此今天我只除去那些我知道會成為惡霸的植物——那些可能會蔓延、占據超過合理空間的植物。我會讓那些意料之外但並非不受歡迎的植物在接下來的生長季節繼續存活，容許它們今年為自己辯護。

頭頂上的天空到處都是鳥兒，在樹枝和灌木叢間快速地飛來飛去，鳥嘴裡沒有叼著築巢用的細枝和草時就呼喚彼此。金翅雀互相囀鳴，長尾山雀拉扯著橡樹樹皮上的地衣花。牠們最近越來越活躍，互相飛來飛去，嘰嘰喳喳地閒聊、打情罵俏。有一首曲子比其他的更為嘹亮，吸引了我的注意力，駐足聆聽了一會兒，是四個音符反覆循環地唱著。我抬頭凝望柳樹看看是哪隻鳥在樹枝間歌唱，但是在黯淡、單調的光線中，一切看起來都是單色。我的眼睛還來不及適應，那隻鳥就已經厭倦了循環地唱歌，迅速拍動小小的羽翼，飛起來脫離我的視線。

第6章

我願意做任何事來忘記紀錄片製作、到戶外工作，因此在參加耕種社群培訓的那一季，我同時找了一份養蜂人的工作。每星期三會從辦公室大樓到博物館屋頂再到城市花園，穿著防蜂衣查看倫敦的蜜蜂。我學到的養蜂方法教導養蜂人先朝蜂箱裡噴煙讓蜜蜂「平靜下來」，再打開蜂箱查看裡面，並且宣稱負責任的養蜂人必須定期檢查、抑制蜂群的發展。另外，在採集過多蜂蜜之後提供翻糖給蜜蜂吃，讓牠們活過冬季是可接受的事。然後到了星期二，我會回去市集園圃學習栽種有機食物的原則——透過觀察自然界的系統以及避免不尊重自然系統的做法來種植作物。

起初兩種工作都令我著迷：將幼苗壓入土壤的體驗，以及工蜂川流不息地飛出去覓食發出的輕微轟鳴聲。那年夏天，我忙著打開蜜蜂為密封蜂箱而產出的蜂膠、仔細觀察蜂窩；採摘黃瓜、種植歐芹，盡力找出我遇見的植物的名稱。我逐漸認識裂葉和皺葉的區別，開始能夠叫出每種植物的名字。認識我所栽培的植物的特點、味道、癖性，就像學習說一種新的語言；了解不同植物的生長、行為及反應的方式，然後預測它們的需求並加以滿足，就像在學習唱它們的歌。我能夠辨識、熟悉的植物越多，就越有栽種新手的熱情。然而每星期三，我穿著防蜂衣，只是一遍又一遍地重複同樣的動作——煙燻蜂箱、打開蜂箱、打擾蜜蜂、觀察內部。拆開蜜蜂的家檢查是否有害蟲或可能群集的跡象，並查看蜂蜜的數量。

我對這兩種方法了解得越深入，就越能看出這它們是如何背道而馳。一種叫我在作物旁邊種植伴生植物，以促進平衡的生態系統，另一種是從東歐購買由皇家郵政送達的蜂王，看中牠們的溫順和生產力而飼養。我無法一面致力於以自然為中心的蔬菜種植，一面以感覺如此不自然的方式來養蜂。當我漸漸明白這些「傳統的」技術是將人的需求放在蜜蜂之前，我開始找尋其他不以「假設人類有權控制、壓迫」為前提的養蜂方法。因此在我毫髮無傷地度過秋收季節後，我辭掉那份工作，重新接受自然養蜂法的訓練：把干預降低到最少，不用煙去打擾蜜蜂的交流，使用為蜜蜂的健康而設計的蜂箱。同時一面收成一面盡可能記住所有植物的名字。

在十八世紀以前，物種命名的方式差別很大，給予植物、礦物、動物的標籤經常因不同自然主義者而異。隨著世界各地的動植物大量湧入歐洲，世人需要更簡單、標準化的標籤系統，因此瑞典生物學家卡爾・林奈推廣了一套分類系統，這套二名法命名系統讓自然界的分類與標示變得簡單、標準化。他提出自己的系統是以「優先律」為基礎，表示第一個「正確發表」的名字優先於在此之前的所有名字。

林奈工作的核心是他的信仰，他相信了解上帝的創造物、為牠們命名分類是神聖的召喚，相信這正是自己來到地球上的原因。他並且將這個辨別「神聖秩序」的工作擴展到包含人類這種「物種」，發明了四個類別，每一類別都分配到明顯不同的身體特質和性格特點：

Europaeus albus：歐洲白種人——膚色白、氣色紅潤、肌肉發達；愉快、聰明、發明家。

Americanus rubescens：美洲紅種人——膚色紅、性情暴躁而坦率；不屈不撓、開朗、無拘無束。

Asiaticus fuscus：亞洲黃種人——膚色灰黃、性情憂鬱、拘謹；嚴厲、傲慢、貪婪。

Africanus niger：非洲黑種人——膚色黑、冷漠、懶惰；狡詐、遲緩、馬虎。

正是像這樣（還有其他）的系統成了科學種族主義發展的依據，被用來為各種暴力的惡行辯解，包括原住民的種族滅絕及奴隸制，以推進西方的殖民計畫，後來還成為優生學運動的基礎。時至今日林奈的命名系統仍然是自然界命名與分類的標準。

毫無疑問地，貼標籤的行為很有用。有這樣表面上通用的系統存在讓我們能夠辨別一種動物、一種真菌或一種植物，這既令人驚嘆又十分實用。身為園藝家，我們利用這種資訊努力介入植物的生活，以說服它們依照我們喜歡的方式生長。然而，創造並賦予標籤，以及抹去之前存在的東西的權力，正是建立統治系統的多種方法之一。這種標籤系統讓擁有權力的人得以建構、推行一套知識系統，更進一步支持他們對自己優勢的信念，並且透過寫入科學、文化、歷史、哲學中來維護自己的統治權。權力就是用這種方法積聚、編纂、保護，所有落在這範圍以外的東西都遭到懷疑，被視為是不科學，就連那些受到借用的知識本身也不例外。天性與傳統、記憶和傳承的知識，全都任其瓦解消失。

創造「階層區分」和「階級制度」的權力被用來為歧視及壓迫辯護，讓人與人之間的衝突一次又一次地發生。例如：美國的「一滴血原則」就是起源於奴役時期的一種社會原則（並且展現在二十世紀初期的多項法規中），這項原則判定只要祖先有一人具有非洲血統就足以認定一個人為黑人。這樣將種族和「種族純化」（以及相信「種族不純」的想法）化為概念，把種族編纂成階級制度，導致了膚色歧視的制度，授予特權給那些外表近似白人的人。

每年春天，當我在翻閱園藝書、為播種盤寫標籤時，我都看見這種等級觀念的遺留物又再度發揮作用。同一類人和他們的信念催生了這套分類系統，利用植物可觀察到的身體特質來設法分類植物，而人類的分類則是採用他們對種族過度簡化而不人道的看法。我發覺自己想知道他們還遺漏了什麼。當我們以一個生物是否呈現出其「應當」有的樣貌來為之命名、假設為已知和評斷時，我們會失去什麼？當我們根據該生物「已知的」特性來評估牠，依據那些特性是否被認為可取或不可取，或是有沒有價值，抑或是可利用或可有可無來判斷，我們會遺失什麼？當我們從狹隘的眼光來評估，決定哪些應該受到歡迎、哪些不受歡迎的時候，我們會錯失什麼？

路易士港，一九六五年

她童年時期大多住在首都路易士港，這座港口四周圍繞著玄武岩山脈，多少可以抵擋旋風季節的強風侵襲。她家的小公寓位在城市繁忙地段的萊斯卡區一條安靜街道上。在守衛著通往他們家的臺階的鍛鐵大門後面有一片土地，她母親在那裡種一些花和香草，還有一大叢蘆薈，他們利用蘆薈的苦味幫嬰兒戒掉奶嘴。這裡的建築都是並排而立，因此沒有什麼供樹木生長的空間，但是鄰居只要有些許空間和陽光就種植石榴、木瓜和辣木，他們會用辣木葉煮成清湯。還有多到她都吃不膩的芒果，不過她最愛的是番石榴，在鄰居的番石榴樹結果時，她會輕敲他們的門，客氣地要滿滿的一捧番石榴。

他們也在樓梯底部的花園裡用盆子栽種植物。模里西斯有句諺語說：「用盆子種植物，房子就不是你的。」後來克里奧爾人與萊斯卡人爆發衝突時證明了這句話是真的，房東說他認為他們住在穆斯林區不再安全，因此他們逃到城南的波巴辛。

等騷亂過去後，她回到路易士港，住在唐人街附近的阿姨家，回以前的學校就讀，她勤奮認真，讓要求嚴格的父親非常滿意。父親是個嚴厲、喜怒不形於色的人，很少露出笑容不過非常愛家。他很拘謹嚴肅，不過她懷疑他不是一向如此，因為他的身上刺了兩個女人的名字——都不屬於她母親。他是克里奧爾人並引以為傲，而且和大多數克里奧爾人一樣是個天主教徒。她母親是馬拉巴人，不過並不像大多數馬拉巴人那樣信仰印度教，她也是天主教徒，同樣從小就向拉瓦爾神父祈禱。

她的名字和她在學校裡最好的朋友相同，儘管她的朋友是華裔模里西斯人。她會走到那個朋友家去借她父母買不起的課本，然後盡快地寫完功課。等念完書後，她會穿過馬路到另一個朋友家，聽頭髮濃密、皮膚光滑的法國情歌王子的唱片。她其他的朋友都是克里奧爾人，他們叫她混血兒，因為她的膚色比他們的白，頭髮呈波浪狀而不是捲曲的，不過她並不是很在意，因為他們向來待她親切友好，而且因為歸根結柢，他們全都是模里西斯人。

在成長過程中，我們在家裡從來沒有談過種族問題。倒不是因為這是禁忌話題，或是我父母親想要假裝我們與鄰居和學校朋友並無不同——他們只是沒有想到這一點。我們家裡沒有進步的思想、激進的書籍，也沒有顛覆性的談話。我在成長過程中沒有用語言去描述種族或是種族相關的動態、政治，遑論我對種族的感受。身為模里西斯人是我們日常的一部分，但是用英文的種族分類用語來描述我們的身分卻不是，我們是個努力和別人一樣的四口之家。

我們稱自己為黑人是因為各種表格和調查要求我們這麼做，否則就只能選「其他」，而我們拒絕勾選那個侮辱人的方框。我們稱自己為黑人是因為我們自稱克里奧爾人。雖然嚴格說來，所有模里西斯人由於出生在島上所以都是克里奧爾人，不過那裡的克里奧爾人與其他地方的克里奧爾人意思不同。

在模里西斯，這個用語說明你的血統至少有一部分可追溯到那些被帶到島上的受奴役者，他們來自許多地方，包括莫三比克及東非的其他地方、馬達加斯加、印度、馬來西亞，甚至來自五千海浬以外或更遠的西非沿海地區。克里奧爾人繼承了受奴役者的血統，同時幾乎肯定也流著奴役者以及許多將他們帶到島上的移民的血脈。所以在模里西斯的克里奧爾人確實是克里奧爾人，這個身分承認在過去和現在於島上出生的人之間形成了新的身分認同。儘管如此，被貼上克里奧爾人的標籤等同於黑人，與黑人血統無論在現實或象徵上都有關聯。

我父母頭一次搭上飛機，和來自同一座小島的其他人一起搬到英國時，他們放棄了很多具有細微差別的族群身分，成為單純的模里西斯人。但是人口普查中並沒有表示這種身分的方框，因此他們勾選了黑人，而他們大多數的同事朋友都選擇南亞人。我們自稱黑人，儘管我爸淺色的皮膚常被誤認為是突尼西亞人或南義大利人，而他的髮質——遺傳自他的母親，而不是坦米爾人的父親——顯示了黑人捲的血統，他將那種捲髮傳給了我。儘管我媽媽的頭髮呈波浪狀，我姑姑叫她馬拉巴人，不過我們稱自己是黑人，因為我們知道她父親雖然對自己的父母一無所知，但他是個自豪的克里奧爾人。

我們稱自己為黑人，因為模里西斯最大的族群是印度教教徒，他們說印度方言和模里西斯克里奧爾語，視印度為祖國，而我們知道印度不是我們可以稱為家鄉的地方。我們從小信奉天主教，在家只講克里奧爾語，不知道可以稱哪裡是自己的母國。有些人可能會說我們是混血人種，但是我們對自我意識的建構方法卻讓這說法說不通。我們知道自己是什麼人是因為我們知道自己不是什麼人——我們是黑人，是模里西斯人。

在我一生中，大家問我從哪裡來的次數多到我都懶得數了。我還年輕的時候，偶爾會請這些詢問的人猜一猜，心知他們八成會猜錯。有些時候，旁人會不請自來地說出他們猜測我是哪裡人：多明尼加人、衣索比亞人、巴西人、斯里蘭卡人。他們看到的是自己想在我身上看到的東西，無論那是他們自己或他們的家人，或者是他們的臆測和希望。我有一次令一個年長的白人（一位吠陀冥想老師）感到挫折，他拒絕接受我不稱自己為印度人。他迫切需要他對我的族群臆測是正確的，因此不接受我的解釋、我的複雜情況，反而告訴我我是在否認。對他而言，我不符合他所認為的黑人形象，儘管他的理解顯然非常狹隘。

假如我在模里西斯長大，我肯定會有截然不同的身分體驗。我會學會使用其他的用語，例如萊斯卡人、坦米爾人、馬德拉斯人、印度教教徒、中國人、法國人，並且有更具體的了解，因為模里西斯和其他地方一樣是由族群劃分，其種族階級制度反映了存在於殖民主義所改變或創造的社會裡的分歧、種族歧視和膚色歧視。

「我小時候，教堂裡最靠近祭壇的長木椅專門保留給白人。」我爸告訴我：「即使沒有白種人在場，大家也不敢坐在他們的座位上。」那些法國殖民地開拓者的後代——法裔模里西斯的白人精英——仍舊是島上享有最多社會特權、掌握經濟大權的人，儘管他們只占人口的百分之一左右。無怪乎我在拜訪那裡時從未遇過屬於他們那個階層的人。我總是想當然地認為，在模里西斯見到的白人都只是觀光客和度蜜月的人，我只有在之前聽過的二手故事中知道他們的存在。儘管圍繞在私立法語中學、行政辦公室，及門禁社區的牆壁遮蔽了他們的存在，但他們與財富權勢的關係讓他們（因此還有白種人）處在其他（非白種）模里西斯人夢寐以求（也是最不可能實現）的地位。

但是如果我帶著這些標籤長大，那麼也許我的種族會帶給我在英國生活不曾有過的意義。或許我會更了解包含在自己體內的眾多族群，對於自己的身分感到更為自在。可是我寧可相信，我會發現這些小團體和用語跟我在這裡不得不使用的分類同樣令人煩惱，因為所有的種族用語終究都不足以描繪我們是什麼樣的人。這些詞語描繪不出我們身分的深度，也無法依循明顯的界線來劃分我們。畢竟，這些用語描述的東西沒有一個在本質或分類上絕對正確，更別提生物學方面的確實。

因此我在黑人的身分中紮營，因為那是我所能找到最接近的一種條理清楚的種族身分，雖然我時常擔心我的水太混濁，無法宣稱那是自己的身分。然而相信基本黑人的存在——有些人無法屬於這個族群——正好中了那些人的下懷，他們創造出種族來分類、劃分我們所有人，讓我們彼此隔離。我在寫著黑人的方框裡打勾是因為經常有人這麼問我，我說自己是黑人是因為那些試圖描述我身分的人如此要求。我使用這個詞語是因為這往往能讓我感到更自主自立，但是這仍然無法描繪我的真實身分。

這些用語之所以不足，是因為這些詞語在創造時並沒有徵得我們的意見或同意，而且是用來描述我們，並不是供我們描述自己的。因此我現在明白了，否認我的複雜狀況、已知的不明情況，讓自己陷入侷限的結構中，就是認同這奠基於謊言的系統。這些用語暗示有「純粹」這種東西，但這是極大的謬誤。我們比人家准許我們認為的要更為複雜，包含的複雜細節也遠比我們知道的要來得多。我們比我們擁有的名字和標籤要複雜得多，我的血統絕對不是單純一條線，我的體內沒有什麼是「純粹的」。

我越了解模里西斯的多樣性以及構成模里西斯人的所有族群，就越發現有關種族的西化、英國化的概念和語言總是惱人地不足。而且我確信這並非我們島上獨有的問題。隨著每一次躍過及跨越國家、文化、民族、種族之間的界線的遷移、相愛與合併，我們就被要求重新設想如何談論並了解自己和彼此，如何看待、尊敬彼此，因為我們必須這麼做。身為克里奧爾人及身為克里奧爾人所代表的意義，對我來說是個恩賜，在試圖於種族身分中尋找穩定多年後，我明白了模里西斯血統所賦予我的身分，其實尊重了我血統情況複雜的事實。為我提供了一種稍微比較合理的身分，實際上可以讓我對自己所需要的身分認同有廣泛、流動的理解。

有東西從煙囪猛然掉下來的聲音把我驚醒。我戴上眼鏡，正好看到磚灰噗的一聲從原本是壁爐的地方飄散出來，在晨光中徘徊，然後落在床尾的木質地板上。我迷迷糊糊的第一個想法是屋頂——漏水的問題目前已經修好，可是也許潮濕冬季造成的損害比我們知道到的要來得嚴重，屋子又有一塊坍塌了。臥室牆壁看起來還是老樣子，油漆褪色、灰泥逐漸碎裂，並沒有比昨天更糟糕。

我跪了下來，手裡拿著手電筒，將一道光束照進用混凝土堵住舊壁爐的人所留下的小缺口。站在那裡，我能看到煙囪裡有一雙細長的腿，在一些油亮的黑羽毛下面。「裡頭有一隻鳥，我很確定是寒鴉。」那隻鳥惱怒地嘎嘎叫了一聲後，我對山姆說。我之所以知道這種鴉科鳥類的叫聲，是因為曾在農場上與一隻馴化的寒鴉相處了幾星期，牠會站在我的露營拖車外面，發出同樣的聲音，直到我出去給牠一些種子。

藉著手電筒的光我瞥見牠的一隻眼睛，黑中帶著冰藍色，還有牠頭上柔軟的灰色羽冠。我不知道該怎麼處理這隻鳥，因為假如牠飛得出去，肯定早就飛走了。牠待在原處，被灰塵碎石包圍著，現在安靜下來一動也不動。我把手伸進缺口看看是否能把缺口弄寬，讓牠更容易逃脫，然而磚塊紋絲不動，我只製造了更多的混亂。山姆從棚子裡拿了一些麵包蟲過來，這棚子是前任屋主為雞設置新家後留下來的。我們先在地板上撒了一些，再留下一長串的麵包蟲通往敞開的窗戶，然後就讓鳥自己安靜地設法逃脫。春天的第一絲暖意隨風飄了進來，我相信這隻鳥會朝那裡飛去。

後花園裡柔韌的柳枝長出萊姆綠的新葉，成群的金翅雀拉扯著冒出的嫩芽。花壇裡到處都是長在粗莖上的花蕾，從鬆軟的蓮座狀葉叢往上伸展，在幾星期前還幾乎什麼都沒有的地方，很快就會有水仙、鬱金香、葡萄風信子。在前花園的陰暗角落裡有更令人興奮的東西到來。寬而扁的春天葉子帶著更美妙的香氣出現，野蒜來到這個與林地十分相似的角落，讓空氣中瀰漫著熟悉而美味的氣味。我終於有些工作要做，有一篇文章要發送，還要規劃一個工作室，然而早晨的清新令人難以抗拒。我喝了滿腹令人舒適的茶，穿上舊靴子和溫暖的大衣，跟山姆一起出門散步去探索鄉間小路，那裡春天的野花已經開始綻放，我想出去看看。

我們經常聽到一種說法，花時間到戶外去是為了逃離螢幕及其代表的壓力和緊張，因此我把手機放在口袋裡走進樹林感覺好像有點不及格。雖然螢幕確實會成為感受當下和專注的障礙，但是我覺得手機的存在令人安心。如果我敢偏離小徑去找些引人入勝的東西，或是在途中跟丟了山姆，只要有手機在身邊，我就能找到回來的路。儘管科技讓我們遠離自然界，對很多人而言科技會造成擦傷，自然則是藥膏，不過我的手機可以讓我感覺較為自在。

有一款應用程式可以辨識葉子、花朵或樹皮的照片，另一款則可以描繪真菌的輪廓，告訴我這種菌的名字及其喜好居住的地方。我蹲下身子拍攝照片，拍了林地地上的花朵、百年老樹的樹幹、攀爬在農舍花園石牆上的葉子。我就是這樣知道這些細莖頂端點綴著柔軟的淡紫色花束的是草甸碎米薺（俗稱杜鵑花）[13]，是以在開花時節鳴叫的鳥兒來命名。粉白色的矮種銀蓮花會把花朵面向陽光，在黑暗時將花朵閉合，這種花的存在是這片森林古老且未受干擾過的標誌，其根系經過長久的歲月已經深入土壤中。透過應用程式還讓我發現了一種迷信，摘下繁縷花的星形花朵可能會有招來大雷雨或遭到蛇咬的風險。除了這些之外，萬一有點

13. Cuckooflower，直譯為「杜鵑花」，但是跟臺灣常見的杜鵑花不一樣。

迷失方向，還可以利用手機來確保自己沒有擅闖私人土地，並且可以安全地走回原路。

也許知道這些野花的名字或它們的生存方式、故事並不重要；也許光是從旁走過，讚嘆花的美麗並呼吸林地的氣息就足夠了。或許憑自覺前進、任由自己迷路，在沒有科技的情況下，磨練可以帶我走回小徑的找路本能，更令人崇敬。可是我目前還做不到，我還在熟悉這個地方，了解這些植物樹木感覺和行走在這些鄉間小路上，順著崎嶇不平的小徑，搞清楚標示哪些田野禁止穿越繞行的界線一樣必要。我正在認識這塊土地，而手機幫助我做到這一點。就像我正在記住新鄰居的名字一樣，我正在記這些春天野花的名字。我在熟悉這些野花的面孔，希望明年它們再回來時我還會在這裡，此刻我很慶幸，今天我已經能夠記住這些植物的名字，而且除了標籤外還有故事。我想知道它們還有什麼其他可以發現的事情。

一回到家，我就馬上脫掉靴子，趕忙悄悄上樓到臥室去，盡量輕聲地打開門。空氣冰涼，蟲子還在我們放置的原地。我再次拿手電筒照亮煙囪，看見那雙瘦小的腿仍在那裡，不過就在那瞬間，可能是被光線嚇到，那隻寒鴉嘎嘎叫著振翅飛出煙囪。牠自始至終都可以憑自己的力量逃走。

倘若我立刻全心全力地投入花園裡，如果我做事能更有條理，我就會預先訂購堆肥，讓堆肥和我們同時抵達。我會在拆箱後不久就在草地上開闢出園圃並加上覆蓋層。但是我卻決定花一年的時間觀察花園的發展，給花園展現自己的空間，我只坐在一旁觀看。也許我會整理一下，為植物的健康活力稍事修剪，但是最終還是要閃到一邊，讓土壤和生長在這裡的植物不受干擾地表現自己。可是現在有點遲了，我看著大量新生的植物出現，景色一天比一天翠綠，我容許自己想像這季節可能的樣貌，感覺無法抗拒。當植物細胞中的粒線體察覺到白晝日益延長，準備往天空伸展時，我忍不住迎接即將到來的溫暖，從冰涼的藏匿處拿出種子盒——一個特大號的鞋盒，如今布滿蜘蛛網和冬天的灰塵——仔細查看裡面。

這裡面有很多過去幾年留下的種子，有剩餘儲存起來的，也有與人交換和別人贈送的。檢查收藏的牛皮紙信封和小罐子，裡頭裝滿了等待刺激發芽的潛在生命，我在這盒子裡看見了我一直想像、期盼出現的園地。這盒子裡裝滿一代又一代園藝家和種子守護者辛勤工作的成果，它們的故事將在這裡和我一起寫下下一章。

雖然我從未擁有過自己的花園，但我一直在收集保護這些種子，希望並相信總有一天我會種下這些種子。當然，一個食物栽種人認真展開建立家園的方式，是將好幾季以來收集並帶著到新處所的種子託付給土壤。我曾多次在腦海中勾勒出我未來的園地，隨興夢想在那裡可以種些什麼。我幻想、計畫著要在身邊培植什麼植物，身為食物栽種人，我將用這種方法讓這地方知道我是來這裡照顧它的，倘若土地願意接納我，我很樂意把這裡稱作我的家。世界上所有的布置、重新布置和油漆裝潢，都無法像種植可收成的東西那樣讓我感覺安定下來。所以今天我再度挖掘那些花園夢想，只不過這回我有了可以讓夢想實現的土地。

我在一張小紙片上概略畫出我的那塊地——五個矩形並排排列。我會為菜豆和豌豆打造一塊園圃，有足夠的空間讓它們扎根，還有一些木條或竹竿供它們攀爬。在豆類旁邊的區域我要種櫛瓜和我的第一批冬南瓜，然後在瓜類旁邊我會種植一些番茄，也許是我希望的條紋番茄，假如保存下來的種子還能夠生長發育的話。還會有一塊十字花科植物的園圃，因為如果我有特別喜愛哪科的植物，那就是十字花科了。當然，還要有一塊園圃栽種其他不大適合歸類在別處的植物，今年要混雜種些萵苣、甜菜根和韭蔥。假如我是蔬菜，我就會在這塊園圃裡生長。

據我所知，後面的田地已經有段時間沒怎麼使用了，但是在我們那條路上房屋後面的那塊狹長土地是屬於瑞秋和格雷姆的，他們允許我將那裡變成菜園。到目前為止那塊地一直保持得像板球場一樣整齊，因為有個住在小路盡頭的鄰居喜歡來回推著割草機的單調工作。這些定期的修剪使得那裡生長的一切都整整齊齊，有點像草坪，雖然很想簡單地鋪上一些硬紙板，再把堆肥堆在上面，但我懷疑在表面下有很多我看不見的東西。

這裡的土壤是黏土，在吸收了幾個月的水分，把水分保留在微小顆粒間的空隙中之後，這種土壤不大理想的特性正逐漸惡化。一整個冬季的雨和雪加上霜凍及更多的雨都積聚在土壤裡，我將木條插入地裡，劃分出每個大約一公尺乘四公尺的園圃。山姆和我試圖清除土地上最上層的草時，冰冷、沉重、黏性高的土壤抗拒鐵鍬的切割並且反推回來。這工作令人苦惱、進度緩慢，又毫無樂趣，但我仍然甘之如飴。

我發現多年生雜草狗牙根的亮白色觸鬚潛伏在黏土中蜿蜒伸展。這種草的生長趨向猖獗而且有點粗暴，因此這個發現證明了僅此一次地干擾這片土壤是正確的。我用戴手套的雙手弄碎土塊，拉扯狗牙根龐大的地下網絡時，一塊塊的黏土反過來揪住我。我試圖在不扯斷的情況下拔出每條長長的根，但是時常失敗。現在遺留下來的每一段根我知道在不久的將來又會再次見到，倘若這次沒拔除乾淨，那些根就會長得更長。我們一鍬一鍬地翻土，拔出所有能找到的狗牙根的根，再弄平地面，準備鋪上一層硬紙板來壓制其他我們沒看到的雜草，接著再覆蓋上厚厚的堆肥。

這是有點乏味的雜務，和為了生長季節將園地準備就緒的許多工作一樣。過去六個冬季和春季，我都穿著全套的防水服裝、保暖內衣及橡膠長統靴，外冷內暖，將堆肥從堆放處搬到需要的地方。這一年一度的工作支撐著緊接在後的一切。這是一個周期重新開始、生死交接，讓另一季的生長成為可能的時刻。我猜想大多數人會認為這是個骯髒無聊的工作，我想的確是如此，但同時，即使是這樣的平淡無奇也有一種充滿希望的節奏。我以前用手推車搬運過很多堆肥，為土壤施肥，最後不得不離開。在前花園遞送太空袋的男人說：「一年後見。」我真的希望會再見到他。

我開始認真地鏟堆肥。我砰砰砰地將手推車推下臺階，臺階通向穿過前花園、順著屋子側面往下走的小徑。一隻黑鶇走在我前面，我一走近，牠就飛走了，橙色的鳥嘴大張，驚慌地尖叫。到了後花園的砂岩臺階底部，我吹口哨吸引山姆的注意，他過來幫我將手推車抬過草地和室外地板，放到田地中，我們的菜園在那裡逐漸成形。我將一車車裝滿的堆肥傾倒在園圃上，柔軟的黑色堆肥落在覆蓋住草與黏土的硬紙板上。我用雙手撫平堆肥，熱氣微微穿透我的手套，堆肥聞起來有泥土的芳香令人安心。

我第一次鏟堆肥是在紐約七月一個酷熱的星期六，一卡車的堆肥傾倒在布魯克林農莊所在的工業建築的裝卸區。所有的堆肥都得在那個周末搬完，於是一團義工將手推車、板條箱、提桶裝滿，拖到電梯上運到八樓。那天結束時，我的兩手滿是水泡和灰泥，衣服髒兮兮，皮膚上沾滿黏在汗水上的堆肥。隔天我的兩條手臂痛得無法舉到頭上綁頭髮，但是我感覺好得不得了——我這輩子從來沒有做過一天像那樣令人滿足的工作。

在搬了第四、五車的堆肥後，我停下來喘口氣，看著一隻蜂虻在尚未修剪的草叢中綻放的淡金色報春花裡覓食。天空層雲密布，不久就下起雨來。肥大的雨珠嘩啦啦地順著我的頸部滴下，聚集在我的鼻尖。「我要搬完這一趟，」我告訴自己：「然後趕緊進屋喝點茶，也許今天就到此為止。」但是當我將最後一車的堆肥傾倒在將要種植豆科植物的園圃上時，雨停了，太陽從雲層後面露出臉來。此時春雨沾在各處剛長出來的嫩綠上，在新季節的陽光下閃閃發亮。即將發芽的春季球莖的葉子、假裝良善的蒜芥，還有榕葉毛茛的黃花上，全都覆蓋著剛下的雨，以及生命正在回歸的氣息。一隻剛甦醒的熊蜂發出響亮的嗡嗡聲飛過，雨也阻止不了牠繼續一天的生活。

既然太陽出來了，我就沒了藉口，因此繼續工作。我透過布滿雨點的眼鏡費力地看路，將一車又一車裝滿堆肥的太空袋搬到菜園。我每年都期待著搬堆肥的工作，這是一項動到全身的工程，也是弄得髒兮兮的愛的表現。獻上土壤所需要及滋養的東西，這是一種餵養的行為，先滿足了土壤的飢餓，再過一陣子土壤就能滿足我的飢餓。

第7章

我們取消了火車票，我認為這麼做是對的。這只是為了以防萬一，因為我一直發簡訊跟米蘭的遠房親戚聯絡，他已經遇到封城，病毒不可避免將會到來的消息聽起來一天比一天不祥，萬一我們只帶著極少量的行李受困在坎布里亞就不妙了。但是山姆很失望，他一直想去探望父母，因為距離我們上次北上已經一年多了，我看得出來他十分想念那個地方。他渴望看到奧克森霍姆火車站與小村莊之間的山區風景，他在那個小村子度過大半的成長階段，那裡的景色動人，宏偉壯觀而險峻。我記得是在將近五年前我們第一次一起北上時看到了那片風景，我覺得很不好意思，竟然不知道英國存在如此美麗的地方。我不記得與家人去湖區的那次旅行，因為我當時只有四歲。

不過山姆與他成長地方的關係有點令人擔心。北方與南方之間的分歧在他身上顯現，他一方面覺得受到倫敦的吸引，但回家鄉後要忍受酒吧裡當地人的譏諷嘲弄，他從十四歲起就在那間酒吧工作。每個醉醺醺的藝術學校趣事都換來許多其他的故事，像是晚上到湖邊釣魚，在雪中露營，認識峽谷、尖頂山、高地。若是在另一個平行時空，山姆可能會留下來，成為乾砌石牆的建築工人，我們就永遠不會相遇。雖然他選擇和我一起在南方生活，但那片風景存在他的心裡，他非常想念。而他的思念讓我明白自己從未有過這樣的情感。

我想我不可能思念以前住過的郊區，我一點也不懷念成長的地方。當然我可能對郊區的某些方面抱著懷舊的情感，公園、散步、創造快樂回憶的地點。但是就生活空間來說，郊區並不動人，基於平行線、複製和功能來建造，雖說是必須如此，但最終成果卻是乏善可陳、毫無吸引力。郊區沒有喚起我心中強烈的情感，沒有深深的依戀，絲毫不覺得自己是那景觀的一部分。那是一處從未觸動過我心弦的過渡地方。

我將原本應該在火車上的時間拿來播種。對於今年第一次播種來說起步有點晚，不過我查過陰曆，這時間還算合適。播種本身是件簡單的事，在世界上任何有種子發芽空間的地方，在沒有人為干預的情況下，天天都在發生。在高速公路邊上，在鐵軌附近枯竭的土壤裡，在磚牆的小縫隙中，到處都有植物在生長。種子找到出路，植物生長，一切似乎不費吹灰之力。

播下食用植物的種子雖然簡單，但是並不容易。我們考慮到未來的產量，要求種子按照我們的希望長成植物，這必然是任性的嘗試，但是最好不要聽天由命。我們經常將種子種在它們原本可能不會生長的地方，而在外面的條件不利植物自己存活的時候，我們會先提供它們所需要的，然後希望能夠有所收穫作為回報。為了獲得成功的機會，我們的行動必須經過深思熟慮，抓好光線充足、溫度適宜的時機。例如，這裡的番茄需要早點播種，因為我們的春季天氣變化無常，夏季不如它們需要的那麼長，因此我們在早晨仍感覺到寒意的時候播種，種在足夠溫暖明亮的地方，讓它們想起安地斯山脈的老家。

辣椒與茄子也是最先播種的，因為它們的生長季節需要盡可能長一點才能結果，從冒出來的那一刻起如果沒有充足的日照，這些幼苗就會過度向上伸展而變得脆弱。我看過這種情況發生了很多次，浪費許多時間為如何拯救而苦惱，稍後又煩惱是否該用新的堆肥和更多的種子重新開始，希望這次它們會長得比較強壯。接下來的幾周，隨著白晝日益增長陽光逐漸增強，我會播下下一輪的種子，到時候會有許多種子的時機到來：甜菜根、歐芹、芝麻葉、羽衣甘藍、萵苣、酸模、蒔蘿、茴香、大頭菜、青蔥。我一盤接一盤地播種，整齊地貼上標籤，小心但大方地澆水。

昨晚我們看著首相宣布即將開始封城。我們的工作量已經萎縮幾星期了，因此知道這一天遲早會來。山姆感到身體不適時，我們決定分開睡，以防萬一；幾天前我花了好幾個鐘頭持續和外交部及智利的大使館聯絡，試圖幫助朋友返回倫敦，以防她的班機遭到取消，因為有傳言說邊境即將封閉。這幾星期一直令人焦慮，因此封城的到來並不出乎意外。

在一夜零星的睡眠後，我們在黎明前就醒來，決定不要聽新聞煩惱，而是趁退潮時去散步。我們邊聽著破曉的鳥鳴聲，邊刮掉汽車擋風玻璃上那層薄而緊密的冰，然後在逐漸縮減的黑暗中出發。我們經過了一、兩輛車，但馬路上似乎空蕩得很詭異，不過也有可能在一大清早總是如此。我們朝海岸往下開時，接近地平線的太陽反射在照後鏡上。等我們抵達的時候，海水與陸地相交的界線往後退，暴露出這塊中間地帶上如月球般的岩石和石化木，撤退的碎浪將沙子沖刷成波狀起伏、閃爍微光的沙丘。風吹在我們臉上，我們轉向東走，看著太陽升起，沙子逐漸融入拂曉的天空。溫暖的杏黃色逐漸變成黑種草藍，猛烈刺骨的寒冷凍得我牙痛淚流。我把圍巾裹得更緊一點，努力遮蓋住冷風吹襲的裸露皮膚。海邊的空氣清淨，一陣陣含鹽的狂風吹過我的頭髮，讓清晨疲憊的頭腦清醒過來。

將近四年前，我們第一次來這一小段海岸線的時候，我訂了所能找到最便宜的假日出租屋，然後我們拖著塞滿東西的背包和自行車上火車。我們在溫暖的初秋度了四天假，騎自行車往返聖雷歐納茲和黑斯廷斯，當太陽照耀著英吉利海峽時，在礫石海灘上吃霜淇淋和一包包的洋芋片。我們允許自己夢想帶著我們共同打造的生活搬到海邊。

一年後我們再回去，再過幾個月後又去了一次，就這樣不斷地回去。有一天，在貝克斯希爾的海邊散步時，我看見一頁從雜誌上撕下來的紙的一角，上面寫著「模里西斯」一詞。我將那張紙塞進錢包，當成是個徵兆，一年之後，我們搬進了現在的家。若不是因為種植的蔬菜會被海風吹得亂七八糟的難題，我們可能會選擇住在離海岸更近的地方。作為代替，我查看海水的動向，將散步的時間安排在浪潮退得最遠的時候，然後一直走到帶鹹味的空氣清除掉我的情緒垃圾。我心中感受到大海的召喚，著迷於大海的力量，卻不信任海水流動的方式。

我跟在山姆身後，他正在探究從深橘到赭色與灰紅色的岩層，這些連綿起伏的岩層形成小峽谷，上面布滿了帶殼生物造成的凹坑，並且被浪潮持續來回地沖刷磨得光滑。成簇色彩斑斕的藍黑色貽貝夾雜著小小的藤壺緊黏在岩石表面，旁邊是附著的帽貝和隱藏在當中的條紋殼蛾螺。我從岩石區潮水潭撿起一枚潔白的穿石貝貝殼，用指尖摸過陶瓷般的表面，順著呈同心圓的脊狀紋路撫摸，然後將沾著沙子又濕又冷的貝殼放入口袋，轉過身去，任風將我們吹回來時的路。

圖道杜斯，一九六六年

他的名字是以英格蘭的守護聖徒來命名，但他是在海邊長大，唇上有鹹水的味道。他在島上東岸一個名叫圖道杜斯的村莊成長，那裡是淡水與海洋的交會處，母親在那裡洗全家的衣服。他會在退潮時跟阿姨走到海岸邊挖蛤蜊，然後帶回家刷乾淨煮成晚餐。他喜歡釣魚，做完功課後父親會允許他一起上船。那是他覺得最快樂的地方，他哥哥就可以在船上度過一天，但是他們說他太聰明了，不可以花太多時間釣魚。

他父親在其他漁夫之間很有名，因為他能夠不靠工具在圖道杜斯沿岸的海峽航行。他可以駕船穿過珊瑚礁中的狹窄通道，到達可以找到最佳漁獲的地方。他能夠看懂洋流，駕著船隻沿著先往東再往東北的航道前進，那裡的通道被嶙峋的巨石擋住，那些岩石會破壞船隻的螺旋槳。他能夠把船開到深水區再安全地駕駛回來，在他之前有很多漁夫在試圖返航時喪命。當他在外海上航行，厚重的雲層開始聚集在頭頂上時，他會轉向陸地，利用山峰當成指引駛回岸邊，所有這些動作他父親都能憑記憶去做。

在學校放假期間，他獲准跟在父親身邊出海。他會一大清早起床，他們一起出航。他看著父親將漁網的繩索纏繞在手腕上，再把一部分的網子扔到肩膀上準備撒網。他迅捷地一拋，網子就飛過空中並完全展開，然後撲通一聲落在水中。他們兩手輪流交替穩穩地拉起繩索，將漁網裡撲騰的烏魚、暗體臭肚魚，及偶爾出現的闊步鰺拖上船。他父親載著一天的漁獲，在抵達碼頭前大約兩百公尺處將他扔出船外，教他游泳。假如他自己設法抓到了魚就可以留一隻帶回家，但是他寧可賣給魚販換兩、三塊盧比，然後買一瓶可樂和一些巧克力，在回家前狼吞虎嚥地吃完，這樣就不必和兄弟姊妹分享。

他現在難得有機會時還是喜歡釣魚，只不過是改用魚竿和魚線來釣鯖魚。如果水溫暖和，他也還是游泳，四肢猛烈擺動濺起水花，彷彿他是在距離碼頭兩百公尺外碧綠的潟湖裡拚了命地游。

他的名字是以英格蘭的守護聖徒來命名，這是他出生時所取的幾個名字之一。然而若干年後，當他真的搬到與他同名者守護的這片土地上時，他會取一個更容易發音的綽號。他厭倦了聽別人唸錯他的名字。

翌日早晨，初春的天空晴朗無雲、呈現出山雀身上的那種藍，牠們和早起的鳥類鄰居在日出前就將我喚醒。我們已經計畫好要在屋外待一個上午，拆掉舊棚子，不過我要先等朋友從日本打來的電話。我沒有事做，也沒有電子郵件要回覆，因此我持續瀏覽社交媒體，希望能轉移自己的注意力，不要陷在因為封城成為現實而湧現的焦慮中。除了擔心的詞語外，還有熱情洋溢地感謝溫暖的春天恩典的發文。鬱金香、野蒜、木蘭的照片充斥著螢幕，感覺好像如果天氣暖和、天空晴朗，種子就會萌芽，雛鳥就會破殼而出，在等待這件事情過去的同時，我們會看見春天逐漸來臨。有些照片顯示威尼斯運河的沉積物沉澱下來，因此現在水清澈得可以看見魚兒游過。全世界都在驚嘆當人類被迫放慢腳步時會出現的景象，我們全都想抓住任何看起來有一絲希望的東西。

起先，我看到這些照片也笑了，但是旁邊的說明文字令人擔憂。「自然正在復原」聽起來是好事，但是暗指人類本身是自然界的威脅（因此並非自然界的一分子），這含意表示了一種險惡的意識形態，這種意識形態潛行在某些環保主義者和保守主義者的對話之間。一段海豚的影片第三次寄到我的手機裡，我忍不住皺起眉頭，我不想當個討厭鬼，對人家在艱難時刻難得的一點樂趣潑冷水。我不想向阿姨解釋人類也是自然的一員，認為病毒至少對自然界有益，雖然有點拐彎抹角卻暗示著只要自然界受益，那麼很多人死亡也是可接受的結果。我不想說明為什麼這是生態法西斯主義者會說的話。

這是種難以相信的思想勾結。生態法西斯主義——兩個聽起來矛盾的字眼互相支撐。這是一種存在已久的意識形態，在這種意識形態中，想要保護環境的欲望和與土地相關的國家認同感聯手，將對自然界遭到破壞的真心關切與限制人口成長、遏制移民、維護民族國家邊界等極權主義的解決方案密切結合起來。這種意識形態力圖維護謬誤的純粹概念，這種概念從植物和野生生物開始，然後擴大到包含人類，其目的從「拯救地球」無縫轉移到「只為某些特定之人拯救地球」。在對氣候危機採取行動的迫切需要與極右派政治相互結合的領域裡，這概念正逐漸復甦。

生態法西斯主義的一個顯著例子是在納粹德國受到擁護的「血與土」學說，此學說堅決相信對於一個地方的歸屬只能由血統來賦予。為此，第三帝國的糧食與農業部長理查・瓦爾特・達雷將猶太人說成是「雜草」。二〇一七年，手持火炬的白人民族主義者在夏洛茲維爾遊行，反覆高喊著「血與土」，以抗議政府提議拆除紀念維吉尼亞州南方邦聯軍歷史的雕像。藉由向這樣特定的納粹意識形態致意，他們宣稱美洲屬於他們以及那些和他們同類的人，贊同歐洲定居者遺留下來的想法，選擇忽視美洲是藉由殖民主義及造成美洲原住民種族滅絕的手段所竊取而來的土地。

民族主義者經常省事地忽略美洲史話中這極為重要的部分，他們仍然執著於定居殖民地的開拓者普遍但錯誤的看法，認為在他們祖先到達美洲時，這裡是片無主之地。這個殖民主義為奪取土地所找的似是而非的理由，在十九世紀也用於非洲部分地區及澳洲。其中一人就是環保主義者約翰・謬爾（著名的環保組織塞拉俱樂部的創辦人及「國家公園之父」），雖然他沒有忽視在歐洲人強迫美洲原住民遷居之前，他們與這片土地和諧相處，卻痛斥原住民骯髒野蠻。儘管隨著時間推移，他的觀點逐漸變得較為寬厚，然而還是沒有承認這片令他嚮往、想要保護的景觀，數千年來都是那群他曾經詆毀的人所照管的。

這種「只為某些特定之人保護土地」的信念，在二十八歲澳洲槍手所寫的宣言中明確表達出來，此人在二〇一九年三月走進紐西蘭基督城的兩間清真寺，殺害了五十一人並造成更多人受傷，當時有數百個孩童正聚集在一起為氣候罷課。他的宣言標題為「大取代」，指的是白人種族滅絕的陰謀論，這份長達八十七頁的文件反覆將所有在白人占多數的國家裡的非白人說成是「入侵者」，煩惱白種人的低出生率與移民據說的高生育率形成對比，並宣稱移民「造成環境衝突，最終會破壞大自然本身」。而且他公開表明自己是「族群民族主義者、生態法西斯主義者」。他對氣候變遷的解決方案是，「殺掉入侵者、消滅過剩的人口，如此一來就能拯救環境」。

這主張與帶有反抗滅絕組織標誌的海報並無不同，這些海報在二〇二〇年一月張貼在布萊頓各處，上面寫著「擊沉船隻、拯救世界」，指的是載著移民不定期在南部海岸登陸的小艇。儘管反抗滅絕組織說他們與這噱頭無關，但是海報表明了那些有種族主義或仇外意圖的人，可以毫不費力地攏絡環保主義。採取反移民的立場，同時聲稱理由是關心自然界，這態度不僅僅是歧視，而是拒絕承認——無論是否是蓄意——那些透過殖民主義和奴役等壓迫的制度來積聚財富的國家，利用出入境管制將財富留在本國境內，同時選擇忽視導致成千上萬人流離失所的眾多原因（戰爭、貧困、氣候變遷、歷史上的榨取主義、低度開發）並且為此承擔（至少部分的）責任。

那名基督城槍手對於人口過剩的看法並不罕見。一直到二〇〇四年塞拉俱樂部的派系都還在利用人口過剩的論點來支持反移民的議題；更近的是在二〇一八年，大衛．艾登堡爵士被評為不列顛最可信賴的名人，同年他在英國廣播公司的《新聞之夜》節目上表示：「人口成長必須止住。」在那次採訪中，他發表了這樣的聲明，彷彿只要說「讓地球上的人口減少就能拯救地球」就足夠了，從表面上來看，這聲明似乎不會引起爭議，但是控制人口的運動走到哪裡，種族歧視和仇外心理就隨之而來。

無論控制人口運動的支持者多麼強烈地堅持，歷史上限制人口成長的結果都表明事實並非如此。一九六八年，昆蟲學家保羅．艾爾利希的《人口炸彈》一書主張，倘若世界上的人口不加以控制將會導致數百萬人餓死。第一章標題為〈問題〉，以描述作者與家人在夜裡搭乘計程車穿過德里的情景開啟本書的序章。在他的描寫中，對於自己所看到正在吃飯、清洗、睡覺、爭吵、乞討的人全都帶著幾乎無法抑制的厭惡：「排便撒尿的人、攀附在公車上的人、放牧牲畜的人。人、人、人，到處都是人。」

儘管這本書表面上關心的是為所有人保護地球，然而艾爾利希對當晚透過計程車窗戶觀察到的印度人所表現出的輕視，反映在幾年後制定的全球政策中，該政策應該要為一連串踐踏人權的事件負責。一九六八年，支持控制人口的羅伯・麥納馬拉辭去美國國防部長的職位，就任世界銀行總裁，在他領導下，貸款給低收入國家的條件是這些國家同意對其公民施行控制人口的措施。一九七五年在印度國家緊急狀態中，印度政府為了獲得世界銀行的貸款展開了荒謬的強迫節育運動。要獲得水、電、配給和醫療照護的條件是必須接受結紮。房屋被拆毀，居民遭到武裝警察逮捕、送去強迫節育營，在短短一年內就有八百萬的印度男女動了結紮手術，而且不出意料，受影響最多的是窮人和弱勢群體，尤其是種姓地位低下的達利特人。這絕不是單一的事件。控制人口措施在世界各地都犯下了踐踏人權的罪行，從澳洲、美國、科索沃，到肯亞、南非、海地，從斯里蘭卡、中國、印尼，再到宏都拉斯、秘魯、委內瑞拉，而且還不止於此。屬於人口中少數群體的人往往不成比例地成為目標。

倘若基督城槍手有哪一點說對了（而且有數據支持），那就是許多西方國家的人口成長速度確實不如世界的其他地區。但是在美國或澳洲，一個人的生活方式在三天內所排放的二氧化碳量，卻相當於生活在馬利或尼日的人一年的排放量。全世界百分之十最富有的人，產生了超過世界上百分之五十的化石燃料排放量（由個人消費所趨動），而百分之五十最貧窮的人只產生了百分之十的化石燃料排放量，而這一半的全球人口大多住在最容易受到氣候危機影響的地區。事實是比起人口過剩，過度消費更應該對環境惡化負責，日本、德國等工業化國家就證明了這一點，他們儘管出生率低，但是平均每人的碳排放量卻名列前茅。

二〇一九年，氣候問責研究所的地理學家理查・希德計算出，三分之一的人為碳排放量都是由二十家公司的行為所造成。破壞性的採掘工業做法釋放出溫室氣體、汙染航道與海洋、耗盡土壤資源，才是大規模濫伐和導致災難性的生物多樣性流失的罪魁禍首；他們才是造成自然界毀滅的原因，而不是任何一個（普通）人。把注意力集中在人口過剩和個人對排放的責任上，是那些最應該負責的人所散布方便轉移焦點的言論。二〇〇四年英國石油公司開始推銷碳足跡的概念，把降低碳排放的責任轉移到個別消費者身上，同時有幾家化石燃料公司與保守派智庫合作資助了一場傳播活動，目的是讓人對認為這些公司的行為與氣候變遷有關的科學產生懷疑。

重視遏制全球排放量是主流的觀點，儘管爭論其必要性是錯誤的，我仍然覺得必須質疑富裕國家（主要是西方國家）叫印度等新興經濟體降低排放量的要求過於響亮、不符合歷史。目前印度是世界上排放量第三高的國家（僅次於中國和美國），可是儘管我希望事實並非如此，但若是透過公平的稜鏡來看，建議一個被英國殖民統治榨乾的國家應該限制其經濟發展是公正合理的嗎？假如我們在計算每個國家的排放量時將他們的歷史碳債考慮在內，所得到的氣候變遷罪責試算表難道不會更準確、更符合道德準則嗎？

英國或許可以自我安慰，因為數字顯示過去三十年來這裡的排放量已經下降，而且由於政客非諷刺地將這個國家塑造成應對氣候變遷的領袖，因此認為強迫其他國家以我們為榜樣很合理。然而，在二〇二〇年慈善機構世界自然基金會發布的報告中，發現英國真正的碳足跡是其聲稱的兩倍，因為在海外製造、進口貨物的生產運輸所產生的排放量並未計算在內。毫不意外的是，跨國公司與他們的億萬富翁執行長力求以最有利可圖的方式來滿足需求，這推動了一套汙染、惡化、破壞環境的生產系統，並且在貪婪地追求財富的過程中剝削民眾（黑人與棕色人種尤其占不成比例的多數）。因此和那些激起上述需求的人一樣，我們是否有必要檢視我們的消費如何激勵汙染的行業繼續生產、出口，同時逐漸捨棄對於商品會無止境地供應且越來越便宜的有問題的期待？關於這點我也感到內疚。

這些龐大、醜惡、迫切、似乎毫不相干的問題，與覺得網路上野生動物大步走出森林進入寂靜、封鎖的村莊的影片好笑，可能好像風馬牛不相及。但是究其根本這訊息的核心是，令人擔憂的以輕視「他人」為基礎的反人文主義。這種馬爾薩斯主義的傾向，只著重在人類的總數，卻不關注工業活動以及無休止地追求成長和無限制的消費所造成的破壞，將會一如既往地導致那些最無權無勢的人受到剝削；而且他們已經經歷了氣候變遷最嚴酷的影響，同時因為在歷史上早已被剝奪了抵禦氣候變遷的資源而承受著雙重不公。

這些問題都不容易理解。要應對迫切的氣候危機、生物多樣性的流失，和許多相關的後果，全都不是簡單的事。有些人認為務實的做法是不惜一切代價，有些人則主張我們的努力不應該進一步加深不公與不平等，這種不公與不平等將世界劃分成誰最有可能、誰最不可能在全球氣溫升高的結果中生存下來。我不曉得哪種方法最有可能成功，但是我確切地知道：生態法西斯主義並不是解決之道。

山姆在花園裡，拿著鐵鍬爬上舊棚子的屋頂，我迫不及待想要加入他。迎面而來的冰冷空氣和強烈陽光讓我鬆了一口氣，在電腦鍵盤前憤怒僵硬地弓著的身體也舒展開來。我在生態法西斯主義者和反對他們的人，以及抓住機會就指控左派人士或環保主義者不切實際、不講道理，或偽善的人的爭論之間來來回回，把自己的精神搞得疲憊不堪。山姆將屋頂完好無損地拆下來，以便拿來修理工具儲藏室，然後我們一起拆除最後一片窗玻璃，趕走沉睡的鼠婦，驚擾躲藏起來的蜘蛛，以免牠們被壓扁。

他看得出來我早上過得很沮喪而且不想多談，因此走過來遞給我一把木槌。這間腐朽的棚子只剩下快要解體的框架需要拆除，我掄起木槌捶打了一下，第一次嘗試幾乎毫無用處，衝擊的力道震痛了我的手腕，但牆壁幾乎紋絲不動。我猶豫不定且不擅長破壞，生鏽的釘子似乎比我更頑強。「彎曲膝蓋，用全身的力量去敲。」山姆往後退了一步建議道。我把兩條手臂更進一步往後擺動，身體跟著略微傾斜，然後盡全力地揮舞，這回木槌扎實地擊中，一塊木板從接合處突然掙脫開來，發出令人滿意的砰的一聲，在空中旋轉後掉落地面。感覺像是大大地呼一口氣。我不斷地向後揮動木槌再猛然撞向木頭，每一次撞擊都釋放出淨化的能量，一股暖意湧入冰冷的指尖。我不停地猛力敲擊，從頭頂上方的木板一路往下敲，有些木板裂開、斷裂，需要徒手從鉸鏈上扯下來，其他的則飛起來墜毀在地上。這個建築結構體顯然矗立在這裡多年，任其腐朽，我越接近底部，就發現越多腐爛之處，最後幾片木板也越容易拆除。這些老舊的木頭大多可以放到柴爐裡使用，等晾乾後，總有一天我們會點燃這些木板，用它們的火焰來取暖。

翌日早晨，在水壺的水咕嘟咕嘟地沸騰時，我伸展著痠痛的手臂溜進溫室，第一件事就是查看幼苗。我早上下來時總是忍不住要檢查幼苗的進展，封城的日子開始感覺模糊不清、難以區別，這個例行工作可以幫助我穩住日子。

當未來就像現在這樣似乎充滿變數令人不安的時候，要擬訂計畫需要放手一搏，不過園藝家們一季又一季都是這麼做。我們不曉得今年會不會又是連續幾個月不下雨，溪流與小河乾涸、植物枯萎的一年。我們無法知道今年初春是否會暖和，而最後一次霜凍將會遲來，杏花會被打落在地，會像那年一樣只產出一小把帶斑點的果實，松鼠會搶在我之前先把果實吃掉。我們向天祈禱霜和少量的雪足以讓蛞蝓的數量可以控制，這樣剛移栽的萵苣和櫛瓜的幼苗才不會在外面待第一個晚上就被吃得一乾二淨。儘管充滿了不確定性，但重點在於努力。收穫是值得努力的回報，但不是唯一的目標，至少對那些不仰賴收成維生的人來說是如此。這歷程是理由，追求是聖杯，冒險是我們每年懷抱著希望再次播種的原因。

我們身為一種物種抱持著錯誤的信念，相信只要我們有辦法就能保護自己免受生命本質的變幻無常的影響。我們建造房屋，保護自己免受暴風雨侵蝕的傷害，迴避我們所愛的人可能不會長久的想法。我們從否認自己在持續老化當中得到安慰，就連提到所愛的人終將一死都感到悲痛，因為害怕提及這件事就有招來死亡的風險。事實上，我們做任何事都無法確保一星期或一個月、一年後，一切仍然會安穩無恙；栽種人和園藝家都清楚這點。我們善於擬訂計畫並按照計畫行事，因為我們相信發生的事將會帶給我們一些啟示，透過深思與接受，這種智慧會超越花園邊緣滲入我們的生活中。在封城這樣不尋常的時刻，我緊抓住這些教訓，希望封鎖不會持續太久。我希望等到這些種子長成的時候，我可以採收下來與家人朋友坐在一起共享。

我從這樣對變化的理解中得到了莫大的安慰。儘管這讓我們不得不接受，無論有多麼不希望，但我們渴望、熱愛的一切終將不復存在，但是它也向我們保證，苦難最終也會轉變。即使在最艱難的時刻，知道改變總會到來代表此時的痛苦不會感覺像是永遠的監牢。就像自然界的植物和生物一樣，我們本身也不是固定不變的實體，而是一直處在變化的狀態。如同葉子、嫩芽或花蕾的出現，我們總是持續不斷地在變化。我們穿越不再需要的東西，隨著每個新的一天的開始，再次成長。

第8章

現在早晨的天氣足夠溫和，我可以在太陽升起時坐在花園盡頭。菜園的苗床如新墳般排成一列，上面覆蓋著肥沃的深色泥土，我看著一隻橙端粉蝶在櫻花花瓣間輕快地飛舞，花瓣在微風中旋轉，優美地散落在地面各處。我埋在土壤表面下的豌豆和蘿蔔的種子尚未萌芽，但是我喜歡知道它們就在那裡，一面等待著。屋子窗臺上種了幾株小植物，不過它們還需要在庇護所再生長幾個星期，才能放到外面去勇敢地面對寒冷的夜晚。

知更鳥、金翅雀與大山雀大聲宣告新生命破殼而出、蛋黃色的幼小鳥嘴要求餵食的消息。我看見一對鵟在田野上方盤旋，好奇牠們在那上面能看到什麼。我聽說在田野向小溪傾斜的地方，有深色毛的兔子在金雀花和歐洲蕨當中生活，那對鵟可能在觀察牠們，雖然牠們偏好體型較小的獵物或者和烏鴉爭奪腐肉。我們也必須留意兔子，因此在苗床四周架起鐵絲圍籬，以免植物因為牠們不可避免的飢餓而遭殃。

雲層移動，太陽露臉，提供了不合季節的溫暖，我把臉轉向太陽沐浴在舒適的光輝中。當春季來臨天氣寒冷而嚴酷時，我會觀察一天的天氣變化，查看氣象預報，試著預測未來。可是當天氣出乎意外地好，就像現在這樣，我會感謝宇宙賜給我的好天氣，感覺像是一份禮物。我驅走煩惱氣候正在改變、天氣不應該這麼早就變暖的想法，努力忽略抱怨我或許應該比我允許自己的更加擔心的不滿情緒。

早餐前我又播下一些種子，這回是大一點的，所有的瓜類：兩種南瓜，兩種櫛瓜，和三種不同的黃瓜。南瓜籽圓嘟嘟的很討人喜歡，我以前沒有種過。大多數的種類都很占空間，在溫暖的生長季節多半待在地裡，只結出少量的果實，而我以前種植的地方狹小，無法給予它們如此寶貴的空間。另一方面，櫛瓜則長得相當緊密挺直，一旦開始結果，我希望大多數日子都能收成。而黃瓜是勤奮工作的攀緣植物，比較小而細長的種子會長成可觀的藤蔓，倘若一切順利，生產出的果實將足以和我的新鄰居分享。

昨天晚上我哭了。我幫村裡的一個婦人拿處方藥送到她家門前臺階，她告訴我她妹夫感染了新型冠狀肺炎，很快就過世了，她也很擔心妹妹獨自一人，無人安慰。晚間新聞報導了首批治療可能感染此病的患者而死於新型冠狀病毒的四位醫生，他們全是黑人和棕色人種，我想到了自己的父母、叔叔嬸嬸和長輩，這件事多麼可能發生在他們其中一人的身上。我為他們所有人和他們的家人哭泣，也為那些正在哀痛的人流淚，尤其是那些獨自哀悼、無人慰問的人。我知道自己永遠不可能像那些醫生那麼勇敢，因此感到羞愧，並為此哭泣。

早餐後，山姆把床單掛在臨時代用的晾衣繩上，他將繩子從雞舍的一角拉到釘在地上的木樁上，然後我們朝逐漸熟悉的林地走去，走向可能開滿藍鈴花的地方。我們在一片青蔥新綠的樹林當中穿梭，然後走上一條小徑通往那棵粗大銀色的樹。隨著春天到來生命力旺盛，那棵樹已經長出葉子，葉子有很深的脊狀紋路、呈鮮紅色，反射著陽光，在覆蓋地面的那片星形苔蘚上舞出紅寶石色的光影秀。在樹巨大的根部隆起又埋回土裡的角落長出了心形葉子的紫色香菫菜，上次我們來這裡時一片光禿禿的頂部現在成了燦爛奪目的紅色王冠。這棵紫葉歐洲山毛櫸展現出火紅的壯麗，數百年來的擴張與收縮全都牢牢地留在令人印象深刻的樹幹中。我們指尖碰指尖地環抱著樹幹外圍，以量周長猜測樹齡，我的臂展加上山姆的，大約六公尺半長，推算樹齡將近四百歲左右。倘若我在它發芽的時候出生，我可能會在哪裡呢？那時荷蘭人尚未將第一批遭到奴役的馬達加斯加人帶到模里西斯，因此無論我的祖先來自何處，他們仍然會在自己被盜走渡海或是兜售幻想移居之前所在的地方：桑吉巴、坦尚尼亞、斯里蘭卡、幾內亞，或其他完全不同的地方。

幾年前的冬天，我爸給了我一些種子，叫我為他栽種。這些是來自家鄉、他最喜歡的蔬菜：模里西斯黃瓜。滿滿一個蛋杯分量的平滑、橢圓形的種子，包在一片薄薄的塑膠裡，裝在信封中寄給他，上面的筆跡看起來和我媽的一模一樣。她的姊妹，也就是我阿姨，把種子寄給他，讓他交給我。這是他第一次請我為他種東西，也是他第一次承認他看得出來這不只是過渡階段。這也是我第一次看出我有辦法透過自己找到的工作來向他致敬，向他證明這不僅是體力勞動。他將裝著種子的信封塞進我手中，有了這些種子我就有機會讓他引以為傲。

我把信封塞進口袋，等春季來臨，就把種子和工作服、橡膠長統靴，及自製的果醬各一份打包起來，前往格洛斯特郡的一家有機蔬菜農場，我幹勁十足地要在那裡工作一個生長季節。這是有點突如其來的改變。我已經到達了一個階段，需要獲得更多、更大規模的務農經驗，以培養我希望在倫敦逐漸開始從事栽種工作所需要的技能。我已經東拼西湊了一陣子——在社區活動中心開工作室，在雀兒喜花展過後拯救捐贈的植物，在火車月臺上設立友善蜜蜂的花盆，並且在學校教授園藝——日復一日轉換不同的角色以維持生計。我盡可能地做任何能夠讓我接近植物的工作，但是要做我最愛的工作卻最難達成——要在城市裡栽種食物是一道難題。要找到一塊可用的土地，不僅形狀夠好、土壤夠肥沃、用水方便，附近還要有市場會以不錯的價格購買你的農產品，這是一道很難破解的方程式。在城市裡栽種食物是一項愛的勞動、與周遭格格不入的工作，也是非常糟糕的謀生方式。儘管如此，到那時我已經確定要成為一名食物栽種人，我願意盡自己所能全心全意地投入，這就是我為什麼夢想著離開城市，找到一個可以每天種植的方法。

我想要試一試鄉村生活。過去似乎難以想像的事變成了希望和夢想。因此，經過一陣搜尋電子郵件和打聽，與一名開著牽引機的農人通了視訊電話，並且在凜冽的二月某一天接受試驗，從緊密潮濕的土壤中吧唧吧唧地拔出胡蘿蔔後，我得到了在夏季當實習生的工作。我準備學習更大規模的務農方式，同時種下爸爸給我的種子，希望在我接下來工作的幾個月裡，這些種子能夠成長結果。

春天姍姍來遲，我也遲到了。這是我近十年來頭一次到模里西斯探望親人，因此我甚至還沒有收穫第一片葉子就不得不要求給我的開工日期留點餘地。那一季農場裡有四名工人，我是在四月一個嚴寒的日子裡最後一個抵達的，搬進一輛不適合寒冷天氣的空露營拖車。我身上仍然帶著親人的溫暖和亞熱帶的陽光，因此到達那裡時的冷冽感覺糟糕透了。在那個極度寒冷的春天，我得和衣睡覺，並且把最厚重的書裹上毛巾和舊毛毯擱在露營拖車的通風口，防止寒風在夜裡呼嘯著吹進來。我和幾隻超大的蜘蛛共享這個空間，牠們在這裡安家過冬，每當我打開電暖器，牠們就會從薄紗般的蛛網後面急忙跑出來。我想念山姆，他在身邊時我感覺溫暖舒適多了，但是我很興奮能夠來到這裡，這是一場冒險，我想利用夏天來學習、種植，摸索清楚鄉間的生活。

但是最初幾星期因為一種私下不滿的恐慌而黯然失色。維持農場經營的作物——蘆筍遲遲沒有冒出地面，大家的擔憂顯而易見而且具有感染力。這股憂慮決定了工作的氣氛和步調，無論哪種情況都令人生畏。每天都是相同的工作輪流進行，不斷地循環，收割、種植、除草，然後除草再除草。一箱又一箱的綠葉沙拉蔬菜，採摘、洗淨、裝袋。田地大小的長條網子因為浸泡了一星期的雨水而變得沉重，必須從一排排等著採收的花椰菜上移開，數千顆洋蔥和甜菜根，以及四種夏季萵苣的幼苗要埋進牽引機拖著尖齒在地上犁出的溝渠裡。在隧道式溫室裡，先用旋轉式翻土機犁地再將堆肥攪拌到土壤裡，然後用鏈耙拖過去，再將四季豆和番茄的幼株牢固地種進土裡。我大部分時間都花在努力將羊蹄埋得很深的主根從地裡拔出來，並且從泥土裡挑出一團團無窮盡的狗牙根的根，每次折斷時就咒罵一句。我花好幾個鐘頭用手拔出高及腰部的薊，它們的尖刺穿透我的手套扎出血來。隨著每天蘆筍沒有鑽出表面，農場裡的氣氛就越來越沮喪，在原本應當收割的時間裡我們只是不斷地除草，有關上一季產量的傳聞開始顯得過於誇大。

我似乎做什麼都不對。即使我認為以實習生來說，我做得還可以，修正自己的錯誤順便學習，但是別人卻明確地讓我知道我做得並不好。我的動作不夠快、不夠熟練，而我是個經驗不足的新手也不足以當成藉口。我應該跟上進度；應該能夠超前思考，但是不論多麼努力，我總是落後一、兩步。其他的農場工人在那裡待的時間較長，他們都知道該怎麼做。我很想問他們問題，卻怕被認為是浪費時間，因此試著仿效他們，模仿他們的動作，消失在團隊中，但是那片土地上瀰漫著一股敵意，讓我感到心灰意冷。我開始懷疑自己，懷疑我是否適合這份工作。我開始忘記自己所知道有關植物、土壤、水和時機的一切，我不斷忘記今天是什麼日子，因為每天都恍恍惚惚、疲憊不堪地進入隔天。我的記憶鬆動，就連好不容易辛苦收集到的少量資訊都拒絕留在腦海中以備將來使用，我的意識試圖與我的身體分離，不願意在我任性地傷害自己的肉體和情感時留在當下。可是我已經顛覆了太多在倫敦的生活才邁出這一步，無法這麼快就放棄。我還沒有準備好接受這份我想要的工作超出我的承受能力，或者說我沒有堅強到可以承受這份工作實際上的繁重、嚴酷、無情，因此我下定決心繼續做下去，盡我所能地勤奮工作以跟上進度。我憑意志力驅使身體做得比以前更多。

在四月邁入五月時，突然間，一直遲遲不來的溫暖出現了。那星期的每一天都比前一天暖和個幾度，到第七天時——有紀錄以來最熱的連假——第一批嫩芽終於擠到光亮之中。在短短幾天之內，從無到四十公斤、兩百公斤的蘆筍長了出來。收成的速度、抬起的籃子重量使我兩手瘀青，肩胛骨之間陣陣疼痛。速度快得驚人。每天晨霧還來不及散去，我們就出去彎腰收割兩英畝的蘆筍，然後把籃子拖進去分類、綑綁、包裝。蘆筍的生長速度非常快，每天都必須採收，在陽光燦爛非常炎熱的日子有時還得收割兩次。當我們在外面氣喘吁吁、汗流浹背的時候，農場似乎又能夠呼吸了，因為重回正軌而鬆了一口氣。

蘆筍季節的休假稀少而珍貴，我在休假的日子都盡量把握機會睡覺，那種疲累讓人不知如何是好。我的右手因為扭轉手腕去切斷莖桿以及拖動籃子而深受拉傷困擾，夜裡會扭曲成爪子的形狀，無論睡得多沉多累，手指屈曲的肌肉都會痛得把我吵醒，我不得不按摩扭曲變形的手直到痙攣緩解到可以休息的程度，然後再過同樣的一天。我的靴子解體了，新手套只能維持幾天就會出現足以讓手指穿過的大洞。焦乾的泥土讓我的雙手變得乾燥，指節的皮膚裂開，指甲碰到土裡的石頭而缺損斷裂。我的腦袋依舊遲鈍糊塗，不過現在每天要和蘆筍的嫩芽決鬥，沒那麼多需要思考的事。

每當下午被派去土地邊緣的田野除草時，我都會為這處心靈空間和任務的單純心存感激。我很清楚那裡對我有什麼期望。不過那塊田野廣大，除草的負擔很重，多年來拖延得有點太久，讓植物開花結籽，而且一旦連根拔起後就留在小徑上，在正午的太陽下晒乾，導致某些地區充斥著不需要的植物。這並不是我的做法；任雜草結籽只是把問題推遲而已，但是到這時我已經養成了效法其他工人的習慣，因此我照吩咐行事，即使知道這是在讓問題惡化，或者說充其量只是把問題擱置到下一季，讓別的農場工人來解決。他們用鋤頭鏟除、挖掘，或用手拔，逐一清除每排雜草，留下歐洲蘿蔔或胡蘿蔔的第一批葉子，我則加緊跟在後面，不斷地試圖跟上。

這工作必然單調，甚至比我預期的還要更單調一點。如果可以，我會聆聽音樂，沉浸在節拍中來維持動力，而且我找到了一種意外的消遣，讓無止無盡的除草變成了尋寶。這座農場位在一處新石器時代遺跡上面，殘餘的遺跡隱藏在土裡，因此我一面工作一面尋找帶有一萬年前生命印記的燧石片，那是石頭敲擊石頭所留下的痕跡。在那些單調乏味的漫長日子裡，能找到一些令人驚嘆的東西的可能性吸引著我的注意力。每天晚上我回到露營拖車上時，口袋裡都裝滿了燧石碎片，我仔細地一一清洗，藉著燈光檢視，希望能找到一點古老的歷史。大多數時候我會找到一個明顯的印記，偶爾會遇到一片值得保留的燧石。經過幾星期的挖掘尋找後，我發掘了一把小手斧，正好可以握在我的拇指與食指之間，我猜想這非常適合拿來剝小動物的皮。

那年夏天炎熱得驚人，酷熱無情。露營拖車旁的池塘在春天住著一對紅冠水雞和牠們毛茸茸的寶寶，後來水被抽光用來澆灌植物，池塘在持續不斷的陽光下烤乾了。防止植物枯死的挑戰取代了瘋狂的蘆筍收割。隨著正常的夏天變成熱浪，土壤也變成乾燥、烤焦的塵土，這熱度令人暈眩，因此在開闊的田地裡工作讓人覺得噁心，我幾乎喘不過氣來。每完成一項任務就有十項還沒有做，汗流浹背的每一天都以試著忘記疏忽掉的事情告終。栽種人的工作從來沒有做完過，待辦事項清單距離完成非常遙遠。

不過在工作時間之外也有美好的時光。我比以往更親近自然界，而大自然中有許多值得喜愛的事物。在一天的工作結束後，我會和其他的農場工人躺在草地上恢復體力，抱著唧唧叫的小雞小鴨，或是看著紅鳶在空中飛翔，牠們飛得很低，顯露出分叉的尾巴和羽毛上的斑紋，然後俯衝下來追捕獵物。有些早晨，我醒來時看到一隻鹿在露營拖車窗戶旁的尤加利樹下吃草，我會盡量輕聲地準備早餐，這樣我們就可以一起吃那天的第一餐。一隻鼴鼠鑽到一片防草塑膠農膜下面，農人的女兒趕在他們的邊境㹴犬之前先抓到了牠。在放牠自由之前，我們輕輕撫摸牠天鵝絨般柔軟的毛，牠則試圖用強而有力的爪子鑽過她的雙手。一隻馴化的寒鴉是從威爾斯帶來住在農場上，到晚上會坐在我們的肩膀上。牠會拉扯我的眼鏡，在我耳邊嘎嘎尖叫，直到有人給牠一點麵包蟲為止。我甚至參加了農場工人每周一晚上互相做晚餐、看電視的例行活動，但是到了隔天，那種悄無聲息的競爭意識又會慢慢回來，迫使我逐漸遠離他們；我仍舊是群體中最弱的一個。

我太過緊張不敢獨自去探索，深怕迷了路無人可以求助。在山姆無法來訪的周末，我會退縮到露營拖車裡，只有偶爾離開，開車到最近的城鎮，沿著大街散步，接近那些做著平常事的一般人。當山姆可以下來住幾天時，我們會走到農場邊緣，進入寧靜的樹林，穿過羊群平靜地吃草的田野。我想要冒險再走遠一點，但是不安已經在我體內扎了根，儘管農場感覺不安全，但不知怎地農場外的鄉間感覺甚至更令人緊張不安。我在那裡很引人注目，知道有人在看著我——酒吧裡轉過來的腦袋，失禮地停留過久的目光——在認輸之前，我都盡量忍受下來。單純待在露營拖車裡等著休息時間結束，納悶為什麼爸爸的黃瓜籽不會發芽，會讓我的內心輕鬆一點。

我在農場的時光短暫而不愉快，留給我的影響比你想像中三個月所能帶來的影響要大得多。我一直希望情況會好轉，但是每天都一樣，更加的冷漠與厭惡，超過我所能忍受的拒絕。我下定決心要帶著一個夏天像樣的務農經驗回倫敦，因此沒有注意到發生的一切都是故意的；等我遞出辭呈的時候，他們都在等待並希望我辭職。我倒數著能夠離開的日子，以小時、分鐘為單位，以重複播放碧昂絲上一張專輯的次數來計算。我匆匆向那些友善待我的人告別，然後飛快地開車離開，希望他們不會注意到我走的時候臉上熱淚縱橫。我滿懷著恥辱與如釋重負的心情離開。

那幾個月讓我明白了嚴酷的務農現實。我很熟悉體力勞動的辛苦，卻對每天做這些工作累積的磨蝕毫無準備。我知道消費者是否願意購買有機農產品，還有以什麼價格購買，是可行的生意與失敗之間的細微界線；那些耕種土地者的身心健康就是懸在這條細微的線上。我知道在需要耕種多少土地和需要栽種多少植物之間，以及種植所需的工作量和勞動成本之間，有一個轉折點。而那個中點往往不會傾向對農人有利。要做那麼多事情而且總是那麼辛苦肯定令人心碎，無論你多麼擅長這份曾經熱愛的工作，永遠都處於不利的地位。假如那是我的農場，我也會很生氣，而且會非常、非常地難過。我看著自己希望找到的艱辛但寧靜的農村生活形象，變成了我懷疑會成為的現實：冷淡、無情，沒有容得下我的空間。

你問我……我為什麼不在田地裡工作，我會告訴你：我父親曾以奴隸的身分在田地裡工作、遭到鞭打，你認為我會願意在我一想到就痛苦的地方工作嗎？

派翠克・比頓牧師

《克里奧爾人與苦力；或，在模里西斯的五年歲月》，一八五九年

模里西斯是最後一個廢除奴隸制的英國殖民地，在奴隸制終於廢除後，以前受奴役的人被迫進入一段學徒期，讓他們的前主人能夠在他們「學習如何自由」時，繼續利用他們的勞動力。一旦學徒期期滿可以離開後，許多在甘蔗田做苦工的人都離開了種植園，他們尋求的是自己的土地，終於可以過自己想要的生活。那些有能力辦到的人取得了土地，其他人與地主達成協議，用他們種植的部分農產品當

作租金來交換土地，其餘的人則擅自占用一小塊崎嶇不平的土地，在上面播種當成是自己的地——Petit morcellement，將土地分割成小塊。

他們會耐心地將一塊未開墾過的邊緣土地變成肥沃富饒的地，種植樹薯、番薯、綠葉蔬菜、玉蜀黍之類的蔬菜，飼養牲畜和家禽，他們生產足夠自己和家人食用的作物，並希望有一些剩餘的可以拿到市場上賣。那些離海岸夠近的人也會利用長輩傳授給他們的技能捕魚，這些技術一代傳一代，令人想起往昔的生活與故鄉。這些前學徒，也就是曾經受過奴役的人，非常執著於追求屬於自己的土地。擁有土地表示有能力擁有自己的勞動力，依照自己的步調工作，決定自己的生計，為自己的生活做主。對他們來說，土地就是自由。

儘管從印度引進了數以千計的契約奴工來取代過去受奴役的人，但勞力短缺的問題仍然浮現，為了因應這個問題，英國殖民政府企圖設立工業與農業機構，並且在小學引進園藝和庭園種植的教學。但是此舉遭到如今獲得自由的人的厭惡和懷疑，他們終於可以按照自己的主張謀生，能夠送孩子去上學。他們將政府的舉動解釋為試圖逼迫他們和他們的孩子回去種植園，進一步鞏固白人作為「主人」的支配地位，同時剝奪工人努力爭取提高社經地位的機會，而他們目睹島上的資產階級獲得了這樣的機會。假如這些小學學齡兒童的家長聽說老師在校內教班上同學如何耕作，他們就會把孩子留在家裡，倘若這麼做的人數夠多，學校就會關閉。

這是個臭名昭彰的事實，可以用顯而易見的方式來解釋，在這塊殖民地上前學徒階級的人心目中，對於任何一種與他們從前的生活方式相關的工作都抱著強烈的偏見，只要有一丁點近似強迫的勞動就足以引發最明確的反感症狀。

因此每當有老師試圖教導孩子一些最單純、最容易、最不費力的園藝工作時，大多數父母都會提出強烈的抗議和反對。

一八四七年模里西斯教育委員會的第三次報告

模里西斯人看著某些人透過遵循英國殖民機構制定的準則獲得了一絲社會流動的機會，藉此得到權力和昌盛。因此在模里西斯就像世界上無數的其他國家一樣，他們的社會認為在田地裡勞動很卑賤，靠腦力工作則是最高的目標。

即使我確信自己知道答案，但我曾經問過我爸：「你對我放棄事業改去種植物有什麼看法？」

「呃，」他回答道：「當我們夢想著對自己孩子的期望時，並不是到外面的田地裡工作。」

這點我一直都很清楚。我父母做了選擇和犧牲，給予我哥哥和我他們所沒有的經歷和機會。他們想要為我們創造過著穩定美好生活的機會，並且為我們自己選擇那種生活的樣貌。他們覺得衡量我和他們身為父母成功的方法，是先獲得學位再從事一份專業、安穩、受人尊敬的職業。我在電視圈工作的時候，他們自豪地告訴朋友何時可以看到我們的姓氏出現在末尾的演職人員名單上滾過螢幕。現在我只是種菜，他們就沒那麼自豪了。「她為什麼放棄成功的事業？」他們互相詢問，不明白我為什麼要辭掉一份好工作，擔心我會後悔，擔憂我無法過像樣的生活。那一直是我爸爸最關切的事，他重視穩定勝於一切，除了在十八歲時放手一搏搬到英國外，他一直都是選擇風險最小的道路。

我想像他如果有幸獲得我擁有的這種機會，以他那樣的頭腦——能夠自學為房子重配電線、給新鍋爐裝上水管，修理海恩斯維修手冊適用的每一種車——如果可以的話，他應該會去上大學，成為某種工程師，或是受訓成為飛行員。但是與我不同的是，他會堅持做下去，就像他當護理人員一樣，每個月繳交養老金，盡其所能地儲蓄，以便有一天能夠幫助哥哥和我買間房子。他永遠不會想要放棄一份可靠的工作，即使他強烈懷疑辭職能夠帶給他真正的快樂。

「可是我從來沒有看過妳像帶我們去紐約的農場時那麼快樂。」我媽告訴我。那天我記得非常清楚，我在向他們宣揚我對那地方的熱愛，以及對於在那裡生長的蔬菜的著迷時，他們兩人卯足幹勁地除草收割，而我哥那一天都從那高處眺望河對岸的曼哈頓天際線。我想，他的發展更符合我父母的期望——有正當的工作、豐厚的薪水，還有即將誕生的孩子。

在這趟旅程的起點布魯克林農莊，我很快就體會到我們對於栽種食物的工作多麼不重視。夢想擁有深具意義、價值，或財富的未來的人很少會將栽種食物當成抱負。儘管種植食物是我們所做一切的基礎，卻遭到貶低詆毀，從我們的視野中消失。我們應當重視那些為我們栽種食物的人，但實則不然。我成年後第一次播種，看著播下的種子發芽生長，在一些由於我知識不足的情況下掙扎，然後在更符合它們需求的空間茁壯成長，我才察覺自己對植物的認識多麼地少；我意識到我人生努力的方向導致我越來越不了解自然不是外在的事物或背景，更不是無關緊要。我發現遠比自身大得多的強大體系，因鼓勵我們大家相信這工作會貶低身分而獲益，但是他們錯了，栽種食物比什麼都重要。

當我設法了解自己是什麼人，是什麼造就了我，稱一個地方為家是什麼意思時，我很肯定我的追尋總是會引導我走向大地。儘管我細思正是這份工作侷限了我的祖先，讓他們終生受到剝削時，我感到極為痛苦，但是對我來說這工作代表了一切。這份工作不可或缺、至關重要，並且是祖先傳下來的。藉由種植能夠養活人類的作物，我們從中找回尊嚴。

我小心翼翼地從手掌裡拿出每一顆小小的種子，用指尖輕輕壓入微濕的堆肥底下，在規律、徐緩地重複動作時，我看見自己跳著與祖先相同的祥和舞蹈。將充滿希望的種子放入熱情友好的土壤中是個微小的手勢，是溫柔的奉獻，支撐著人類度過最漫長的歲月，而且將會不斷地重複，直到我們不復存在為止。在邁向將這份工作視為屬於我的工作時，我知道自己正唱著和祖先同樣的歌曲。他們獻身給大地，為自己的家庭、社區、親人和土地服務，而大自然也將回報以同等的慷慨與付出。

無論之前的季節有多少挑戰，只要天氣一顯示春季到來的可能性，我就會立刻再拿出我的種子箱。每一顆種子都是累積了數個世代的授粉、繁殖、挑選、適應後的產物。無論我身在何處，每一顆種子都包含了我要重新開始所需要的一切。在種子的DNA中留有那些栽培每株植物的人的生活印記，還有種子從父母傳給孩子、從栽種人傳給鄰居，從朋友傳給朋友的方式；正是透過這種接續不斷的培育及分享，我們才有這項珍貴的遺產。栽種食物的工作也是一項珍貴的遺產，是我全心全意投入的事業。以前我曾經以指甲縫中有泥土為恥，現在我以骯髒的雙手為傲。

透過栽種食物，我看見在萬物間迂迴穿梭的絲線，見證了我們彼此之間如何緊密地相繫。從綠葉的呼氣到哺乳動物的吸氣，從花瓣展開露出灰黃色的雄蕊到毛茸茸熊蜂的輕輕一推。從花粉接觸柱頭到隨後的逐步轉變，細胞分裂繁殖成為徐緩膨脹的果實。從生長在看似難以置信的地方的植物，到幫助樹木互相對話的真菌，再到盛滿白米飯、炒青菜，或超辣紅辣椒的碗。

在南瓜和櫛瓜旁邊，我再次播下模里西斯黃瓜的種子，這一季我想要種植養育我的食物，屬於我家人的食物。小小的種子以側面放置，保持在溫暖舒適的溫度。我每天檢查種子的進展，很快地，一株淺綠的芽突破了堆肥表面，先是細長的一根，我一直等待著的這個小小瓜類的幼苗終於出現了。這是我爸提出要求的第三年，我第二次嘗試，也是它們第一次在我的照顧下生長。我準備打電話給爸爸，但是考慮一下還是作罷。我不確定這一株會不會存活下來。因此我默默、傻傻地流著眼淚拍了照片，等覺得有把握這次這顆種子會長大時再拿給他看。

第9章

最近天氣一直不穩定，持續怪怪的，直到昨天達到了雷電交加、大雨傾盆的最高點，壓力終於消失，我的頭也不再隱約作痛。傍晚太陽衝破了暴雨雲，投射出喜馬拉雅玫瑰鹽色澤的光芒。我發現自己在找尋這裡有哪些令人喜歡的特點時，看著太陽西沉到樹林裡，我朝西邊望去，看見雨過天晴後，最上層的樹枝間繚繞著一縷縷的薄霧。當天空變成紫羅蘭色、太陽尚未消失變暗之前，我感覺自己比之前來得從容。我越注意飄過的雲朵形狀、逐漸認識的野花面貌、順著迂迴小徑走向的古木乾枯的樹幹，就越覺得我可能會愛上這個地方。

嬌嫩的夏季植物生長得更快速了，它們在溫室裡過夜，我會用加熱墊和園藝用不織布緊緊地包住花盆來滿足它們的需求，從早晨到傍晚，我會把它們搬到外面太陽下休息，讓它們習慣微風的吹拂。我讓它們準備好適應在地底下、戶外，沒有我保護的生活。我將它們移來移去，轉向陽光，循序漸進地讓它們接觸沒有人悉心照料的現實生活，希望這轉變不會令它們震驚到無法應付。我還不相信它們能度過夜晚，因此我為這些橫衝直撞的南瓜作物在較大的花盆裡放了些新鮮的堆肥，讓它們可以在盆子裡長滿了根。

我們出發到村子裡散步，順著一條兩邊種滿開花的三稜韭蔥的狹窄通路往下走，走到一片放養牛群的丘陵牧場頂部。走過翻越柵欄的梯蹬和窄門，我們遵循鄰居的指引，沿著公用人行小徑來到一小塊寂靜的林地。一旦走進林中，陽光從樹冠的縫隙照射下來，樹葉的剪影在舞動的光線中表演，指引我們穿越樹林的路。一隻飢餓的啄木鳥在我們上方發出激烈敲打的聲響，但是在正午刺眼的陽光下無法瞧見。最近我們更常前往樹林，想要看著春天邁入初夏，我們走了一圈，走到遍地都是長著紫色尖頂的歐洲筋骨草的田野，經過一棵從下到上都裝飾著梯狀真菌的樹，再穿過寵物墓園。我們在一排排紅磚砌成的迷你墳墓間來回走動，有些墳墓有數十年的歷史，我們大聲唸出墓碑上的名字。

「帕奇。小雪。埃及豔后。巴斯特。拉奇。」

「說不定我們會找到一些好名字來叫我們的雞？」我半開玩笑地建議。

所有名字都明顯得有貓或狗的活力。就我所知，沒有鳥兒，而且毫無疑問地沒有雞，埋在這裡安息。我們把思緒轉回自己身上，沿原路折返回家，散步的人越來越多，其中大多數的人都是帶著狗出門，他們向我們走來，不過按照政府指示保持距離。每一個人走近時，我都試著預測他們是否友善。我決定無論如何都向他們打招呼，或是讚美他們的狗，藉此炫耀自己的標準口音，希望我可以先發制人，消除他們對於我的存在的疑慮。為了融入，長久以來我一直不大自在地試圖表現得和藹可親一點，大多數時候這麼做的確奏效。今天我們經過的每個人都禮貌而友善，有一位說天氣棒極了，另一位開玩笑地抱怨穿錯鞋子來散步。我們在村裡的市民農地旁停下腳步，打探種在那裡的是什麼，我們和一個租用市民農地的人閒聊，他慷慨地送我一口袋多年生的羽衣甘藍插枝和一簇沾滿泥巴的細香蔥，好種在我們的園子裡。

我們朝另一條小徑走去，一個穿著運動服的男人靠在他家前面的門柱上，向我們揮手問好，經過時的點頭致意變成了閒聊，起初還滿愉快的。我們告訴他我們剛搬來這個村莊，正在試著了解這個地方和這裡的人，儘管全國進入封鎖狀態。我想要避免談論疫情，因為新聞持續不斷而且令人沮喪，我們散步就是為了喘息一下。但是事實證明根本不可能把他引開，談話只手煞車轉向了一次，他就開始大談生物戰與恐怖主義，以及這病毒是提醒我們認清中國、俄羅斯、北韓、伊斯蘭教對西方世界造成威脅的警鐘。我無法判斷他是不是認真地把伊斯蘭教當成一個國家，我也不打算問。我努力控制面部表情，使勁捏了捏山姆的手，讓他知道我不能接受。我先前曾咒罵過自己老是為了氣氛和睦而微笑、遷就，跟著別人一起笑，現在我又來了，真希望自己在談話走偏之前已經找了藉口離開。試圖融入的問題是有時候效果太好，人家以為你同意他們的偏執和陰謀論。

我不知道該說什麼，因此默不作聲。我不打算在這人的大房子前面大吵大鬧，冒險讓全村的人聽說當地新搬來、最引人注目的居民對社區裡備受愛戴的成員失去理智。我讓山姆找個藉口，我們默默地走開，匆忙地走到他聽不見的地方。他伸出手臂摟住我的肩膀，彎下身子低聲說：「那到底是什麼鬼？」一直到走到自己家門口我才放開他。

法靈頓勛爵：「諸位大人，請容許我請教以我的名義在議事日程表上提出的問題。（問題如下：）請問女王陛下政府他們接收到哪些模里西斯遭受破壞程度的最新消息，尤其是，有多少間房舍和小屋遭到摧毀，有多少百分比的糖類和茶葉作物遭到破壞，以及（政府的）茶廠所遭受的損害是否會造成本季無法運作，最後是估計損失的價值是多少。」

議會議事錄，一九六〇年三月十七日

卡羅爾旋風襲擊模里西斯時，他五歲、她六歲，許多人住在稻草、木頭、和波狀鐵皮搭建的屋子裡。旋風季節每年從十一月開始，雖然有些年強風暴雨停留在海上，順著不登陸島嶼的軌跡離去，但是那一年並非如此。

所有人都在驚慌中預做準備，在旋風來襲前盡可能保護好一切。他和家人住的那間房子剛建好不久，比大多數房子來得牢固，因此他們向村裡所有擔心自己家無法承受即將到來的災難的人敞開大門。他父親把船移到海灣，祈禱船隻在那裡會平安無事，然後拿起最粗的釣魚繩拋過他們家屋頂，牢牢地繫在他們所能找到最大的巨石上，然後盡可能將門窗固定好。屋內地板上躺滿了人，大家徹夜未眠，聽著時速一百六十英里的狂風呼嘯和雷鳴般的暴雨，樹枝和脫落的波狀鐵皮飛了過去，砰然撞上沿途碰到的所有東西。

他們聽說旋風即將來襲時她母親正好生病。在城裡的家不夠安全，因此她和三個姊妹與父母親立刻離開，什麼都沒帶地前往波巴辛，在那裡他們可以和父親的姊妹一起避難。不過他們得到消息說這次的旋風是歷年來最嚴重的，便開始擔心姑姑的木屋也無法保護他們。於是在風逐漸增強、雨開始落下時，他們動身前往另一個親戚家，他們的房子是用混凝土建造的。強風的力量實在太大，使得她瘦小的雙腿無法跟上，因此她父親將她抱進懷裡帶她到安全的地方。一旦進到混凝土建築裡夠安穩了，她就一覺睡到天亮。

旋風過去後，太陽在晴朗蔚藍的天空中顯得格外的明亮，每個人都出來檢視災情。許多房子都有缺損，有些少了屋頂，還有些被夷為平地。樹木遭連根拔起，道路上的低窪處全都淹了水。不過他們和所有的孩子一樣，興奮地撿拾掉落地上的水果，芒果、椰子，還有龍眼——他們希望能夠撿到——假如在風吹來之前還有一些在生長的話。在孩子們吃水果吃得手和嘴巴都黏糊糊的時候，大人用椰子掃帚清掃碎片，並且計畫重建失去及毀壞的一切。

殖民地事務國務大臣（柏斯伯爵）：「諸位大人，於二月二十七日、二十八日襲擊模里西斯的『卡羅爾』旋風是該島有史以來最嚴重的一次災難。傷亡人數超過一千七百人；四十二人死亡，九十五人重傷。摧毀或嚴重損壞的建築物和小屋超過十萬棟。島上六十萬的總人口中目前有將近七萬人在難民中心。」

議會議事錄，一九六〇年三月十七日

側門撞擊屋子的聲音驚醒了我，是風又回來了，還開始重新布置花園。我本來希望我們已經擺脫了毫不停息的風，但是風跟隨我們從冬天到春天，一路進入夏天。前幾天我將菾菜和甜菜根的幼苗搬出來，這些是埋入地裡的第一批，這批幼苗有兩組真葉——富有光澤的翠綠及黃紅雙色——雖然有點偏小，但是我相信它們在外面會更滿意。倘若萬不得已，它們應該可以撐過一、兩個寒冷的夜晚。可是現在我看著柳樹宛如風向袋似的飄蕩，我不知道等天氣穩定下來時，這些幼苗是否還會剩下。狂風吹得屋頂瓦片劇烈震動，從樹枝上扯下一把把春天的新葉，讓葉子不斷地打旋形成龍捲風，再帶到別處堆積。這風一直令人擔憂，雖然屋子本身感覺很穩固，但我擔心風是這地方的特色之一。或許是我們的位置處在半山腰，沒有任何屏障可以阻擋從前面或後面來的惡劣天氣，讓我們暴露在這些顛覆我的知識、嘎嘎作響的強風中。

等狂暴的天氣平息下來，留下了涼爽、晴朗的日子，我冒險走到寂靜的屋外查看損害情況。所有的植物看起來都有點損傷、歪向一邊，不過除了最新長出、最高的蕨類植物葉子被折斷，剩餘的葉子看起來好像燒焦了之外，大部分都完整無缺。一個赤陶土花盆砸碎在礫石上，地上到處散落著細枝、樹枝，和紫藤花的紫色花瓣。不過菾菜和甜菜根仍然挺直、沒有受到影響，它們高度很接近地面，似乎逃過了最糟的情況，要說有什麼不同的話，大概就是為了生存變得更強壯了。

上星期氣溫下降了一、兩次，帶來了降晚霜的徵兆。這是一年的生長季節中以不穩定著稱的時候。白天暖和而令人鼓舞，但是仍有可能一到晚上氣溫就降低，提醒這裡的天氣多麼善變，而我們對此沒有什麼發言權。我們無法確切知道最後一場霜凍何時會到來，最多只能根據經驗估計。你根據去年的記憶以及對於種植地點的了解來估算，從希望最後一場霜凍可能發生的日子往回推算，照此時間在有遮蔽處播種：四到六或八周之前，假如種子發芽時你能提供足夠的光照的話，甚至還可以更早。

然後你看著這些嬌嫩的植物在窗臺上和天窗下生長，保護它們不受寒風吹拂。你將紅花菜豆、番茄、南瓜保留到絕對、百分之百地確定（祈禱）幼苗能夠獨自熬過黑夜為止。我不了解這個地方，也不知道一年前最後一場霜凍何時到來，不過氣象預報看來很有希望。番茄的莖很粗大，可以栽種了，櫛瓜與黃瓜也已經長得超出盆子一段時間。這向來是一場賭博，不過我敢說（準備好隨時抓起園藝用不織布）從現在開始這些植物在土裡過夜應該很安全。

較早種的瓜類看起來有點細長，我擔心它們太虛弱在戶外無法長得好。較晚種的植物的情況就好得多，後期播的種往往因陽光強烈、白晝溫暖而迎頭趕上。上星期我們用舊的瓦礫袋裝滿了十年之久的馬糞，這些馬糞在朋友家附近堆了一大堆，在那裡的時間久到長出幾乎和我一樣高的蕁麻，讓我們知道這個馬糞堆營養豐富。我們在厚厚的一層堆肥中挖了一個洞，將一小鏟子的舊馬糞扔進緊密的薩塞克斯郡黏土裡。我用手指固定住莖，把番茄、南瓜、黃瓜、櫛瓜一一倒進手裡，鬆開根部插入土中。我小心但堅決地把莖周圍的堆肥夯實，將嬌嫩的幼苗交給大地。

回到屋內我就去檢查培育箱，一天要查看好幾次。這是唯一不受多變天氣影響的地方，在培育箱裡我正在試著為母親種植秋葵。儘管她不情願地承認自己的廚藝不大好，不過她熱愛秋葵而且煮得非常好。因為她，所以我即使在幼稚愛挑剔的階段也喜歡秋葵，在其他人嘲笑秋葵的口感時我會為其辯解。我從來不知道我媽的作法，但是她的秋葵料理一點都不會黏糊糊。

四月初，我先把種子浸泡在溫水中，然後播下了第一輪的種子。我知道發芽可能需要長達二十一天，因此等了好幾星期才失去耐心，將堆肥從盆子裡倒入手中。我仔細地尋找發芽的種子，但是只有溫暖、潮濕的堆肥和隱約的腐爛氣味。當天我又試了一次，這回決定不浸泡種子，可是這些種子也拒絕萌芽，選擇保持完整無缺如頑固的小石頭般。但是在第三次嘗試用最後一批種子時，我用收割刀的刀刃緩慢且嚴謹地劃過堅韌的種皮，小心不傷害到芽眼，也就是嫩芽冒出來的地方。只浸泡大約一小時之後，我像先前一樣種下種子，一面覆蓋上堆肥一面喃喃唸著充滿希望的話。其實秋葵寧可在模里西斯生長，或者是可以追溯到的秋葵起源，在今日的衣索比亞；任何熱帶、亞熱帶，或者溫暖的溫帶氣候的地方。似乎任何地方皆可，除了這裡以外。

不過我敦促這些種子要大膽挑戰，無論如何都要在這片土地裡扎根。我懇求它們努力生長，希望它們去找尋太陽、占據空間，積聚綻放所需的能量。我滿懷希望這些種子將會找到將花朵變成種莢的力量，然後總有一天會有足夠的量扔進我媽翻炒蒜薑的鍋子裡。今天，短小的綠色莖上終於長出第一批蛤蜊殼般的小葉子，隔天我發現又有三株幼苗冒出來，加入了第一株的行列。我試了三次才種出這四株幼苗，有四次機會可以炒出一盤秋葵。

一群長尾山雀在一叢高大的冬青樹枝間跳動。我們在近旁一棵樹後面，靜靜地看著牠們嘰嘰喳喳、戲耍地飛來飛去——短而翹的鳥喙、淡紅的肚子、渾身毛茸茸，令人難以置信的長尾巴和出人意外的吵鬧。我們回到上次那片樹林裡，設法確保匆匆經過那人的屋子，最近我的心又沉重了起來，在這些高聳的鵝耳櫪及灑在蕨類植物覆蓋的林地上的斑駁陽光中尋找庇護。

最近幾天我一直在努力避開網路上流傳的一段影片，那段影片長九分鐘，顯示了一位與我父親同名的黑人的臨終時刻。但是我看了另一段影片，片中一名婦人因為一位黑人賞鳥人指出她在中央公園犯的錯而報警，我花了很長的時間思考他可能多麼輕易地得到相同的下場——被人用膝蓋壓住脖子直到他再也承受不了為止。那女人語調轉變的那一刻縈繞在我腦海中，她利用我們都知道警方會優先考慮誰的安全這一點，裝出好像身在危險中的聲音。她的聲音在我的腦海中迴盪，讓我無法平心靜氣地散步。

這裡很安靜，但我的思緒卻不平靜。她必定知道在那塊為野生生物保留的自然之地，她的存在比他更為自然，而且儘管她違反規定解開狗的牽繩，任狗到處亂跑，她還是可以把自己的身分當成武器來危害他的安全。這提醒了我，無論在哪裡，即使是在尋求野外的寧靜時，我們的平靜都可能遭到剝奪，而且這不是我們可以決定的。這也提醒了我，即使在世界上極為多樣化的城市當中——我在那個城市生活了四年，也經常去那座公園——自然界仍然是白人的領域。雖然經過多年的奮鬥我回到自然界的懷抱，但是不知怎地我出現在那裡，在最好的情況下是被認為不協調，在最糟的情況下則是被認為很可疑。今天我在樹林裡無法感到平靜。

我寧可將那個事件歸因於個人的偏見，這麼想會輕鬆多了。但是這事情更為陰險、深沉、有害，不光是一個女人的行為。這事件讓我聯想到有很多時候我都是綠色空間裡唯一的有色人種；園藝語言中充滿了對他人的輕蔑；在種植蔬菜時我不得不咬緊牙關對抗輕率的種族歧視；在這一行裡很少長得像我這樣的專家和老師。殖民主義和帝國主義深植在園藝和農業的歷史中——「獵取植物」、生物探勘、在壓榨的營利企業中將植物重新命名當成武器，卻很少被提及；新納粹分子已經選定保護環境為其重要的目標，圖謀的是保護他們宜人的綠地，不讓那些他們認為不屬於那裡的人侵入——像我這樣的人。這個事件揭露出許多組織與暴力、歷史和不公不義、強制遷移和摧毀，這些都是我感覺和自然界脫節的核心因素，也是為什麼我要回到自然的懷抱是場艱難的戰鬥。

那段影片只有一分多鐘長，但是我看見了一整個權力與殘酷的世界。這個時間軸可以回溯到數十年甚至數百年以來，一個民族遭到脅迫控制、排斥詆毀。這龐大而糾結的剝削與歧視的歷史給我們許多人留下父母、祖父母和祖先的傷痛，讓我們離開祖國、遠離野外環抱的家園。每當我們嘗試就會危及自身，我們並不安全。我們是古怪的異類，不得不背負著身為外人卻想要在充滿敵意的環境中為自己創造空間的心理負擔。

最終長尾山雀飛走了，四散開來消失在林子中。我們繼續前進，順著小徑逆向行走，好讓路徑感覺很新鮮。今天我們在樹林裡見到的第一個人，是一位戴著巴拿馬草帽的高個子男人，年紀是我們的兩倍，他正朝我們走來。穿過林子的小徑非常狹窄，為了符合新的社交禮節，我們知道我們其中一方必須讓路給對方通過。他並沒有停下腳步，因此不想失禮的我就從小徑跳進泥濘的溝渠裡。我主動打了招呼，站得稍遠的山姆也問聲好，他向山姆點頭回禮，卻陰沉著臉地側身對我。

這只是微小的動作、難以清楚辨認的表情，卻是選擇了回應山姆而不回應我。這幾乎微不足道，但我以前見識過。眉頭深鎖然後轉過臉去。無聲但熟悉的輕蔑擊中了我，感覺非常尖銳。這表情的能量類似於我踏入鄉村酒吧時那些常客的無聲審視，或是在我欣賞她美麗的花園時猛然打開小屋門的惱怒老婦人，當我匆忙地走開，她憤怒的目光還緊追著我。我對這種表情再熟悉不過。在過去，這是麻煩的第一個徵兆。我低頭看著自己踩在泥中的雙腳，一個擦肩而過的怒容就足以讓我的身體想起沒有安全感，感覺危險、暴露在外，並且繃緊神經準備面對接下來可能發生的情況是怎麼回事。

這種憂鬱和惴惴不安留存在我疼痛的骨頭和破碎的心裡，我隨身攜帶著這種沉重的感覺，這偷走了歡樂與安寧的小賊。這傷口才癒合了一半，卻又被故意威嚇的眼神、一句輕率的評論、一個探聽的問題、伸向我頭髮的雙手，或是公然的侮辱給重新撕開。我繃緊神經準備好面對這其中任何一項。即使是肉眼看不見、最微乎其微的動作都足以讓我退縮、壓力荷爾蒙上升，準備逃跑。我的身體要保持在準備戰鬥的狀態，幾乎就像終於擊出一拳那麼費勁。這情況是發生在新聞中、網路上的影片裡，或是面對面的時候，我的身體似乎並不知道有什麼差別；當你這麼說他們，也就是在說我。讓我和他們不同的是薄薄的一層好運，幾乎保護不了我的心。我厭倦了多年來的忍受，多年來我內心感受到別人所受的傷害撕裂了我的肌肉組織，讓我失去了耐心。

圖道杜斯，一九六三年

他的膚色比兄弟們淺，因此他們叫他黑白混血兒，說他肯定是送奶人的兒子。他當時並不知道，不過他父母對待他的方式和對其他的兄弟姊妹不同，因為他們對於他長大後的發展寄予厚望。他在學校用功讀書，因為那是大家對他的期望，不過也是因為他很聰明而且意志堅定。他在課堂上說法文，考試時用英語寫考卷，在操場上用模里西斯克里奧爾語和朋友閒聊。他是個好學的孩子，不過也很頑皮。捉弄朋友，在兄弟面前裝出大膽的樣子，假如他成為他們惡作劇的受害者而哭泣，那麼眼淚帶來的寬慰永遠抵不過緊隨著他的無情嘲弄。放學後他會穿過甘蔗田跑回家，口袋裡裝滿了從野生樹上摘下來的番石榴。

在家裡總有工作要做，不過他最喜歡的家務是為八個飢餓的肚子煮晚餐。他會用些香料，煮出羅格醬章魚、炒麵，還有咖哩魚配飯，因為他爸爸總是帶魚回家給家人吃。除了冬天，由於海象險惡，他爸爸整天都在修補漁網上的破洞，他們則吃鹹魚來代替。

他們在圖道杜斯的房子後面有座花園，但是園中並沒有很多植物。除長了幾棵柑橘樹外，沒有多少別的植物。要是土裡有任何植物，他們養的動物就會把那些植物吃掉，因此他們從來沒有真正費心試著去種植。他和兄弟會被派到附近的河岸邊為家裡的豬收集飼料。他砍掉一些枝葉後挖出塊根，小心翼翼地裝進粗麻袋，從剛砍下的莖上滲出的腐蝕性汁液會灼傷小男孩的皮膚。

星期天他和兩個兄弟會划船到塞爾夫島，砍一棵樹當木柴。他們先把樹木鋸成塊狀，再將木材扛在肩膀上，搬到在岸邊木麻黃下面等著的船隻上。等到把船划回對岸後，再將木材一一拖回山丘上的家，及時趕上一頓稍微遲些但令人感激的麵包與醃漬蔬菜的午餐。他們會劈開木材用來生火燒水，煮那些為豬收集的塊根。他們一大清早就伴隨著小公雞的啼聲開始工作，直到太陽通過最高點才收工，有些家務要花上大半天的時間。

他母親總是知道家中母豬何時最容易受孕。他會把繩子綁在母豬的脖子上，然後在兄弟的幫忙下，勸服牠順著路走去和鄰居家等待著的公豬「共度時光」。不知怎地那隻公豬也知道，會站在圍籬邊等候牠的到來。三個月後就會有一窩新生的小豬要照顧，直到賣給村裡想要豬的人。過了這麼多年，他仍然記得豬隻被宰殺時發出的聲音，每當有人給他豬肉，他都會回想起那令人心痛的尖厲叫聲，於是禮貌地拒絕。

我腿上的紙箱安靜得可疑。我把紙箱抱在腿上，以便在車子遇到高低不平的路面時保護牠們。我們關掉收音機、保持靜默，希望能聽見牠們小小的聲音，但是牠們始終一聲不響。牠們沒有我想像的那麼重，要不是我看著農場的人把牠們放進這個箱子裡，會忍不住想要查看箱子是否是空的。

建議是盡快把牠們放進牠們的屋子裡，讓牠們待一、兩小時後再打開門放牠們出來，理論上，這應該可以教會牠們該到哪裡睡覺。山姆抱著箱子站在雞舍撐起的蓋子旁，我小心翼翼地打開箱子，以為牠們一看到日光就會逃出來。但是牠們一動也不動，四隻全擠在箱子的角落裡，如果雞可能露出擔憂的模樣，看起來就像牠們這樣。每一隻都長得不同，一隻黑白相間、一隻有灰色斑點、兩隻薑紅色：一隻顏色較深，另一隻顏色較淺、有白色斑點。牠們縮成毛茸茸的一團，來到這個陌生的新地方非常緊張，我確信牠們就連一分鐘都不願意分開。

我快速但溫柔地把牠們從箱子裡拿出來，用雙手包住牠們的翅膀，放進雞舍。牠們比我預期的要小隻，在兩手間顯得更小，感覺好像幾乎一點分量也無。牠們大約十四周大，介於小雞和成年母雞之間，在接下來的幾個月裡，牠們會長得越來越大、越來越毛茸茸，然後開始下蛋。山姆關上蓋子後，牠們立即奔向彼此，依偎著縮在角落裡，毛茸茸的身體再度互相緊貼在一起。

這四隻鳥兒是我第一批「真正的」寵物。我家人不是喜歡寵物的人，他們唯一允許我帶進家裡的生物是一條裝在塑膠袋裡的金魚，那是我在馬路盡頭的露天遊樂場上贏來的。那條魚非常小，大概和八歲的我的小指頭一樣大，我把牠取名為安珀。安珀沒有活很久，當我爸發現牠失去生命、在魚缸裡漂浮，立刻派我哥騎腳踏車去寵物店買一條來代替。新安珀長得比較胖、比較長，有漂亮的扇形尾巴，不過我很好騙，輕易地相信了他們的說法——嗯，魚有時候長大了就是會改變。我很喜歡那條魚，心甘情願地在浴室洗手臺裡清理魚缸，並且向牠伸出手指，當牠吸吮我的手指查看那是不是食物時，我就開心地大笑。要不是我哥使出致命一擊說出原版安珀的死亡真相來贏得爭吵，他們的欺騙應該不會曝光。我的魚缸裡有條冒牌貨，我永遠無法原諒牠，因此當安珀二號死掉的時候，我氣到沒有找新的魚來替代牠。

今天天氣溫暖，我不想把雞關在裡面太久，而且我很興奮地想要正式和牠們見面，看著牠們探索新的雞籠。我想要讓牠們熟悉這個地方，適應我們，但是我打開了門，牠們卻不肯出來。牠們繼續一起蜷縮在角落裡，看起來對我們心存懷疑。一會兒後那隻黑白相間的大步走出門外，順著斜坡滑下，猛然降落到地面。牠四處啄來啄去，繞著餵食器走動開始探索，其他幾隻則仍舊待在裡面。牠是領袖，我確信也是這群當中最有自信的，我們一致同意以牠的魄力和美麗，牠已經選好了自己的名字，從那時起，我們就稱她為葛蕾絲．瓊斯[14]。在接下來的幾小時中，其他三隻都仿效葛蕾絲冒險走出來，不過選擇躲在雞籠的另一邊，逃避兩個想要透過學雞叫、餵牠們麵包蟲來向牠們示好的蠢蛋。嘗試了一陣子後，我們不再管牠們，讓牠們在沒有觀眾的情況下逐漸習慣這個地方。

我收割了一把芝麻葉和滿滿一碗的萵苣葉，然後在靠近雞籠的地上鋪了一條毯子，我們就坐在那裡吃晚餐。我們看著蝙蝠在頭頂上飛來飛去，在暮色中捕食飛蛾，直到九點太陽消失為止。這是漫長的一天，小雞們擠成一堆坐在地上；牠們不記得應該到哪裡睡覺。我們撿起牠們昏昏欲睡的小身體，輕柔地放入巢箱，儘管牠們緊張不安，唧唧叫了一下抗議受到打擾，不過牠們累了，因此也就順其自然。隔天晚上，天色漸暗時，牠們就自動飛進雞舍睡覺了。

第10章

隨著每天早晨我來這裡為牠們開門、送食物給牠們，小雞們似乎沒那麼介意我了。剛來這裡的頭幾天牠們對我敬而遠之，在緩緩走向餵食器時總是緊盯著我。我確信牠們可以察覺到，我多麼渴望牠們能夠像我已經深愛牠們一樣地愛我。牠們逐漸變得比較有自信和冒險精神，飛到最高的棲木上、互相追逐，今天牠們忽視我直接奔向早餐。牠們仍然懷疑我發出的咯咯聲，也不相信我坐在雞籠裡學母雞輕敲地面教牠們到哪裡去找食物。這一切都是為了獲得牠們信任的徒勞嘗試。牠們其實不會咯咯叫，我不知道以後是否仍會如此，牠們輕聲地唧唧叫互相聊天，不過還沒

14. 八〇年代的迪斯可女王，開創雌雄同體風的始祖。

有與我交流。

儘管如此，牠們的性格變得越來越明顯確定，雖然我依然無法辨別誰排在啄食順序的第一位。有時我認為是艾倫，牠專橫而好鬥；有時我覺得是葛蕾絲，大家依舊跟隨牠的領導。蒂可兒的名字是我爸爸出於他對我媽的愛而取的，牠是排中間的難纏小孩，不大會吵吵鬧鬧，不過假如牠認為自己拿到的比應得的分量少，就會準備把另一隻母雞擠開。而咪咪，這隻可愛的小東西，牠是個混合了害羞、緊張、茫然的無用孩子，有時候其他三隻都走開了，留下牠呆呆地凝視前方，沉浸在白日夢中。等牠發現自己落單，就會發出刺耳尖叫、拍動翅膀逃走，拚命地尋找姊妹們。

我不知道牠們是否有血緣關係，不過牠們是在同一群中一起長大，因此彼此形影不離。即使覺得對方令人厭煩，牠們還是寧可待在一起。牠們會聚集在一起好幾個小時，把頭埋進翅膀底下，用喙拉扯羽毛。我有時會看見牠們互相輕啄整理羽毛；每天晚上，牠們都會像剛來時那樣，一起擠進為一隻雞準備的巢箱中。

到目前為止我只有勇氣種植一年生植物，還沒有決心自己栽種任何多年生植物，不過萬幸的是前花園裡種滿了多年生植物，盛開著洋紅色的耐寒天竺葵，以及深紅色、紫羅蘭色的水楊梅和鼠尾草。羽衣草如天鵝絨般柔軟、有凹槽的葉子及泡沫般的萊姆綠色花朵覆蓋著地面。淡紫色球狀的蔥屬植物高高挺立，野草莓結了小小的果實，小紫苑屬植物開滿了白色與粉紅色的雛菊，爬出了花圃的邊緣，在小徑上嬉戲。葉與花緊挨著生長。這片土壤裡已經存在的美麗與富饒令我心存感激。

第一批紫色與粉紅色的蘿蔔嚐起來辛辣、令人充滿活力；第一批萵苣和菾菜嫩葉做成的沙拉美味可口、令人滿足。這些菜園裡最初的收成讓我相信我對於待在這裡喃喃自語的疑慮可以消除了。當擔憂浮上表面時，我將香草園圃裡新鮮的馬蘭扔進炒大蒜和洋蔥的鍋子裡，用撫慰人心的香味來平息疑慮。但是無論我多麼努力，我仍然無法擺脫那段影片給我內心帶來的緊張不安，也無法忘記樹林裡的那個男人。

我需要療癒的活動。我坐到冥想坐墊上，可是我的煩亂需要一些有形的東西來恢復信心。我一整天都和土壤為伍，我清除掉即將種植番茄的園圃裡剛萌芽的小雜草，將蒔蘿和向日葵移植到室外，幫最小株的番茄換盆，播下四種不同的豆類及下一批櫛瓜的種子。一共有兩種，一種近乎黑色，另一種是帶有條紋的淺綠色。第一輪的櫛瓜和黃瓜的莖如今長得十分粗壯，深綠色的皮硬而結實。我將成簇的紫羅勒分開，給它們更多得以生長的空間和堆肥。我今天需要花園，需要花園的保護與保佑，我喝下大量花園提供的藥，這些活動深具意義。我將植物輕輕往前推，讓花園繼續發展。

這工作讓我平靜下來，轉個不停的思緒不再那麼狂亂。我覺得有股想要說點什麼的衝動，但是網路上的往來、簡訊和社交媒體的貼文一團混亂，搞得我身心俱疲。我在陽光下暫停下來，等著思緒沉澱，試圖聽見我認為自己想說的話。我想要描述的是，為了得到別人的安慰與認可，我一直粉飾自己、轉換語言，我對於我學會變得接近白種人，好讓自己看起來比較可接受而感到厭惡。我想要解釋的是，覺得自己被阻擋在這裡的自然界之外，因為我感到自己在這個國家不受歡迎，內心深處清楚知道我不屬於這裡。

我想要說的是，在鄉村生活感覺像是一種反抗的行為，是為了改寫我所相信什麼樣的人能夠在這裡謀生並稱之為家的故事。我想要說明的是，栽種植物的工作對我而言非常重要；這工作從外而內改變了我。我想說的是，我所進入的這個植物的世界並沒有免於社會的偏見，而這世界的過去和現在跟殖民主義與帝國主義纏結在一起的事實，我幾乎每天都要努力克服。現在我想要大聲說出多年來憋在心裡的話：我要代表我祖先拿回這份曾經壓迫過他們的工作。我知道他們在遭到竊取、剝削前就是靠耕種生活，我要培育這片土地以紀念他們在自由時的身分。我想要說些話揭露我所繼承的創傷以及我被賦予的力量。雖然我永遠不會知道他們的名字或故事，但是當我跪下來觸摸泥土時我都把他們帶在身邊。

因此我寫了下來，並加上了〈我不屬於這裡〉的標題，接著按下「發布」，然後關掉電腦走開。

接下來的幾個小時我都待在外面，遠離手機。我不確定自己比較害怕哪一點：是大家看到我分享的文章，還是他們忽視那篇文章。我想我最怕的是聽到以前聽過的那些話，那些抹殺我並且讓我想起我如何抹殺自己的話：「我不認為妳有什麼不同，我沒把妳當成黑人。」我從老朋友和新朋友那裡都聽過這種話。說這話的人有認識我多年的，也有一點也不認識我的。我了解他們想要說什麼，但是這和我需要聽到的正好相反。他們想向我表明他們認為我們是一樣的，可是我想要向他們保證我們絕對不同。他們的本意是把這話當成稱讚，但是相信我，結果恰恰相反。

說你沒有看見我身上再顯眼不過的部分是在告訴我，你沒有、你不能、你不會看到完整的我。你不會看到造就我的一切。你寧可讓我變得扁平，讓我更容易應付，但是你這麼做是為了你自己，不要告訴你自己這對我有好處。說你沒有看出我的種族是叫我要安靜。你不認為這是什麼大不了的事，所以就不算一回事。倘若你看不見，那麼我也應該看不見，因此我的掙扎也應當如此。這告訴我，我為了融入而扭曲自己，毀掉一個身分的基本要素，再以另一個身分為中心來塑造自己。我完全融入這裡是了不起的成功，也是糟糕透頂的失敗。我因此失去了很多東西。最重要的是，這告訴我，我並不像自己認為的那麼坦率，我沒有勇氣，我對一些自己在乎的人隱藏自我。我在我選擇的關係中丟失了自己重要的部分。我參與了對自己的抹殺，讓你接收到對我說「我沒有看出妳的種族」也無所謂的訊息。好了，現在真相大白，我祈禱我再也不必聽到那種話了。

我遠離網路足夠長的時間，以確保就算想要收回那篇文章也辦不到。我躺在草地上仰望天空，沒有遮住眼睛，頭頂上的柳枝從綠色變成黑色的剪影。我看著柳枝輕輕擺動，然後閉上雙眼看見眼皮內側的顏色，呈明亮的黃白色與寶石紅。我的內部隱隱作痛，叫我收拾書、鞋子、種子箱等所有的東西，回去倫敦——中止這個實驗，回到最了解我的地方。但是倘若要那麼做，我就不得不放棄已經種植的植物，還有才剛來的小雞，而且得向自己和所有人承認我想不出來在這裡要如何成功。可是我已經讓園子運轉起來了，植物逐漸在這片土地生了根，小雞一天比一天長大，膽子也越來越大。我在不穩定的情況下栽種植物，很快就會結出果實；黑醋栗正在逐漸變紅。

每一次呼氣，我都察覺到身體正在下沉，往大地的方向移動。我正融入黑暗、土壤、石頭和黏土之中。我既沉重又輕盈，消失在地底下，加入根與生物，以及穿梭其間連結一切的菌絲體的絲線中。我四分五裂地散落其中，被拉下去又支撐起來。我就是土壤，土壤就是我。我們合為一體。同樣的岩石，同樣的木質素，同樣的碳與太陽、水和月光。遠處雲層變暗，帶來暴風雨即將來臨的希望。我希望狂風暴雨、變幻莫測的天空向我飄來，我渴望大雨落下；大地乾渴，我也是。

前幾天，我聽了一段園藝家的訪問，提到他們在鄉村的成長經歷時，他們說：「你的家鄉就是你的起點。」這是一句不經意的評論，描述他們無論走到哪裡，早期對植物的愛好都一路跟隨著他們。聽到這些說得彷彿是普遍真理的話，我的心往下一沉。如此宿命論的想法陳述得好像毫無爭論的餘地。倘若你的家鄉是個令人苦惱或者無聊、陰鬱的地方怎麼辦？你是否就注定要苦惱、無聊，或陰鬱呢？如果一個人「來自哪裡」是個無法直截了當地回答的問題呢？對我而言，住在這裡的鄉村，我需要相信有可能改變與轉變，相信假如我們不認同自己成長的地方，我們可以學習感覺新鮮、真實的生活方式。我需要相信佛教老師教導我的：存在的自我沒有永恆不變的。

我在格洛斯特郡時，每次只要使用一個詞語或是描述某個他們以前沒聽過的東西時，和我一起工作人經常會問：「那是都市人的說法嗎？」我覺得其中隱含的訊息是，我有些事情他們無法理解，因為對他們鄉下人的腦袋來說，我太過都市化了（解讀為：黑人）。雖然我選擇相信他們沒有惡意，但是那句小疑問讓我更加堅信鄉村生活永遠不適合像我這樣的人。

在我們決定這次搬家前，我經常仔細地思考這個決定需要付出什麼代價。我在腦中列出這麼做的話我會獲得什麼，一旦到了那裡可能會出現什麼問題，我花費好多個小時在幻想中擬訂假設的計畫，假定萬一無論我多麼努力，一切還是破滅了，我要如何才能回到城市。在大膽嘗試之前，我們盡可能常去造訪，探索這個似乎在召喚我們的地區附近的小村莊和礫石海灘。每當看見外貌和我們有點相似的情侶或夫妻，我們就會用手肘輕推對方的肋骨，希望他們是住在這裡，而非像我們一樣只是來遊覽的。

統計資料證實了有色人種比較可能住在城市裡的想法。百分之十七生活在英國鄉村地區的人口中，只有百分之二點四的人不是白人，那相當於總人口的百分之零點四二，一旦分布到這片土地的鄉間各地，有色人種的人數並不是很多。以這麼稀少的人數而言幾乎沒有什麼安全感。

在群體裡比較有安全感，因為不會一直覺得引人注目，而且大多數時候都能看到長得與你和你家人相似的面孔。這就是為什麼我成年後大部分時間都住在倫敦和紐約。然而有證據指出城市化的生活，也就是充斥著混凝土與玻璃、缺乏夠多的綠色空間的生活，所帶來的摧殘正日益增加。城市生活雖然在許多方面都很豐富，卻與較高的心血管和呼吸道疾病的發生率，以及罹患憂鬱症、廣泛性焦慮症、精神病的風險漸增有關。

我從青少年時期開始，設法度過憂鬱症和令我動彈不得的焦慮症發作就已經是家常便飯。我現在有時仍然跳這樣的舞，以確保我身體健康、運作正常。靠著十年來的瑜伽和冥想練習撐腰，還有與非常優秀的心理治療師合作了幾年，以及每天跟自然界培養的關係，我現在狀況好的時候比不好的時候多。而且我現在知道，我與感覺狀況不錯之間的缺口已經由我在那空間栽種的植物給編織在一起了。我變得更能夠在綠色的空間裡行動，待在充滿植物的地方變得更自在，這賦予了我極度渴望的療癒。如今我的生活有了我在其他地方找不到的意義。無論是由於疲憊、滿足，或是我在與植物一起工作中所找到的寧靜，我終於能夠深沉地睡到天亮。於是我來到這處鄉間，試圖扎根與土壤連結在一起，因為我的心理健康有一部分仰賴這個園地。

我們需要樹木、葉子和花朵，我們需要綠意來感受沉穩與平靜。如同人類天性熱愛自然的理論所假設，當我們處在與我們共同演化的自然界中會感覺最為完整。當我們與構成磚牆外世界的植物、生物、風景，及水域有深厚的親密關係時更是如此。研究證明花時間待在大自然中能夠減輕壓力、改善我們的情緒，協助我們痊癒，甚至讓我們從精神疲勞中恢復過來。

有項用牡牛分枝桿菌（一種在土壤中常見的細菌）來治療癌症患者的計畫，由於看到參與者報告說他們的生活品質獲得改善，因此布里斯托大學和倫敦大學學院的研究人員進行了一項研究，將同樣的細菌注射到老鼠身上。研究人員發現牡牛分枝桿菌刺激老鼠的神經元產生血清素，這是一種與幸福快樂有關的荷爾蒙，這發現促使該研究的主要作者克里斯．羅瑞博士考慮「我們大家是否應該多花點時間在泥土中玩耍」。每當我伸出雙手接觸地面照料土壤，都能感受到這研究結果中包含著情感上的真理。

擁有我自己的花園，擁有一小塊土地，是極大的特權。這是我父母從幾乎一無所有開始辛勤工作、奉獻為我創造出來的特權。他們讓我接受教育、在經濟上得到保障，獲得了安全有利的條件，在這塊特權的土地上我播下自己選擇的種子，為快樂和營養而栽種植物。

我知道自己現在多麼幸運，因為城市居民可以有效利用綠色空間的機會並無保障，當然也不平等。然而英國百分之九十八的有色人種都是城市居民。在城市裡居家附近可能有花園或綠地的住宅區居住成本都比較高昂，因此人們負擔不起擁有鄰近綠地的住家，戶外活動或旅行的裝備成本又超過預算允許的範圍，而且由於工作和生活中其他必須處理的事務繁忙，人沒有時間走進自然界，這些與收入相關的問題又和種族問題交織在一起，因為有色人種家庭生活貧困的可能性是白人家庭的兩倍以上。所以，考慮到住在城市裡的人比較可能身體不適、遇到心理健康的問題，我認為在英國黑人根據《精神衛生法》遭到拘留的可能性是白人的四倍並非巧合。值得一提的是其他還有許多因素經常匯聚在一起，讓某些人比其他人更難有接觸自然景觀的機會，這些因素包括但絕對不限於性別和性傾向、神經多樣性及慢性病、無障礙可及性與健全主義[15]。

15. Ableism，指一套以「身心健全的正常人」為主的預設立場，這樣的思維容易產生對身心障礙者的歧視和忽視。

儘管導致這些問題的原因形形色色，但是喪失與自然界的聯繫無疑是造成我的心理健康難題的因素之一，而且如證據所證明，大自然在撫慰我們不安的心靈與身體方面能夠發揮作用。因此，考慮到這一切，感覺我們有必要自問：我們能夠採取什麼行動來消除那些妨礙最需要自然界的人接近大自然的障礙？

我將一把剛摘下的甜豆匆匆扔到廚房流理臺上，拿起手機，螢幕上滿滿的通知訊息。我的太陽神經叢揪緊，一陣焦慮由那裡開始往上升，不確定自己那麼做是否正確。我原本可以把這件事放在心裡，但是我選擇寫出來；我本來可以就此打住，可是我卻發布在網路上。原本那篇文章可以被忽略，但是大家一直在閱讀分享，現在我覺得自己比以往任何時候都要易受攻擊。我深吸一口氣再用力吐出來，然後今天剩餘的時間都花費在螢幕上。我看著我的文字在社交媒體上到處轉傳，電子郵件寄來，簡訊發出嗶聲，有很多讚、分享和留言。這令人喘不過氣來，我呼吸急促，閱讀和回應源源不絕的留言讓我疲憊不堪。我的口中有股甜膩的味道，那是焦躁不安的味道，每當我失去平靜的時候就會出現。

訊息中混合了各種各樣的反應，大多是鼓勵、驚訝和難過。我沒有收到一些我希望收到的人的訊息，不過收到一些從大學以後就沒有聯絡的人的訊息，甚至還有比這更久以前的人的消息。我們已經非常多年沒說過話，你們卻認為今天應該來打聲招呼？我也收到一些人的訊息，表示想聽聽我的意見，請教我如何解決他們的計畫和工作場所「缺乏多樣性」的問題。很明顯在網路上打開我的心扉、分享文字還不夠，顯然我也有責任設法改進我所指出的不公平……要是我知道該怎麼做就好了。

有個主意開始在ＩＧ上傳開，提議這周可以成為「擴大黑人聲量」周。我不知道這想法從何處開始，不過我看見這點子越來越受到歡迎。這計畫相當簡單：大家在這幾天安靜下來，好讓那些在各個領域未得到充分代表以及能見度較低的人的意見能有機會被看見、聽見，他們通常沒有這樣的機會。這不是最有意義的行動。社交媒體上的能見度無法挑戰導致不公不義持續存在的權力結構，然而在這不尋常的時刻，當我坐著觀看抗議人士在明尼亞波利斯齊聲呼喊，告訴全世界他們無法呼吸的時候，我很高興看到這種適度表達團結一致的方法取代平常充斥我ＩＧ動態的圖片。我看著貼文中出現大量的黑色方塊，在那一波黑暗後，我等待靜默，以騰出空間讓黑人創作的文字、圖片和作品浮現、占據一些空間。

看起來似乎大多數人都接受了邀請，正努力保持安靜個幾天。但就在這時我看見一張盛開的粉紅大理菊的照片出現。接著是某個人修剪番茄植株的側芽的影片，還有人抱著一盆薰衣草。我看見園藝家們若無其事地發文，大為光火。我看見機構及個人毫不關心地繼續發布花卉蔬菜的照片，彷彿目前沒有一場早就該展開、討論黑人平靜生活的權利的對話正在進行。他們要麼是沒有注意到，不然就是一點都不在乎，不管怎樣，我都非常憤怒。

安靜個兩天真的有那麼困難嗎？彷彿他們沒有意識到有像我這樣的人存在。好像他們沒有考慮到園藝社群裡有黑人可以看見他們沒有停止發言的可能性。我相信有人會認為這一刻與他們無關，而且儘管這事實令人難受，但我知道有些人根本不同意黑人的命也是命。但是我沒有料到園藝社群間居然會如此漠視這件事，因為他們經常表現出富有同情心、關懷他人的樣子。我很清楚我的憤怒是來自嫉妒。我願意付出一切來避免有這種感覺，可以選擇轉過臉去，因為種族歧視不會影響到我，也不必在意那些圖片，因為對種族歧視漠不關心不會傷害到我。那種感覺又在我心中醞釀，和前幾天的感覺一樣，正是這種感覺促使我寫文章、分享我的文字。但是我暫停下來，讓那種感覺過去，我會等待，不想耗盡所剩無幾的精力。

今天有更多考慮不周的貼文：溫室、豌豆莢、幼苗、蘆筍緊貼著咧開嘴的笑臉的照片，配上必不可少的陳腐說明文字及標籤。報春花、杜鵑……噢，還有一個匆忙發布的找黑人園藝家來客串的影片，這影片是昨天倉促發電子郵件給我，要我接受他們Podcast採訪的組織發布的。他們想要緊急注入一些多樣性，我感謝他們與我聯絡，並且詢問：「你們是否願意為你們的Podcast安排一次錄音談話，由我和高階管理人員探討園藝界中的代表性、包容性和可及性等問題，並且討論你們採取了什麼措施來解決貴組織在這方面的不足之處？如果是的話，那麼等我休息了足夠的時間，從這段對世界各地的黑人來說非常艱難、不快的時刻中恢復過來後，我願意參與。」

不到一小時後，一封沒有使用「不」字，但絕對是拒絕的客氣回信寄到我的收件匣。我累了。我能夠感覺到挫折感在腹部聚集，燒出一條路通到胸腔，而且如同第一次傾洩時那樣，我看到那些話語在腦海裡浮現。之前那些話是出自悲傷，但是今天我很生氣。我還有更多需要說的話：

今天早上，我利用一點怒氣，試了一下取消追蹤的按鈕。

我不認為每個人都覺得（或是應該覺得）自己有資格在這時候大聲發言。也不是每個人都覺得能夠清楚地表達他們的痛苦、團結，或者讓他們的思想、心靈和行動都去殖民化的計畫。這我可以接受。

但是有些人認為可以繼續發布他們陳腐的自己種植的廢話，卻絲毫不提事實上我們有些人正努力處理數百年來的種族歧視和白人至上主義所造成的後果。所以我要對他們說：去你媽的四季豆。假如你不知道該說什麼，永遠可以選擇閉嘴。

我把這些話發送到社交媒體的小圈圈裡，任其在那裡燃燒。出乎意料的是大多數人都給予好評，當然也有一些人不喜歡這些回饋的意見，我一面看著我的追蹤人數不斷減少，一面讀著那些不請自來的惱怒訊息，告訴我我錯了，或是我太無禮，或太過生氣。他們告訴我，我無權告訴他們什麼可以做、什麼不可以做，一副那是有可能的樣子。他們告訴我我應當有什麼感受，建議我一些別人更可以容忍、接受的表達自我的方式。有些人就是不喜歡看到「去你媽的」這個字眼。

我考慮花點時間回應，但是我不想白費唇舌，因為我沒有那麼多力氣。儘管大腦已經開始感覺疲憊，我還是繼續滑手機，從新聞跳到ＩＧ，然後發一發簡訊再回來，直到眼睛再也睜不開為止。我睡得很不安穩，做了我以前做過、非常熟悉的噩夢。我沒有充分休息來復原，因為等第二天醒來後，我拿起手機，又重新過著同樣的日子。

每個周末，山姆都走路到村中商店幫上了年紀的鄰居買報紙。今天他花的時間比平常久，因為遇見一位鄰居，他們停下來談論抗議活動。我很慶幸沒有跟他一起去。我沒有心情和這樣的人交談，他說自己「能夠理解他們的不滿」，卻又不斷將抗議活動說成是暴亂，把抗議人士說成是搶劫犯。

我很慶幸和他對話的人是山姆，因此我不必那麼做，山姆有把握可以解釋那種說法目的就是為了分散人們的注意力，暗中損害一開始導致人們遊行的根本原因。我坐在蕨類植物的遮蔭下，觀看網路上的影片，看全國各地城市的人們舉著標語牌和橫幅聚集在一起。我看到布里斯托有一群人將奴隸販子愛德華．科爾斯頓的雕像推到布里斯托港，感覺好像有什麼在轉變。

「克萊兒，妳有種歐芹嗎？」有個聲音從花園盡頭的田地裡傳來。

這問題讓我猛然從恍惚狀態中清醒過來。「我有，安，妳想要一些嗎？」

實際上安想要的是如何種植歐芹的建議，因為她的歐芹長得不大好，她請我詳盡地描述從種子到收成的栽種方法。這要求平凡而令人愉快，我很樂意提供她一點指導，這比談論疫情或種族有趣多了。我們的談話多半都是這樣子，安在遛狗的時候稍停下來，隔著防兔柵欄聊一會兒。她若不是問我用哪個麵包食譜，或是如何在網路上找某樣東西的話，大多數時候都是在談她的植物。她的花園恣意生長而混亂，是為了她的樂趣而種植，不過多半對野生生物有益。她任由樹木和灌木長到高大而難以控制，這代表紅腹灰雀和戴菊鳥會經常來訪，但是樹蔭意味著她努力栽種的香豌豆和番茄很難得到需要的陽光，這很可能就是她的歐芹長不大的原因。

「我想，妳應該不會移栽歐芹？」安用認真的口吻問道。

我向她保證我會，就像對所有我在春季播下的種子一樣。我將一小撮歐芹種子放進裝滿種子堆肥的育苗穴盤，不斷地澆水保護直到它們發芽長出一些真葉。然後，沒錯，我做了難以想像的事！我將歐芹幼苗移栽到地裡，讓它們的腿伸進底下的土壤。

「我不移植歐芹，我只是把種子播在我想要的地方，然後任它們自己生長，因為我媽曾經說過，移栽歐芹的話家裡肯定會死人。」安繼續說道。

嗯，這對我來說是個新聞。尤其這是我連續第五年成功地採用相同的方法，幸運的是我還沒有殺死任何我摯愛的人。

她繼續告訴我一些其他以歐芹為基礎的看法。例如：要是花園裡種了引人注目的大量歐芹，那麼「女主人的話要聽從」；或是如果分享歐芹的收穫給別人就會把好運送出去。儘管如此，我還是去為她摘了一束，伸長手臂從圍籬上方將那束歐芹遞給她。她向我道謝並問我過得如何，我差點就跟她說了，但是想想還是作罷，不試圖解釋發生了什麼事。她看新聞也注意新聞，但是她沒有在網路上過生活。假如我描述上星期左右的情況，我不知道她是否能夠理解，我也沒有精力去解釋，況且她已經七十多歲了，我不確定她是否有精力聽誠實的回答。因此我只回答說：「哦，我很好。」然後回到樹蔭下的位子，羨慕那些生活平靜、不上網、常年受到皮膚白皙保護的人。

山姆眼裡含笑地走進房間。在我盯著手機不放的時候他為我做了一樣東西。那是一幅畫。以深淺不一的綠畫出葉子和條紋，再以他鮮明的風格用純黑的大寫字母寫著「黑人的命也是命」，在那下面是「去你媽的四季豆」。我不禁大笑起來。

這幅畫很美很真誠、引人發笑，毫無疑問是他的作風，山姆透過這方式表明他支持我，同時抒解過去一個半星期以來他看著我在網路上折騰的無助感。我想要將這幅畫保留給自己，但是我拿給一個朋友看，他認為會有人喜歡，而山姆打算畫十幅同樣的畫，因此我們決定送出每一幅畫，所得的錢就捐給慈善機構。這表示我又要冒險行事，光想到要這麼做就覺得傷腦筋，不過倘若我們有機會可以把過去這幾天的騷動，這股憤怒和悲傷，轉化成某種具有生產力的東西，那麼我想我可以設法再承擔一次。

我分享的照片是那幅畫安放在馬鬱蘭和萬年草之間。我將手機調到靜音模式，按下「分享」然後走開，擔心這可能是天大的錯誤。透過一幅咒罵的圖畫當媒介，間接但公開地批評了園藝界，這不會是人人都想聽到的訊息。這訊息將會永遠留存在網路上，很可能成為我因為種種理由不被雇用的原因。但是這訊息充滿怒氣是因為我很憤怒，這訊息非常真實是因為我終於坦誠，因此我任由這訊息擁有自己的生命，認命地盡我所能接受後果。等我再次拿起手機時，那張圖片已經像彈珠般傳來傳去，許多讚和留言、訊息點亮了螢幕，我根本跟不上。我們提供的十幅畫都被認領了，然後還有人要，請求不斷地進來。我叫山姆過來和我一起坐，以便看著這件事發酵起來，看起來他似乎得畫超過十幅的畫。就像我最近分享的大多數內容一樣，大家的反應褒貶不一，有些留言憤怒而充滿惡意，但是我不至於為了保持頭腦清醒而封鎖別人。我努力集中精神計算出我可以請山姆在離開前畫多少幅畫。一天後，我們已經募集了兩千兩百三十四英鎊，山姆需要畫五十幅畫，這段時間以來我頭一次稍微感到沒那麼難過。

我照爸爸的作法用鷹嘴豆煮扁豆咖哩，試著回想他曾經在電話中向我描述的食譜，那是在幾年前我很想念他和他的廚藝，需要扁豆咖哩來緩解我的煩惱的時候。大蒜、薑、薑黃、辣椒。還有一顆番茄，我想。我慢慢地切，保持小火，讓燉煮的熱度逐漸上升，我以慢動作攪拌，看著鍋中的東西冒泡、散發蒸氣，讓這過程占用超出必要的時間。這段時間不屬於我自己，這段時間劫持了我的思緒、情感、我的身體和大腦。我無法安定下來，身體緊縮過分警覺。除了我選擇分享、創造的內容以及因此得到的支持和衝突以外，這次經驗中絕大部分都是我不盡然同意的東西。我們被疫情困在一個地方，透過智慧型手機和電腦的螢幕過著如今範圍更小的生活，大家觀看或者避開了那段該死的影片，從那時起，集體悲痛的哀號就在全球各地迴響。只要有黑人存在的地方就有人參加遊行、要求改變，他們在要求正義，並且會持續地要求，因為儘管這一切令人痛苦、筋疲力竭，卻也感覺到這是非常有必要的。

雖然如此，我還是寧可不要有這場抗爭。這件事證實了，身為黑人，我們隨時都可能被徵召上戰場，我們的命永遠不完全屬於自己。我們可以試著告訴自己我們的存在是由自我決定的，然而一名黑人婦女在夜裡遭到警察漫不經心地朝她家開槍射殺，我們內心有一部分也跟著死去。然後隔天我們必須設法抗拒絕望的誘惑繼續前進，我們承受一些人的憤怒，他們認為我們是在無病呻吟，根本沒有理由抗議，毫無理由要求更好的現狀，或是糾正歷史留存在我們身上的不公不義。他們的輕蔑、言辭如電流般在我體內竄動，我的神經系統過度亢奮，心臟劇烈地怦怦跳動，使得我的腦殼裡充斥著心跳聲和顫動。每當一陣悲傷或恐懼、狂怒的戰慄傳遍我的全身，我的內心就跟著顫抖，一小部分的我也隨之消失。我逐漸變得遲鈍，磨損殆盡，逐漸消失，我慢慢解體化為塵土。

受困在捍衛自己的人性的循環當中時，我們會變成什麼樣？到最後還會剩下什麼嗎？我們是否永遠都要被別人依據種族身分來界定，或是根據白種人的準繩來衡量？我們是否可以生存在這些種族結構之外？更確切地來說，我們是否應該想要這麼做？在歷經拒絕接受真實自我的童年和成年早期後，我費盡心力地找回自己，終於以自己的種族身分為傲，因此現在要質疑種族身分讓我覺得好像白費工夫。儘管如此，我還是想知道在種族身分之外的生活有什麼可能性？我可能會想要說什麼？我可能會寫出或創作什麼？哪些部分的我將永遠不會看到太陽，永遠不會蓬勃生長或綻放？為了爭取被人視為，並且認為自己是完整人類的權利而憂心忡忡、筋疲力竭，我究竟錯過了什麼？

不過我永遠不會放棄。假如你在我還小的時候問我，我的答案應該會有所不同，但是現在我很珍視我的黑人身分——我們的黑人身分——我會竭盡擁有的一切來捍衛它。這樣的集體意識儘管廣闊多樣，但感覺深切、深厚且富有活力，這是在我們這些經歷了邊緣化而被迫互相靠攏的人之間形成的。儘管歧視企圖強迫我們相信同種的謬論，但是我們很清楚不該相信這種謬誤。我們的黑是廣闊、美麗、多種多樣的，深深將我們彼此聯繫在一起，這意味著目睹黑人的痛苦和創傷我們也會感同身受。明白這點後讓我能夠理解為什麼大西洋彼岸的事件感覺卻彷彿發生在我家附近，也讓我了解為什麼這段時間會感到飽受摧殘。我的身體疲憊不堪，不僅是因為過去幾周來的痛苦，也是因為由這事件硬拉到表面的創傷。觀看抗議活動和爭論，閱讀新聞和評論文章、推特、貼文，迫使我重新經歷那些我真的寧可忘記的種族歧視和偏見。

我坐在樓梯底部，隔著牆聆聽山姆的聲音。他正在和他爺爺說話，他爺爺的九十一歲生日再過幾周就要到來，自從疫情讓全家人無法去探望爺爺以來，山姆就經常跟他用視訊通話。山姆告訴他我多麼地憂傷，他爺爺說：「我真不敢相信這依舊是個問題。」他經歷過二戰，目睹了大英帝國表面上的瓦解，感受到了看見尼爾森·曼德拉一下被描繪成恐怖分子，一下又被說成是調解人所帶來的震撼，他見證了社會、政府、個人經常堅持按照自己的偏見行事。希望我假如活到九十幾歲，可以說出比「我真不敢相信這依舊是個問題」更能鼓舞人心的話。

這段不尋常的時間讓我離開花園，遠離外面發生的大大小小的變化。當我迷失在網路中時，植物一直在生長，我確信自己錯過了很多事情。花朵盛開又凋謝了，新長出來的捲鬚在尋找牢固的東西攀爬。我第一次讓雞走出圍欄到花園裡閒逛，自己在一旁徘徊守望。牠們知道玉米粒在優格罐中嘎嘎作響的聲音，因此萬一牠們走得有點太遠時，我知道我能夠勸服牠們回來。牠們似乎很高興獲得自由，互相跟著對方扒抓草地，啄食沿著低矮磚牆行進的螞蟻。我躺在最陰涼的花圃旁，視線高度與亮粉紅色的天竺葵齊平，天竺葵的花瓣在炎熱中向後捲曲，柱頭突了出來。

我們任由青草長長，草地上布滿了奶油黃色的毛茛和葉片有皺紋的玉簪花。

太陽正在上升，氣溫也在攀升，我盯著想要閱讀的書頁，然而酷熱使得文字在打轉。一顆烏黑渾圓的小種子從成熟的天竺葵種莢發射出來，掉落在我沒在閱讀的頁面上，滾入書脊。我將種子扔回它來的地方，希望它能找到一塊熱情友好的土地來發芽，這是我今天唯一有精力做的園藝工作。我追逐陰涼處不斷地搬來搬去，以保持頭部涼爽，讓雙腳晒黑，雞群也一樣，在最後長出葉子的那棵樹下擠成一排。那棵樹長滿了小花蕾，但是還沒有開花，我媽認為那是朱槿，不過我不大確定。我在這裡不曾看過朱槿，但是記得在模里西斯看過，一種我只在赤道附近看過的花有可能在東薩塞克斯郡茁壯成長嗎？

山姆一直在持續作畫，已經完成了二十四幅，將近一半了。他的畫室放滿了在綠色刷痕上寫著罵人詞語的畫作。他需要離開顏料氣味和反覆的工作休息一下，因此我們打包了一些午餐前往海邊，他想要把腳泡在水裡，希望那裡會涼快一點。我們轉向最喜歡的地點，蜿蜒穿過寧靜的鄉間小路，希望等我們到達時那裡不會太過熱鬧。我的手機發出嗶的一聲，是我住在紐約的朋友傳來的訊息。我們一直像過去住在同一座城市時那樣互相依靠，因為過去這幾星期對她來說也很糟糕。她想要談談，於是等我脫掉涼鞋，把腳趾擠過熱燙的卵石，找到下面較涼的礫石後，我馬上撥電話給她。

我們沒有問對方近況如何，因為我們已經知道了。她告訴我有關工作、人和友誼的事，一切都偏離了常軌，大多是必然的，因為所有人都在談論種族問題。我們一起猜測為什麼喬治·佛洛伊德的死亡對世人的衝擊那麼大，與其他打電話報警得到同樣下場的情況不同。或許是因為那段持續整整九分鐘的殘暴影片的存在，或是因為全世界有數百萬人看過那影片，或者是因為他用在世的最後幾口氣息呼喊母親——這些都是我們聽說的，我們都沒看過那段影片。不忍心看。雖然是間接地，但是目睹這次死亡意味著重新經歷其他所有的死亡，提醒我們與白人朋友相比我們多麼地脆弱，相對價值又是多麼地低。

我們談論所有公司與品牌發布的聲明，以及這些聲明是否真的有意義。我們討論是否真有可能改變，那些有權有勢的人是否會允許改變。我們談到我們兩人感覺受到多大的打擊和傷害，她或我的心理健康狀況是否承受得了未來的事情。這次給了我一個意想不到的機會，讓我用以前覺得無法做到的坦誠態度來談論種族問題。無論是好是壞，我毫無保留地說出來了，揭開了我長久以來試圖隱藏在深處的傷口。

等我放下電話的時候，已經在高溫下待太久了，正午的太陽晒得我頭昏眼花。我的目光沿著海岸線搜尋，尋找山姆的輪廓，他拖著腳踩過水邊的碎浪。太陽在海面上閃閃發光，我看著他悠閒自在地走來走去，直到穿上一雙卡其色沙子組成的襪子。

我侄子誕生的那天，黃櫛瓜第一次稍微冒出頭來。我播種、栽種黃櫛瓜是為了他母親，因為她曾經告訴我她喜歡黃櫛瓜勝過綠色的。我多播下了一些種子，計畫給她一株強壯的幼苗，好讓她在待產時可以看著幼苗成長，但是從年初以來我們和她或我哥都一直沒有見面，因此我挪出空間讓這些植物在這裡生長。我們錯過了整個懷孕過程，只有在視訊通話時對她日益增大的肚子揮揮手。現在感覺好像相當突然地，他來到了這個世上，改變了我們家這小小世界的核心。

要成為父母極需要勇氣，尤其是在不可否認氣候與生態危機正在改變地球的跡象的這時候。當我想到模里西斯、附近我喜愛的海灘，或是倫敦我曾經居住過的區域，有哪些地區將會隨著海平面上升而消失在水面下，我就對未來充滿了恐懼。我不知道等侄子大到可以在我身邊摘豌豆的時候，是否還會有蛺蝶飛過、褐頭山雀在頭頂上唱歌。我不知道他是否會對我們大家生氣，因為我們在仍有辦法發揮作用對付氣候變遷時沒有採取更多的行動。我也不知道他是否會覺得自己是模里西斯人，是否會希望那種認同感成為他自己的一部分，或者他會更傾向於英國人特質，讓我們的傳承逐漸消失。

當母親不是我強烈覺得自己應該踏上的旅程，我知道這讓我父母感到失望。雖然他們很寬容，沒有逼迫我做不想做的事，但是覺得自己無法給他們那份特別的禮物還是讓我很痛苦。即使我內心渴望有一個自己的孩子，但很懷疑我對地球的焦慮是否能讓我有足夠平靜的心情去當個母親。再說生孩子不是創造生命的唯一方法。我從泥土裡種出生命，我將自己用種子種植出來的食物放在深愛的人的盤子上，讓他們明白他們對我的意義。

幾天後，我摘下一條完全成熟的黃櫛瓜，當成我們第一次探望的禮物。在我哥哥家外面，我把鼻子貼在窗戶上，他們站在窗子另一側，將我侄子緊緊蜷縮的小身軀舉起來給我們看。我對著他皺巴巴的小臉和緊握的拳頭揮手、輕柔地說話。他長得跟我爸很像，和他同名。他在溫暖的夏日陽光下勉強睜開眼睛一會兒，我努力瞥見他烏黑發亮的眼睛。他長得好美，新湧起的愛讓我無法自持，他非常美好，值得我們努力把世界變成更充滿希望的地方。他不是我的，但是感覺好像是我的一部分，在這最初的時刻裡，我曉得我願意盡一切可能讓他有個美好的人生。我看著他在我哥自豪的懷抱裡輕輕地來回扭動，直到下一次餵奶的時間到了。我不知道何時才能再見到他，也不知道下次我們之間是否仍然會隔著玻璃。我不曉得到那時我能不能第一次抱他，也不曉得等他長得夠大時，我會不會告訴他他出生這年夏天的事。

第11章

我每天都採收，從地裡拔出深紅與金黃的甜菜根，拂去附著在上面的土壤。折斷又厚又皺的恐龍羽衣甘藍葉，擰下每小時都在長胖的櫛瓜。我掐掉甜羅勒的尖端，拔起一、兩把辛辣的青蔥。大頭菜膨大變成暗紫色、圓滾滾的，在細莖上搖搖晃晃，一串串帶著虎紋的番茄成熟了，從鮮綠色轉變成深紅與暖黃雙色。空氣中有濃郁甜蜜的茉莉花香味，馬鬱蘭和萬年草並肩綻放，召喚隧蜂與佩帶蚜蠅來覓食。每隔幾天我們就冒險出門，在屋子附近的路邊攤買肯特郡種植的甜櫻桃和肥美的草莓，因為吃得過多，手指和嘴唇都染紅了。

一星期前，山姆和我爸在原本那個破爛棚子的所在之處，蓋起一間溫室（舊棚子被我們澈底拆了）。天氣好得過分，那種悶熱潮濕讓我想起了我媽親戚所住的臺灣。那個地區獨特的氣候導致空氣不流動，在最炎熱的日子裡令人感到沉重而濕熱。

他們在遠處一起工作，戴著浸透汗水的口罩，口罩在鼻子上摩擦出痕跡。我選擇了最便宜的溫室類型，木片運來時並沒有貼上標籤，因此在熾熱的天氣裡，這項任務變得令人惱火。我沒有在太陽下拔除羊蹄和匍枝毛茛的雜草時，就成天忙著為他們的杯子裝滿冰水。我媽也保持距離，在櫻桃樹的樹蔭下和我做同樣的事，在那裡微弱的輕風中找到一絲涼意。通常我們對彼此都非常坦誠，有時甚至是不假思索的坦直，但是我們很少談論六月中發生的事。我找不到詞語來描述那些因為我而展開的有關種族的談話，我想她知道我不希望人家問起這件事。

山姆用木頭廢料為溫室做了一些花盆，在多雲的日子裡，我們就用手推車將最後一批堆肥搬過花園填滿花盆。我在那些花盆裡種了剩下的番茄，一共有三種，兩種攀藤、一種叢生，還有黃瓜植株，希望等夜晚開始轉涼時，它們能夠讓夏季持續得長一點。我將一株發芽成長的苦瓜藏進門邊的角落，懷疑剩餘的夏天不足以讓它長大。我津津有味地嚼著第一輪摘下的收成，同時將第二輪的四季豆移植到室外，順便讓雞群撲通一聲跳下階梯，和我一起走進菜園。我一邊留神工作，一邊盯著雞群，看牠們是在啄食我翻土過後出現的蟲子，還是將菾菜葉啃到剩下主葉脈。另外一邊密切注意經過的掠食者，自從這些掠食者到來以後我就一直注意牠們。初春時節，一隻鏽紅色狐狸和牠兩隻幼崽在後面結霜的田野嬉戲的記憶，始終縈繞在我腦海中。

在這艱難的幾星期中，雞群是一種慰藉。牠們來到我的生命中時，正是有東西需要照顧和了解，對我會有極大幫助的時候。牠們讓我的心除了痛之外還有別的事可做。在這短短的時間裡，牠們的羽毛顏色變得更深一點、更有活力，身體變得更圓、更結實。我越來越善於辨別牠們不同的聲音，每一隻都會發出自己獨特的聲音，因此通常都知道是誰在呼喚我的注意，或是要求我餵牠們吃搆不到的紅醋栗。我看著牠們沐浴在陽光下，張開布滿斑點的翅膀以充分享受太陽，胖嘟嘟的小身體伸展開來有如洩了氣的輪胎徹底放鬆；我看見牠們追逐蒼蠅，用喙從空中抓住蒼蠅，我懇求牠們別對蝴蝶做同樣的事，因為不知怎地這感覺比較悲慘。

今天艾倫表現得很奇怪，跺著腳走來走去，伸長脖子對其他雞大叫，還穿過後門進來對我們大嚷大叫。牠一直撞翻東西，爬進箱子裡，把自己擠進任何能找到的狹小空間，一旦引起我們的注意，牠就突然奔向雞舍，驚慌地拍著翅膀跑走。在其他母雞啄食室外地板上的蟲子時，艾倫繼續怒氣沖沖堅持不懈地抗議。我覺得牠是想要找某樣東西，但我就是想不出來是什麼。到了傍晚時分，太陽落到屋後，花園開始涼快一些，艾倫已經安靜下來待在溫室旁邊，熱切地扒抓我試著種在那裡的那盆甘菊。而在後門邊上，牠給我們留了一份驚喜——牠的第一顆小小的蛋，大小只有普通蛋的一半，就下在地上等著我發現。和鳥一起生活真是奇怪的事。

被問及對模里西斯了解多少，大家經常會談到沙灘、清澈碧藍的大海、昂貴的航班，或是蜜月計畫。倘若你是從《每日電訊報》的旅遊版獲取度假建議，你可能會很想前去尋找「令人安心的英國殖民時代的遺跡」，文章相信你到該島旅行就能找到。如果不是以上的答案，那麼大家幾乎總是會說出唯一一樣通常與該國有關聯的東西——渡渡鳥。渡渡鳥的故事廣為人知，幾乎不值得重述。這種不會飛的鳥是唯有模里西斯當地才有的動物，在該島第一批殖民地開拓者荷蘭人抵達之後短短幾十年內就絕種了。在講述渡渡鳥的故事中，將這種鳥描繪成傻瓜，習慣了沒有掠食者威脅的生活，因此沒能逃離那些設法吞食牠們的人。渡渡鳥的體形和火雞差不多，但是比較大隻，成年後大約一公尺高、二十公斤重，渡渡鳥的翅膀小、腿短，大大的鳥喙向球莖狀的末端傾斜。一些歷史紀錄顯示，有些荷蘭人不情願也很少吃渡渡鳥肉，覺得味道和口感相當噁心。

然而其他的紀錄反駁了這個說牠們難以下嚥的故事，描述荷蘭人如何每日獵殺食用牠們。隨著那些荷蘭船一起來的動物，包括老鼠，以及為了控制老鼠而帶來的貓狗，還有很快就逃跑變成野豬的豬隻，都獵殺渡渡鳥和牠們的蛋及雛鳥，而其他引進的物種則與牠們爭搶食物。除了掠食者與競爭者的到來外，渡渡鳥賴以生存的豐富棲息地也遭到嚴重破壞，導致牠們最終絕種。

我們所聽說的故事中，渡渡鳥的死亡是很丟臉的，是牠們天生愚蠢的必然結果，而不是如果沒有遇到殖民地開拓者，這種鳥可能仍然存在的悲慘故事。無論是因為天真或是身體無能，性情溫和或是本能不夠敏捷，這種鳥兒注定無法在家園遭到殖民統治後倖存下來。牠們在歐洲人到來之前所過的生活非常平靜，使得牠們沒有能力保護自己，去抵禦那些會導致牠們澈底消滅的人。無論你怎麼看，這都是一個悲傷的故事，也是個警世的故事，若是人類能夠從中吸取教訓的話。

殖民主義無論過去和現在都是生態的浩劫。遼闊的甘蔗田在歷史上曾經是種植的單一作物，現在仍舊是模里西斯最顯著的農業景觀就是證明。然而，島上最著名的受害者渡渡鳥卻成為模里西斯辨識度數一數二高的象徵。渡渡鳥的圖像簡直是無所不在：在沙灘毛巾和鑰匙圈上，在商店招牌及明信片上，當成冰箱吸鐵和紀念品，漆在漁船的船身上。渡渡鳥的輪廓可以在五彩繽紛的國旗，還有模里西斯的盾形紋章上找到，並且在你入境通關時蓋在護照上。

這種目前已絕種的鳥的圖像，以及牠們令人尷尬的名聲與悲慘故事，竟然成為我家族那片土地的同義詞且無所不在，讓我覺得匪夷所思。我無法理解頌揚渡渡鳥的意義，更不用說讓渡渡鳥成為該島標識形象的中心。把渡渡鳥變成一種色彩鮮豔的角色，讓牠脫離了導致牠滅絕的歷史背景，將牠的絕種重新塑造成有趣的不幸事故，抹去了牠是遭到根除的真相。在我看來，這故事預言了那座島嶼在接下來的數百年間將會繼續承受的大規模毀滅。

這故事是自然界惡化與生態系統失衡的典型例子，這從以前到現在都是殖民主義的眾多副作用之一。這故事從一個悲慘的故事創造出一種卡通吉祥物，而在那悲慘故事中，一種物種（而且還只是許多物種之一）由於殖民主義者無比的自私自利，及其對積累財富無窮無盡的渴求而付出了慘痛的代價。這做法掩蓋了一個最明顯的例子，這例子說明了生態破壞過去是（現在仍是）殖民主義暴行的工具及後果，就像土壤侵蝕、森林伐盡、物種滅絕、棲息地摧毀、景觀損毀，和天氣系統改變一樣。

現在只有少數渡渡鳥的遺骸仍然存在。牛津大學自然歷史博物館收藏了一隻渡渡鳥的頭和腳，倫敦的大英博物館曾經擁有一隻渡渡鳥的腳，但是在一九〇〇年左右遺失了，二〇一六年一副近乎完整的渡渡鳥骨骼在西薩塞克斯郡的拍賣行以二十八萬英鎊的價格售出。我搜尋渡渡鳥的殘骸及其擁有者，因為我覺得今天把任何遺骸留在模里西斯以外的地方都是不對的，事實上，模里西斯政府已經禁止出口渡渡鳥的遺骸。我發現了與一名博物學家相關的傳聞，他對這種絕種鳥類的迷戀驅使他收藏渡渡鳥的畫作、紀念品、小擺飾及雕刻品，家裡擺滿了這些東西。這一切都是從他父親開始，他父親是位鳥類學家，在過世時遺留了兩塊渡渡鳥的骨頭給他，從那時起這人就對這種鳥深深著迷。

我站在我家前門臺階上看向地平線，就面對他家的方向——過去十個月來我一直在這裡觀賞落日。他命名為渡渡鳥之家的屋子就位在樹林的另一側，大約四英里遠。我想要問他是否仍保存著那些骨頭，他是否有良知願意將遺骨送回模里西斯。我找到他的電子郵件地址，寄了一封訊息向他自我介紹，但是郵件被退回，沒有送出去。

Suikerriet。Canne à sucre。Sugarcane。Karo kann。

甘蔗是在一六三九年由荷蘭人從爪哇帶到島上，但促進這種作物的商業發展的是將近一世紀後的法國總督馬埃．德．拉布爾多內。然而一直到十九世紀初，英國從法國手中奪取該島後，甘蔗才成為模里西斯種植園經濟背後的主要趨動力。甘蔗非常適合島上的亞熱帶氣候，在旋風季節粗壯的莖雖然會在風力下彎折，但是和其他作物不同的是，等風雨平息太陽回歸時就會恢復。劈砍清洗甘蔗，將滿籃的甘蔗搬上牛車，讓牛車把收穫拖到磨坊，這些造成脊椎變形的苦工是島上百分之九十人口的勞動，其中幾乎全部都是受奴役的人。產量龐大的種植園帶來快速的經濟擴張，這促使許多奴隸主人為他們的俘虜重新命名，試圖藉由給他們取個過分簡化（有時令人反感）的新名字和姓氏來組織他們，進一步除去他們與過去的聯繫。

在英國的統治下，糖主要在仍然屬於法國殖民地移民的種植園裡種植生產，這些種植園座落在土地生產力較高的島嶼北部，種植園主人將大部分的作物都輸出到倫敦。由於預期奴隸制將遭到廢除，模里西斯是不列顛殖民地中第一個試驗契約勞工制的地方，這項試驗後來被稱為「偉大的實驗」，有三十六名丹格種姓的印度人於一八三四年抵達這座島嶼當契約奴工。他們被送到島嶼東北部的種植園，與兩百名仍在那裡辛苦工作的受奴役者一起工作。

奴隸制於一八三五年二月一日廢除，當時模里西斯是大英帝國裡數一數二大的奴隸殖民地，並且因超乎尋常的殘酷而惡名昭彰。儘管如此，奴隸主人的「損失」卻得到豐厚的補償，那些如今獲得自由的人被迫當一段時期的「學徒」繼續工作，同時引進契約奴工來取代他們。契約奴工又稱為「苦力」（如今被認為是冒犯的用語），他們是以自由男女的身分被帶到模里西斯，簽訂了五、六年的契約，獲得一份工資和集體居住的小屋，倘若附近有醫院的話也能得到醫療照護。與受奴役者不同，這些人往往是一群群同時從某些村子招募來的，因此他們在到達島上後仍然能夠保有認同感和社群意識。

他們熬過了從家鄉橫渡印度洋長達十周的旅程，儘管抵達後迎接他們的是嚴酷的生活及工作條件，但是他們找到方法建立起自己的生活。他們信奉自己帶來的宗教，禮拜他們的神，慶祝節日，在石砌的祭壇上供奉祭品。他們烹煮養育他們的食物：薄餅、扁豆，和米飯，說他們家鄉的語言——北印度語、烏都語、坦米爾語，或泰盧固語，同時向新同胞學習模里西斯克里奧爾語。隨著時日漸久，他們契約期滿獲得自由，那些選擇待在模里西斯不回印度的人，用攢下的錢讓自己成為地主和種植園主，變成島上最大的民族分支。

到一九二〇年，已經有五十萬的受契約束縛的移民來到模里西斯，大多數人都在甘蔗田工作，當時甘蔗田幾乎涵蓋了百分之八十的可耕種土地。在英國統治下，和先前其他的殖民地開拓者一樣，為了建立種植園而濫伐開拓的土地面積增加，並且持續擴增。所有種植園都建立在曾經是茂密青翠的森林的土地上，獨特健全的生態系統遭到清除，轉變成以單作栽培為基礎的經濟結構。種植園系統摧毀了動植物的生長地，同時不斷侵蝕磨耗島上曾經肥沃的火山土壤。

我的手機裡有一份清單，列出我們搬到南部海岸後所有打算造訪的地方及希望看到的東西，但是由於過去五個月來的封鎖，我們幾乎沒有冒險走到我們與大海之間的五英里以外的地方。今天我們帶著裝滿食物的背包和一瓶防晒乳液出門，去參觀西迪恩的花園。這是個適合冒險的日子，陽光明媚宜人，但是旅程需要花上兩個小時，悶熱而令人汗流浹背。我們搖下車窗從東薩塞克斯郡進入西薩塞克斯郡，因為踏出一直以來緊縮的生活範圍而感到莫名的興奮又有點不安。

今天花園不是「原本應有」的模樣。封鎖導致花園在春季關鍵的幾周關閉，必須做出種植哪些、放棄哪些計畫的艱難決定，這肯定不容易，不過花園依然看起來很美。鼠尾草和刺芫荽四周環繞著攀登棚架的鐵線蓮，展露一片藍紫。柔和淡紅色的星芹；整修成拱形的梨樹；爬滿蔓性玫瑰、茉莉、葡萄藤的藤架。花園雖不完美，但我慶幸如此，本來就不該完美，這種雜亂坦率而令人安心。在這騷亂的時代

假裝正常又有什麼用？

我對這樣布置井然的花園很感興趣。儘管我對植物有所了解，但覺得展現、完成這種水準的植物作品相當引人入勝。這是一種藝術形式，用盛開的花卉和枝葉繪製而成的畫面，是一種編舞藝術。這種舞蹈與栽種食物類似：逐漸了解植物的需要和需求，觀察天氣狀況，竭盡所能創造讓植物茁壯成長的環境，但是想要得到的結果主要是美麗，而這正是我發現自己失去興趣的地方。這樣華而不實的作品說明了逝去的時光，卻不吸引我。在我看來，這種花園顯現了理想化的英國特色，展現出克制還有支配、力圖控制，尤其是對難以駕馭的自然界的控制。我覺得這樣井然有序、精確、盡善盡美、富麗堂皇相當漂亮，但不知為什麼並沒有令我著迷。

傳統花園並不像市集園圃那樣深深地打動我，我的心屬於食用植物。當然，栽種食物的目的較為明顯，收成與食用感覺像是完成一個循環。對我而言，充滿愛意地與植物一起旅行的自然最高點是最後將它們放入口中。我也正好相信食用植物和觀賞植物同樣美麗，在我眼中，大黃萘菜的紫紅色主葉脈與最完美的粉紅茶花一樣絢麗奪目，最後你還可以吃掉，這是我所能想到最吸引人的事了。

我大概十三、四歲時，父母第一次帶我去模里西斯的龐普勒木斯植物園。這植物園是以附近村莊的名字命名，那裡仍然種著荷蘭人自爪哇引進的葡萄柚樹。現在它還有另一個名字是來自西沃薩古爾．拉姆古蘭爵士，他是模里西斯於一九六八年脫離英國獨立後的第一任總理。我記得那個著名的大王蓮池塘，大王蓮又稱亞馬遜王蓮（Victoria amazonica），是羅伯特．尚伯克在蓋亞那（當時是英屬圭亞那）「發現」的，由植物學家約翰．林德利為紀念維多利亞女王而重新命名。巨大無比如爬行動物似的圓形睡蓮葉在邊緣翻起，有如上菜用托盤，看起來結實得足以承載一個人的重量。神聖榕樹的氣根從樹枝垂下碰到地面，然後向下扎根纏繞，成為龐大樹幹的一部分。那天是典型的濕熱天氣，我們遇到了一場滂沱大雨，不得不躲在雨傘大小的葉子底下——可能是一種龜背芋的葉子，我們緊抓著葉子舉在頭上，笑著尖叫。肥大的熱帶雨珠滴滴答答地打在地上，我的涼鞋裡滿是溫熱的水，那天稍後，為了涼快，我們直接喝了路邊裂開的椰子裡甜而新鮮的椰子水。

假如你只讀旅遊宣傳資料，我不怪你會以為龐普勒木斯植物園一開始是由馬埃．德．拉布多內創建的普通花園，目的是為他的家庭種植水果蔬菜。很少有資料會提到是工人的勞動建立了這個地方，他們播下種子、確保有收穫可以採集。資料中也遺漏掉一些細節，說明這座花園是一種殖民的工具，被當成育苗場來使用，種植可用來營利的植物，讓它們適應新的環境。例如：原產於南美洲的樹薯，能夠在乾涸的土地上大量生長，所以拉布多內引進來種植，當成便宜又營養豐富的糧食，讓受奴役者（和牲畜）在建造這國家的基礎建設、在這塊土地上勞動時免於挨餓。由於島上擁有得天獨厚的氣候，拉布多內得到了大量的農產品，這些農產品是利用受奴役者種植出來的，而他認為這些人不夠格當「人」，所以不願向他們透露種植技術和知識。

幾十年後，一位名叫皮耶．波夫瓦的法國植物學家將花園改造成較為正統的植物園。為了削弱荷蘭人對香料貿易的控制權，波夫瓦從事了幾年香料間諜活動後，成為模里西斯總督。他負責收集、繁殖栽種在龐普勒木斯植物園裡的植物，包括大量偷來的具有商業利益的樣本，例如肉豆蔻、肉桂、辣椒和丁香，他想要將這些植物引進該島的經濟結構中。波夫瓦被譽為是環境保護主義的先鋒，因為他提出濫伐和降雨量變化有關的理論，並試圖制定法規和立法來保護環境、防止水土流失。然而，他也必須為引進六百多種植物到模里西斯負責，這些植物毫無疑問地對環境造成了衝擊，其影響一直持續到今天。

植物遭到「追獵」、「發現」，然後運送到世界各地，從沿海地區到殖民地，而其最有利可圖的特性則成為武器。被發現可當成商品蓬勃發展的作物，如棉花、糖和菸草，從一處殖民領地運到另一處，作為征服、榨取及資本化的手段。這些植物和鞭子或烙印一樣可供利用，成為殖民主義和奴役的工具。在遭到嚴重摧毀的土地上，這些作物成為單一栽培的莊稼，並且變成可輸出的產品，讓英國、荷蘭、法國、德國、葡萄牙、西班牙，與美國人的私囊裝滿了異國的財富。這筆錢財造就這些國家今日的模樣，倘若沒有這個該死的機構，他們自此以後獲得的任何成就都不可能達成。

如同大多數植物園，龐普勒木斯植物園扮演著觀光景點的角色，我以前認為它就只是這樣而已——漂亮、觀賞用、無害。幾年前第一次參觀邱園時，我對這些場所的了解並沒有加深太多。植物園的美麗、植物生命的多樣性，甚至由這些地方發展出來的學術研究，都沒有傳達植物園故事中不可或缺的對環境的掠奪與破壞。一直到世人將植物園定位成理性科學的場所，重新設想為休閒空間，幾乎都沒有描繪為了讓植物園存在而培育、沾汙土壤的血汗及辛勞。這些雄偉華麗的地方充斥著精美鮮花與繁茂枝葉，四周環繞著古樹，收藏來自世界各地的珍稀植物，是帝國的工具。儘管歷史混淆了這一事實，這些植物園仍然是活生生的紀念碑，記錄著殖民主義的基礎——對環境及人類的剝削。植物園歷史沒有任何一點與它們促成殖民地探索的暴行所扮演的角色無關，因此現在仍是如此。

即使是現在，望著自己的花園，我還是看到殖民主義的傳家寶在各個角落生長。這些來自世界各地的植物都曾經在帝國花園的苗圃和溫室裡培養、適應新環境。那些眾人認為能夠在不大舒適的英國天氣裡茁壯成長的美麗植物被引進園藝界，而且依據盛行的趨勢，持續出現在英國的花園裡直到今天，例如：來自中國細長的枸子屬灌木及大量香甜的胡頹子；來自喜馬拉雅山脈的芬芳茉莉；來自南美洲或紐西蘭、澳洲誘惑蜜蜂的長階花。

有關這些植物的記敘依然存在。它們祖先的標本夾在紙張之間，以書寫不暢的墨水潦草地注解，告訴我們這些植物第一次與歐洲人的目光相遇是在何時何地。我們稍微了解它們的家鄉在哪裡以及它們在家鄉生長時的樣貌。在它們遭到連根拔起、移植他處之前，當地的原住民管理者稱呼它們的名字可能已經被抹去，不過有足夠的資料記錄下來，可以追溯出一些如今生長在英國土壤中的植物與它們身分遭改寫前的樣貌之間的關係。我們可以找到一些它們的起源故事，另外倘若我們決定這麼做的話，不要再相信玫瑰、天竺葵、長春花是由歐洲的植物獵人和植物學家「發現」的了。

受奴役者所得到的待遇還不如花園裡的植物。他們之中有許多人沒有留下姓名和家鄉的紀錄，我可以要求網路給我看十八世紀採集的植物標本的數位化副本，卻找不到任何資料庫能夠讓自己循著血統或家譜的關係追溯回去，告訴我我的祖先來自何處。也許是東非，有可能是馬達加斯加，或者甚至遠從塞內加爾而來，當然也有可能是印度的省分，從坦米爾那都也或許是馬拉巴來的。我不識字的祖父母的記憶力逐漸衰退，雖然比較近期的遷移與結合仍舊存在於他們隱約記得的名字和故事的回聲中。但是對於再更早之前的人我仍然一無所知，我到處尋找希望能夠找到他們，卻找不到絲毫消息。

我起床餵雞，這是我的職責，我將水管拉到花園盡頭，這是我的習慣。今天早上還殘留著一些昨晚下雨的水分，瓜類的葉子迎向清晨的太陽閃閃發亮，讓瓜類園圃看起來格外耀眼。這些厚實的葉子下面，傲然挺立在地面上的是開始肥大的果實，「北海道」和「雕刻家」兩種南瓜快樂地生長著，其藤蔓從莖幹向外爬，上面裝飾著燈籠形狀的瓜。離莖幹最近的果實最大顆，果皮從檸檬黃逐漸加深變成南瓜橙色。我追蹤藤蔓在地面爬行的旅程，跟隨藤蔓順著瓜類園圃走，然後橫過小徑遠離。我走得越遠果實就越小顆，我在每顆果實下面塞一把乾草，防止果實的底部腐爛。熊蜂在近旁大聲地嗡嗡作響，雖然我確信牠們會以正確的順序找到合適的花朵，好好當個繁殖的管道，但我忍不住出手干預以確保成果。我找尋細長花梗上綻放的花朵，裡面含有塵狀的花粉，輕輕地挖一點在指尖上，接著我走回去找到那顆最年輕、最小的果實，上面還附著一朵鬆垮的花，然後這回動作沒那麼溫柔地將花粉抹在柱頭上，希望剩下的大自然會搞定。

我忘記用網子覆蓋住十字花科植物以防止白粉蝶，現在牠們偽裝得很好的毛蟲後代正不斷津津有味地嚼著，而蝴蝶忽略的芝麻葉和羽衣甘藍上面則布滿葉蚤啃出的洞。我驅趕蝴蝶，牠們拍動翅膀飛走了，在紫球花椰菜葉子底部留下一簇簇微小黃色的卵，讓我去尋找。我摘下毛毛蟲，將蠕動著的毛蟲一隻接一隻餵給雞吃。菾菜、萵苣，甚至在最低處的豆類都滿是孔洞和黏液的痕跡，蛞蝓晚上在那裡大飽口福，牠們現在溜進長草裡休息了，幾乎肯定在黃昏來臨時又會出現，更大肆地破壞。在這塊土地四周散布著一些軟質黏土堆成的小丘，這些小山丘是鑽地鼴鼠偶爾跑上地面掘出一、兩株作物造成的。我很慶幸這裡有足夠的蟲子和土壤生物吸引牠們，但是不大高興牠們嚴重破壞植物，並且不尊重我不翻土的種植方法。

這塊地以外的田野沒有刈草，草長得很高並開滿了野花，吸引翩翩飛舞的草地褐蝶、姬紅蛺蝶、鉤粉蝶都往這邊來，我看著牠們在微風中旋轉的蒲公英種子間飛來飛去。一隻紅色的豆娘停在園籬上，一隻蚱蜢緊緊抓著有稜紋的黃瓜葉子邊緣，一隻地花蜂飛快地衝向草地，消失在地下的巢穴中。蜜蜂、獨居蜂、佩帶蚜蠅從番茄花飛到與蘭花相似的四季豆花，再飛到張大嘴巴的旱金蓮。頭頂上，兩隻煤山雀和一隻鶺鴒快速地飛來飛去，一隻知更鳥從柳樹上飛到地上覓食。我暫停片刻聆聽鬧哄哄的蜂鳴鳥叫，喧鬧而美好。我在這裡種植，希望這些生物能夠加入我的行列，這座花園是我的家也是牠們的。即使是那些我希望牠們離開（偶爾會重新安置或拿去餵雞）的生物也和我同樣有權利住在這裡。牠們是不可或缺的，牠們讓我知道平衡的存在，每當出現損失（這不可避免一定會有），我會試著記住有損失往往代表生態系統獲益。與其說是個人的失敗，不如說是貢獻給全體的利益，這意味著我的菜園和花園雖然狀態不是非常良好，但這是我喜歡的完美。

有兩條櫛瓜可以採收了。大多數日子都是如此。在夏季的高峰期每隔一餐都有櫛瓜是栽種人的樂事，是他們家人、鄰居的負擔。山姆用木頭廢料和舊的細鐵絲網拼湊出一座棚架，只要稍加誘哄和溫柔地鼓勵，黃瓜就輕而易舉地攀爬上去。我拿著拖在地面上的藤蔓，示範給它們看該往何處走，並小心翼翼地撿起藤蔓一一穿過鐵絲網，將捲鬚放在建議它們抓住的地方。從土壤上掀起的葉子下面，我看見我答應爸爸的第一批黃瓜已經授了粉，開始長大了。

我微微哽咽著喉嚨，做了腦海清單裡的其他工作。修剪番茄的側芽，然後用那桶難聞的康復力茶替番茄施肥，並用一把大剪刀修整南瓜圃周圍的青草邊緣，因為那裡用手持式電動割草機搆不著。我帶著滿口袋的橙色小番茄，用手肘夾著櫛瓜走回屋裡，但是在我經過時熊蜂刺耳的嗡嗡聲引起了我的注意。牠醉醺醺地翻來翻去，渾身沾滿花粉，面朝下地待在血紅色的朱槿花中央。這是這棵樹上綻放的第一朵花，自從搬來後我就一直等待它的出現。雖然我認為不可能，但我媽說對了，這種熱帶花卉可以在這裡生長開花。

最常用來描述來自其他國家的植物的術語是「外來種」。就朱槿而論，其確切原產地不詳，不過生長在世界各地的熱帶及亞熱帶地區，因此雖然歸類於外來種，但很少人這樣描述朱槿，因為朱槿的表現恰好符合園藝家的期望。無論是在園藝、農業，或者自然保育方面，最常聽到「外來種」這個用語是和「入侵」一詞搭配在一起的時候。這術語描述的植物或動物具有大量繁殖的能力，很容易蔓延，結果難以控制。這兩個詞纏繞在一起，組成的片語目的是為了引起警惕，通常都是有合理的擔心理由，例如：虎杖長大會穿透混凝土，大豬草會讓皮膚起水泡。這兩種植物只要有一丁點的機會就會猖獗地生長。

聽到「外來種」一詞，即使是和「入侵」分開，我也會反胃，但我覺得令人擔憂的是這兩個用語之間公認的聯繫。倘若擔心的是植物的生長習性與其恣意蔓延的後果，為什麼有必要指明這是「外來的」？這傳達了什麼學問嗎？或是提供了什麼有益的了解嗎？這些生物的「外來身分」是否有什麼固有的特質導致這些生物的行為不同？除非與你想要描述的行為有關，否則為什麼要提到這些生物是「外來種」？存在於這國家的所有外來物種是否都具有侵略性？不是，如同繡球、吊鐘花、茶花、風信子、耶誕玫瑰、非洲菊，和其他成千上萬的物種所證明的，許多外來物種都表現得令人滿意，並且種植在許多人的花園裡。就連英國玫瑰也不是在英國土生土長的，它們的祖先很可能來自亞洲，最有可能是源自中國。

那麼所有的入侵物種是否都是外來種？也不是。在英國鄉間隨處可見的歐洲蕨是全國各地都有的問題，要是牛馬誤食了就有中毒的危險。如果希望一個片語具有實用性，那麼這個詞語想必需要明確、清楚、準確吧？隨便使用這些詞彙有可能會產生錯誤的觀念，從而助長了對那些被認為是「異類」的人普遍輕視的說法。許多「外來種」植物有益於改變生態系統，在氣候危機的背景下，我們可能會發現這些植物的存在不僅必要而且廣受歡迎。

雖然環境保護主義者的擔憂或許合理，但這些術語的用法卻讓問題脫離了歷史背景。大多數拒絕按照我們的期望生長的植物並非自願來到這裡，它們不是入侵者、闖入者或寄生生物，而是被植物獵人從土裡盜走的人質，那些人為了利益、地位或是研究而將它們帶回來。帶走它們的人認為這世界擁有無窮無盡的財富可供探索、剝削，每到一處對他們來說是新的地方就盡其所能地全部拿走。可能有些植物是偶然來到這裡，也許是鞋底或是另一個標本土壤裡的種子，但更有可能是被某個擁有的權勢可以改變歷史進程的人故意帶來這裡。我想值得記住的是，例如：當你在咒罵鳳仙花突然爆裂的種莢時，你或許應該咒罵的是約翰・佛布斯・羅伊博士，他在一八三〇年代末將鳳仙花的第一個樣本帶到皇家植物園邱園。

我知道試著補救某些物種對景觀造成的影響有益處，但我也忍不住覺得那樣的思維模式令人擔憂。我們無法知道在企圖撤銷已經發生的改變時，自己的行為可能會造成什麼意想不到的反響，或者我們在設法讓時間倒流的時候毀掉了哪些可能性。人類似乎不得不相信，「補救歷史上人類的干預」其實會是更大的干擾。在這些努力復原、「恢復自然地貌」的行動中，我們究竟想要回到過去的哪個時間點？想必我們不會認為「大自然」曾經有純淨、完美、完全未受人類破壞的時刻吧？誰能夠決定我們應該努力重建哪一種景觀，以及什麼可以留下或是誰必須離開？植物得在這片土地上生長多久，才會被認為是土生土長可以留下來？

我對於這種迷信原生種，企圖收回土壤只讓原生種扎根的努力有很多疑問，因為我不由得聽到生態法西斯主義者的論點，他們相信「外國人」會對他們的土地構成威脅。就在前幾天，有個民族主義團體徒步登上德比郡的一座山頂，展開

「白人的命也是命」的橫幅，他們招募成員的中心思想將民族主義與環保主義混為一談，認為鄉村的沒落是那些非白種人、非英國人的錯，把我們都說成是「入侵者」，我一想到就不寒而慄。

植物和種子、生物與孢子對人類所創造劃分世界的界線一無所知。它們每天都跨越邊界，假如它們千里迢迢到著陸的地方造成嚴重的破壞，那很可能是因為某些人類的行為，而不是因為它們是外來種。倘若你只聽過這個術語用在描述問題的時候，那麼外來種的故事就不完整了。在英國的景觀中，我是個外來者，但是我相信無論我的血統可以追溯到哪裡，我的存在對這地方都是有好處的。（這倒不是說我相信我們之中只有那些被視為「有價值」或「有助益」的人才應該覺得受到歡迎。）假如非要用這個術語不可，那麼我們每次描述許多在這裡廣受歡迎且有益處、卻碰巧是來自別處的植物時也要使用。如果不這麼做，那就澈底棄用這個術語吧，因為這個詞並沒有好好發揮作用。

無論你相信與否，詞語是具有力量的。詞語塑造了我們理解世界的方式，讓我們可以創造故事以便我們跳到結尾，並且簡化敘述好讓我們可以繞過複雜的段落。然而即使我們希望詞語一成不變，詞語也不會一直侷限在意義的一角。它們會悄悄爬出去搗亂、轉變，在並非為它們而設的概念空間裡生根。

如果你認為將「外來」與「入侵」連結在一起沒什麼問題，那你一定從來沒有過過一天當「異類」的生活。假如你認為這些術語只用在園藝界、農業及自然保育上，那你就太粗心了。數百年來，人類一直使用入侵、害蟲、害獸這些剝奪人性的語言來妖魔化那些來自別處的人。無論他們是移民、難民或是尋求庇護者，多年來人們一直用這種語言來剝奪他們的人性。假如你相信這種語言會因為你正確地使用就乖巧聽話，那我敢大膽猜測你從來沒有遭人質疑過你的歸屬，或者懷疑你的國籍。如果你使用這些詞語，我想請你認真思考：你真正想要描述的是什麼？

模里西斯黃瓜看起來可以採收了。我瀏覽手機上的照片，找到了我在弗拉克市場拍的照片，就是我爸爸和伯伯去為家人買菜的那個市場。那天那個伯伯帶山姆和我到市場去躲避太陽，在遮陽棚下有長桌子，上面高高地堆滿矮胖的鳳梨、胖嘟嘟的香蕉、大塊的樹薯、細條的茄子、成捆的百里香和芫荽，在我們腳邊，培地茅籃子裡擺滿了秋葵、苦瓜及長豆。我們看著一名坦米爾人拿著大砍刀砍一顆新鮮的椰子，將椰子的頭砍掉後，給我們喝裡面的椰子汁。

沒錯，這些黃瓜跟我那天看到的一模一樣，長得很漂亮。我想像問爸爸這些黃瓜是否可以收成了。我想像問我爺爺，他告訴你東西的大小時，會伸出前臂用手指輕敲指出長度，然後問：「Sa longer la？（這麼長嗎？）」假如你滿意這長度就回答：「Oui ta!（好的！）」我從藤蔓上剪下相當大的果實，切開的莖滲出晶瑩的汁液，這條黃瓜光滑而沉重，我很自豪。我將黃瓜交給山姆，他把黃瓜宛如珍貴的藝術品似的用薄紙和氣泡布包起來，放進舊鞋盒裡，準備明天早上拿去郵局。當然，我會品嚐，也許是下一條，但不會是第一條，第一條是給我爸爸的。

第12章

到了季節高峰的某一階段，植物會變得茂盛而難以控制。氣溫越來越高，花園和菜園都顯得難以駕馭，不斷地長大蔓延，莖在自身和果實的重量下彎曲。收穫也非常豐富，有一簇簇短小的淺色黃瓜，還有一叢叢攀緣豆類及最後一批紫莢豌豆。由於前幾天突如其來的一場雨，番茄裂開來掉落在地，我任蒔蘿長得又高又細的地方，突然開出陽光黃的傘狀花朵，引來嗡嗡作響的飢餓食蚜蠅。我剪掉主芽，也就是頂芽，來「阻止」攀藤番茄植株及南瓜藤的生長，這麼做會把植物的能量導入已經結出的果實中。

我看著牽引機隆隆地駛過防兔柵欄，砍平搖曳的高草，我難過地看著草消失。一群烏鴉在剛割過的草地上仔細搜查，找尋美味的受害者。山姆從臥室窗戶探出身子，修剪在玻璃上纏結成一團的紫藤藤蔓，我感覺這些藤蔓彷彿慢慢吞噬了屋子正面，在我們睡覺的地方編織了一個保護籃，我也很難過地看著藤蔓消逝。不過，隨著炎熱的日子明顯地逐漸縮短，我任其他的一切漫步向前。我抗拒著想要整理的衝動，除非似乎真有必要。兩邊有濃密的枝葉與纏結的藤蔓讓我感覺比較安心，置身在自己種植的植物當中感覺比較自在。

那些雞也感覺比較自在了。我甚至成功地說服除了咪咪以外的所有雞飛到我的腿上，以換取幾顆玉米粒。牠們跳上來時我就保持靜止不動，希望等點心發完後牠們會逗留片刻，甚至讓我撫摸一下。蒂可兒待了一會兒，甚至坐在我腿上時用喙整理羽毛，讓我欣喜若狂。有時牠會從敞開的門走進來，飛到我的辦公椅背上，從我肩上看著我打字。葛蕾絲喜歡在下蛋時高聲唱歌，要是發現我走到外面去聽牠那不成曲調的歌，就會向我飛來慶祝，不斷地撲打翅膀、歡欣鼓舞地嘎嘎尖叫。害羞的小咪咪則始終與我們保持距離，不論如何嘗試引誘牠過來都一樣，而且牠尚未下第一顆蛋。

有人警告過我北京矮腳雞有賴孢[16]的傾向，但是我完全沒有料到賴孢會讓雞的

16. 賴孢指母雞產蛋之後出現戀巢、孵蛋狀況，這段期間會降低產蛋數。

行為發生什麼變化。艾倫的荷爾蒙滿溢，像青少年一樣喜怒無常。牠成天努力地爬到巢箱裡坐下，然後低著頭翹高臀部，完全不管底下有沒有蛋。牠會在那裡待一整天，徒勞地希望——假如牠能理解希望是什麼的話——自己抱在胸下保暖的那顆未受精的蛋能夠孵化生出小雞。牠有點恍惚地持續孵著永遠孵不出的蛋，看著牠那麼做令人難過，因為明知牠的努力終將證明是徒勞無益。

我們竭盡所能地干涉，雖然牠寧可我們別去打擾。從艾倫凶狠的啄咬和低沉規律的咆哮，顯然牠並不知道我們這麼做是為了牠好。但是如果我們放任不管，牠就會挨餓、脫水，不整理羽毛，也不用沙土洗澡，為了徒勞地想當母親而捨棄自身的需求。因此我把艾倫從雞舍抱出來放到地上，牠氣憤但輕聲地咯咯叫，憤慨地豎起羽毛。牠的恍惚狀態持續了一會兒，直到發現我在牠面前揮舞著麵包蟲才回過神來。牠貪吃地搶走我指尖上的麵包蟲，但是無論我如何努力用更多的點心，比方說玉米、羽衣甘藍或者紅色的東西，來分散牠的注意力，十或十五分鐘後，牠都會跑開，朝雞舍的方向奔去，在那裡碰上我已關上的門。

在無法孵蛋的時候，艾倫會遷怒其他的雞，會啄咬、追趕牠們。今天天氣格外溫暖，在暖和的日子裡，牠會特別想孵蛋，因此我把牠抱起來，用一張冰涼的紙巾摀住牠的胸前，因為牠把那裡的羽毛拔掉，坦露出拔了毛的熱燙皮膚。這行為並不像聽起來的那麼古怪，對於想孵蛋的母雞來說是很正常的，牠們希望用坦露的肌膚貼在蛋上來誘哄蛋孵化。幫艾倫的皮膚降溫應當能夠讓牠平靜下來，在惱怒地拍打翅膀一陣子後牠終於讓步，安穩地待在我的臂彎裡，腳爪輕輕地握住我的手指，身體倚靠在我的胸前。我感覺牠的呼吸在我的旁邊起伏，牠的瞳孔放大，幾分鐘後眼睛閉上，迷迷糊糊地打起盹來。最後我把牠放下，給點心當成獎勵，艾倫暫時忘記了自己的執著。我知道牠會再回去試著孵蛋，不過現在牠正和姊妹們一起到處啄食。

天還未亮，轟隆隆的雷聲就橫過天空，先驚醒了我，稍後，山姆也醒了。我繼續緊閉雙眼不願面對一天的開始，努力說服自己我還在睡覺，然而橙色粉紅的太陽穿透陰暗的灰雲和滂沱大雨，輕推窗簾上的縫隙硬闖進來。色彩隨著擾醒人的陽光移動，然後消失在暴雨雲裡。山姆拉開窗簾，一道白、紫、藍的閃電猛然劃過天空，讓花園、空氣、臥室都籠罩在粉紅的玫瑰色中。我躺了片刻聆聽雨聲，肥大的雨滴打在屋頂、窗戶上，落到焦乾的泥土上。熱氣開始消散，我深深吸一口氣——

又一道閃電，數三次「密西西比」[17]後，又低又沉的隆隆聲傳來。我逐漸飄回夢鄉，夢到金翅雀停落在晾衣繩上。

在六千多英里外，石油正以公噸為單位湧入模里西斯東南海岸外的海洋，墨黑的油傾洩進清澈碧綠的潟湖。兩周前，一艘日本油輪因為太過靠近島嶼而擱淺，並且在亞熱帶冬季洶湧的海水中逐漸解體。那畫面令人怵目驚心。光是想到這起漏油事件已經造成的破壞，以及毒素隨著每次波浪起伏更進一步深入水中，將會對寶貴的生態系統，包括珊瑚、魚類、鳥類、哺乳動物造成什麼影響，就令人難以忍受。

雖然沒有水面下的狀況的影像，不過不難想像，這些石油往下漂流包覆住有數百年歷史的鮮豔白色的珊瑚；填滿玳瑁殼上的裂縫，灌進座頭鯨的喉嚨。海浪夾帶著石油拍擊白鷺島的海岸線，白鷺島是地球上一些極為獨特稀有的物種的家園，有很多模里西斯人在那裡。志工將稻草和甘蔗葉塞進布袋盡可能地吸收溢出的石油，他們身穿白色的連身工作服，顯示出黏稠、閃亮的石油緊緊地附著在四肢上，他們也戴著口罩來保護自己，以免感染新型冠狀肺炎、吸入惡臭的汽油味。

我在推特上看到一張又一張的照片，顯示這個不受歡迎的陰影向外滲透，進入水中在水裡蔓延。我感受到這個陰影造成的破壞，彷彿這些石油在我的全身流動，毒性滲入我的血管吞沒了我。我想當漁夫的爺爺若是目睹這一切一定會非常傷心。

假如我在那裡長大，很可能會住在海邊，也許我會學會如何正確地游泳，說不定我就不會那麼怕水了。倘若我在那裡長大，今天我就可以在那裡採取行動——任何行動都好——幫忙清理那片混亂。看到那些畫面我的心都碎了，但我無法移開視線。這是一場生態浩劫。政府已經宣布進入國家緊急狀態，他們既沒有資源也沒有資金能夠處理這個情況，正在呼籲前殖民國法國提供支援。我在請願書上簽了名、捐錢給清理基金、在網路上分享這件事，我只知道這些做法。我看著窗外的山丘和林地，在那裡也看到了生態的災難，這片鄉間的生物多樣性正在嚴重地減少。根據二〇一六年的自然狀況報告，這裡是「世界上自然資源嚴重枯竭的國家」之一。我簽署了另一份請願書，看著我的作物在夏末的微風中彎折，我特地把這些作物留下來開花讓授粉的昆蟲採集花蜜，這是我所能做的一件小事。

我們不清楚為什麼這麼龐大的船隻會偏離原本應該遵循的航道一百公里遠。

17. 數秒的意思。

我們難以理解一艘散裝貨船怎麼會那麼危險地駛近島嶼，更別提靠近藍灣海洋公園，那裡是有千年歷史的腦珊瑚的家，其生態系統非常脆弱，被拉姆薩公約列為國際重要濕地。話說回來，我始終不確定這些以環保為名所指定的區域是否真的具有它們聲稱的意思，尤其是在面對資本主義和帝國主義的時候。

Bassas de Chagas[18]。油島[19]。查哥斯群島。英屬印度洋領地。

查哥斯群島是位於印度洋中間的珊瑚群島，由六十四座熱帶島嶼所組成，最大島為迪亞哥加西亞島，面積是十六平方公里。從一七七〇年起，島上的人口歷史幾乎與模里西斯的相近，當時法國允許各公司在這片土地上開闢椰子油種植園，並且從莫三比克和馬達加斯加運送受奴役的非洲人來島上工作。

一九六〇年代中期，模里西斯政府在談判脫離英國獨立的條件時，被迫將查哥斯群島的控制權讓與英國以換回自由（儘管與模里西斯相隔一千多英里，這些島仍被認為是模里西斯領土的一部分）。當時塞席爾的總督布魯斯・格雷特巴奇接到的任務是「清潔」、「消毒」這些島嶼，他形容查哥斯人是「頭腦簡單、不可教育」，認定「這些人除了種椰子外別無才能」。如今英國政府稱這群島為英屬印度洋領地（BIOT），在模里西斯獨立後的短短幾年內，將近兩千名住在迪亞哥加西亞島上的查哥斯人被迫遷移，好讓英國政府將該島租賃給美國，美國要在那裡建造軍事基地。

英國政府精心策劃了一項活動，目的是抹殺查哥斯人的存在，藉由維持「島上沒有永久居民的假象」來誤導國際社會。外交部常務次長保羅．戈爾—布斯寫道：「對這問題我們當然要採取非常強硬的立場。訓練的目標是擊中一些仍舊屬於我們的岩石；那裡除了海鷗外沒有任何原住民。」查哥斯人被迫離開家園，拋下財產、土地和水域，每個人只帶了一個行李箱，被丟棄到別處，沒有獲得重新安置的協助。從那以後他們就一直在努力爭取返回家園。

在遭到驅逐以前，他們在島上過著簡樸的生活。他們有工作，種植蔬果、飼

18. 葡萄牙人取的名字。
19. 因島上盛產椰子油而得名。

養牲畜、捕魚，以養活自己並且和群體共享。他們栽種番薯、葫蘆、甜椒、辣椒、麵包果、山藥，也種植釋迦、芒果、柑橘類水果、鳳梨、木瓜、香蕉和番石榴。他們最後定居的國家包括模里西斯（大多數人都留在那裡），還有塞席爾及英國，在這些地方他們沒有能力像以前那樣維生，面臨著貧困的生活。直到今天，這些流亡的人透過分享的食物、栽種的植物，以及確保記憶永不褪色的文化習俗來保持與家鄉的聯繫。他們碾碎葉子、烹煮藥草茶、準備草藥，一面緩解病痛和離鄉背井的悲傷，一面竭力爭取、希冀他們終有一天能夠回家。

二〇一〇年四月BIOT專員宣告該群島是「禁捕」的海洋保護區，禁止所有的商業捕魚和採掘活動，以保護世界上最大的活珊瑚環礁及生活在其中與周圍的物種。這項指定是由工黨領導的英國政府片面決定，而且可以理解的是獲得了若干環保團體的贊同。當時的外交大臣大衛・米勒班宣稱這項行動「表明英國非常認真看待其國際環境責任」，然而同年稍後，維基解密揭露了一份美國外交電文，顯示英國外交部官員柯林・羅伯茲告訴美國國務院官員，成立MPA（海洋保護區）「對於迪亞哥加西亞島作為（軍事）基地的管理方式不會造成影響」，同時可以「有效終止島民對重新安置的要求」。美國官員回覆表示同意，聲明「如FCO（外交及國協事務部）的羅伯茲所述，設立海洋保留區確實可能是防止查哥斯群島的前居民或其後代重新在BIOT裡定居最有效、長期的方法」。那裡欣然接納美國人和他們的軍事行動，卻不歡迎查哥斯人。

將五十四萬四千平方公里的豐富海洋生態環境劃為保護區域無疑是有益而且必要的，但是這麼做是為了鞏固新殖民主義對一座具有戰略地位的島嶼的控制則不是那麼回事。這部分的查哥斯故事一直被說成是「保育殖民主義」，原因不難理解。即使查哥斯人爭取到了返鄉的權利，限制他們捕魚為生的產能將會讓他們難以繼續在那裡生活。

與這座群島有關的爭論還在持續。儘管二〇〇〇年高等法院認為驅逐查哥斯人是不合法的，但是英國政府仍然再三拒絕給予查哥斯人返鄉的權利。二〇一九年海牙國際法院裁定英國占據該群島違法，聯合國通過一項決議，要求英國將查哥斯群島的控制權交還給模里西斯——倒不是將控制權移交給模里西斯就能夠保證會遣送查哥斯人回鄉。

儘管如此，迪亞哥加西亞島仍舊是美國的軍事基地，查哥斯群島依然是殖民地，而查哥斯人仍然流離失所。

在向來是一年中最溫暖的月分，也是日照充足、產量豐富的那個月，再度吹起風來。風又來了，氣溫下降，植物看起來因此十分苦惱，固定住番茄的支架快要從土裡拔起，四季豆攀爬的拱形結構搖搖晃晃，似乎很可能飛到田野去。這場風暴感覺像是想要迫使夏季放棄最後幾天，讓秋季比預期的更早到來。混亂的天氣令我焦躁不安，讓我很難集中注意力，我查看新聞，看見海豚屍體被沖到漏油地點附近的海岸的圖片，還有義工將一鏟鏟的黑泥從紅樹林底部拖走的影片。我讀到鄰近的學校被迫關閉，以免孩童受到難以忍受的惡臭傷害，看見抗議人士身穿黑衣在路易士港的街道上遊行的照片。他們反覆喊著對政府反應不力以及一開始導致漏油事故發生的腐敗和疏忽的失望，石油的毒素全都到達又深又遠的地方，清理將會需要漫長的時間。

在某個影片中，三個模里西斯年輕人談到他們目睹這一切的悲傷。他們覺得與自己國家的生態環境緊密相連，並且關切保護他們的生態環境。他們非常清楚地領悟到不尊重環境將會危及自己的未來，我有點羨慕他們對自然界感覺那樣的親近。我萬分羨慕島上的生態與他們對自己的認同感深刻地纏繞在一起，但是我更為他們的絕望感到哀痛，同時覺得絕望。現在的孩童或青少年不得不忍受自然界遭到榨取、惡化的後果一定非常苦惱，年紀輕輕就要面對權力與財富累積的體系，這些體系拒絕考慮未來的事情以及留下來處理惡果的是誰。目睹大人對於汙染和未能達成的氣候目標軟弱無力的承諾，並試著說服他們自己，我們這些大人關心地球留下什麼給後代繼承——這肯定令人難以忍受。

這並不是我在新聞中看到的第一次漏油事故，也絕對不是今年發生的唯一一次環境災難。俄羅斯及委內瑞拉也發生了漏油事故；印尼、巴西、盧安達有致命的洪水；緬甸、尼泊爾、奈及利亞出現山崩；澳洲與美國發生野火。我看見這些災害感到心痛，然後這些災難就逐漸從我的腦海飄離。我不夠堅強，沒辦法長時間承受每次災難造成的沮喪。但是我想這次漏油事故會持續很久，自己肯定會擔心彎嘴濱鷸、中杓鷸、三趾濱鷸那些候鳥是否能夠在模里西斯找到著陸的地方和食物，這樣一來當我們在退潮散步時，牠們才有可能回到南岸的海邊。我擔憂哪些珊瑚礁無法倖存，哪些魚類在珊瑚礁死亡後會跟著消失。我擔心等我能夠回去的時候，那片海域是否仍有海豚在游泳；我擔憂因為這種毀滅性的疏忽舉動而已經失去和即將失去的生命與生計。

我感到無能為力，因此帶著這股無力感到花園去。我用手指揉碎乾枯的薰衣草花，吸進令人平靜的芳香，我拔除蜿蜒鑽過鐵絲圍籬底下、在草莓植株間生長的蕁麻，直到指尖的刺痛變得難以忍受。我摘下金盞花乾燥的種莢，把粗糙如爬行動物似的種子胡亂塞進口袋，決定明年早一點播種。在溫室裡，我在盤子裡裝滿種子用堆肥，把堆肥往下壓實，再將一些十字花科植物的種子倒在彎成杯狀的手裡，一次一種：日本水菜、綠捲芥菜、紅羽芥菜、龍舌芝麻菜。所有的芥菜和種子看起來都很相似，不過會長成不同種類的辛辣葉子。我在每個育苗穴盤中放了幾顆種子，再用手指捏碎堆肥覆蓋在種子上面。

每當感到無助的時候，我唯一知道可做的事就是播種。就在我輕柔地為種子澆水時，頭頂上的天空暗了下來，不久雨點就砰然作響地落在溫室屋頂上。我看著豆大的雨滴在晒得炙熱的地面上彈跳，直到大地終於同意讓水分進入。我站著傾聽滂沱落下的如雷雨聲，聽起來彷彿在瀑布的中央，雨聲氣勢驚人但令人平靜，這節奏撫慰了我。幾分鐘後雨停了，空氣變成淡淡的蜂蜜色，剩下感覺好像可觸摸到的霧氣。新鮮的水分瀰漫在空中，我的下一口吸氣涼爽、芳香而美味，一路吸入我的肺部深處。

隔天高溫又回來了。天空無雲，空氣凝滯，室外和室內一樣難受，因此我們出發去海邊。我們前往搬來時去過的那個地方，當時正要進入冬季，風猛烈地狂吹，將我們的話語颳到浪裡，浪花隨著湧入的潮水嘩啦啦地沖向我們。今天正好相反，風平浪靜、高溫炎熱，我安頓下來，把東西和自己藏進防波堤旁的一小片陰影中，山姆則縱身奔向大海。我羨慕他赤著腳奔向海水衝進水裡的自信。我躊躇了一段時間以鼓足勇氣；我總是需要花點時間才能做好下水的心理準備。但是令人意志屈服的太陽非常有說服力，我開始感覺不適，頭已經暈了起來。

我走過去踩在熱燙的卵石上，但是腳底承受不了，於是我又踮著腳尖回來拿夾腳拖。我再試一次，等走到水邊時，冰冷得難以置信的海水輕輕拍打我的腳趾，讓我的呼吸梗在胸口。這感覺既美妙又可怕。這是消除酷熱的良方，但是要得到，我就必須甩脫席捲我全身的衝擊，用我所有的一切去反擊。我脫掉夾腳拖舉到頭上，然後大叫著撲進水中，讓屁股先著地。在這淺淺、涼爽的海水中戲水感覺不可思議、如釋重負。海浪很溫和，而且只比浴缸深一點。我不知道自己之前為什麼那麼害怕。

今天這片海域對我來說是一種慰藉，但我是幸運的人之一。對其他人來說，這片水域是具有爭議的地方。南岸的海灘是移民們所希望前往安全與庇護所的最後一段危險旅程，他們大多數人是為了逃離戰爭、飢荒、迫害，或是逐漸侵蝕的氣候變遷而來。假如你只聽右翼評論家、社交媒體上最憤怒的用戶，和某一批保守黨的下議院議員抒發的憤慨，那麼你會相信，比起繼續在全國迅速蔓延的高度傳染性呼吸道疾病，那些搭乘擁擠的小艇渡過英吉利海峽的少數移民更構成威脅。

每次煽動的言辭都是一樣的，主要的參與者也往往相同。這種煽動性的語言存在已久，和我小時候沒有多大差別。他們稱移民是入侵。儘管他們尚未獲得程序正義，但他們堅持說移民是非法的。他們說移民是罪犯、闖入者，而且很可能是恐怖分子。他們說「把他們遣送回去」，因為「這國家已經滿了」。他們說我們不欠他們安全的庇護所，卻拒絕看清這國家用許多方法引導移民來到本國。這種語言非常耳熟而惱人。他們毫無人性的言辭令我難以承受。一想到有人肯定忍受了偌大的痛苦才能應付來這國家的危險，而這個宣稱自己很公平、認為自己很人道的國家卻讓他們遭受如此的敵意，我就精神崩潰。有些人會認為我很天真，面對每個悲劇故事時過於心軟、太容易上當，無法分辨真相與謊言。但是現在和今後的歲月，我都將選擇如此，而不是鐵石心腸。我不要讓自己變得毫無惻隱之心。

海浪越來越強，我進一步涉入水中。我試圖保持直立，但海浪將我推來推去。沙子和礫石在我下面移動，我努力讓雙腳踏到海床上。可是就在下一刻，我伸出腳卻踩不到任何東西，我驚慌地踢腳濺潑水花，瘋狂地找尋可以穩住身體的東西，胃往下沉。鹹水梗在我的喉嚨後面咕嚕作響，好不容易我的腳趾踩到石頭、沙子，和穩固的東西，恐懼消退，我又可以呼吸了。我涉水往沙灘走近一點，心跳在耳朵裡大聲地怦怦響著，想起我一直以來都怕水。敢將自己託付給大海是件了不起的事。

從我們搬家到疫情爆發只隔了四個月左右。我們在這裡生活在某種形式的封鎖狀態、籠罩在新型冠狀肺炎的焦慮中的時間，比沒有封鎖的時間更長。當別人問我情況如何、我是否適應了，我不確定該如何誠實地回答。當我們持續困在這異乎尋常的時間裡，很難判斷這次搬家是否順利。我們已經好幾個月沒有和朋友見面，而且在春天與偶爾醉醺醺的鄰居興奮愉快地閒聊了幾周後，她又恢復迴避隨意交談的狀態了。我想起去年十一月那個冷冽的星期六，琳達突然衝進屋裡擁抱我表示歡迎，我不知道是否還會再見到她。所有我們希望見到的人都在家工作、保持社交距離，遠離摯愛的人又還不知道這裡能否交到真正的朋友，比我想像的還要艱難。我不時會有些渴望，希望仍然能夠輕快地走過我們在哈克尼時居住的那條馬路，跟朋友歡笑個一、兩小時。

儘管我擁有更大的空間，我的世界卻幾乎和所有人的一樣縮小了。我們清晨到樹林裡散步，但是不閒逛得太遠。我們在雞籠旁邊的花園裡吃晚餐，直到太陽落到屋子後面把溫暖一起帶走。我們在現實生活中唯一的社交互動是跟瑞秋和格雷姆，他們站在花園盡頭的田野裡問候我們，他們的狗維尼則無視新型冠狀肺炎的規定，漫步到我們的屋子裡四處嗅聞。雖然感覺和其他人疏離，但我知道自己非常幸運。花園富饒，菜園提供了生活必需品，而雞在大多數日子都會產下蛋黃超大的小顆蛋。我擁有了離開城市時所渴望的空間，我不認為當我說在這裡呼吸比較順暢是我自己的想像。

我正要跨進溫室的門，但是接近地面的溫暖混濁的空氣重重一擊將我驅趕出來。我把門半開著，然後去把澆水壺裝滿，等待悶濁的空氣散開。我每日檢查秋葵的植株，尋找新的花蕾，秋葵的花宛如朱槿非常漂亮，而且稍縱即逝，從開花到凋謝不到一天的時間，我不想錯過。我只摘了幾根莢果，不過因為稀有所以格外美味。我不小心讓盆裡的紫羅勒開花了，但是甜美的香氣讓它們忙於應付嗡嗡作聲前來覓食的生物。我輕輕地用手圈住蝴蝶，這些蝴蝶闖入溫室，不停地撞上透明的屋頂反彈而灰心喪氣。在我放牠們飛走之前，牠們的翅膀在我的手指裡面撲打著。

苦瓜以驚人的速度生長，每天都長大個幾吋，細緻裂葉的每一部分都有起伏的平滑曲線和鋸齒狀的尖端，每條新長出的捲鬚都伸出去尋找可以抓住的東西。當微微捲曲的末端碰到金屬絲後會緊緊地盤繞在金屬絲上，以便在生長時穩住自己。

我九歲、十歲的時候，頭髮又長又重又捲，請媽媽幫我剪短，心裡抱著未說出口的想法，相信剪完會變成光滑的短髮。隨著每次剪刀剪過我的濕髮，一大片頭髮掉落在地，剩餘的頭髮就開始捲曲起來。我震驚地看著，因為我的頭髮與我想要的背道而馳，顯示出我的毛囊的本性，整頭的頭髮變成一團亂糟糟的螺旋捲髮，我澈澈底底地崩潰了。

這些瓜類的捲鬚讓我想起了那災難的一天，當時我相信只要自己敢嘗試就可以看起來更像直髮的同學。看著這些藤蔓挑釁地延伸出去，再將自己緊緊地捲曲起來，以便不斷地朝太陽伸展，我不禁露出笑容。我當時並不知道，花了很多年才能接受，不過捲髮是我本質強悍的部分，是我的遺傳特徵，現在我自豪地留著捲髮。沒有捲髮我就不知道自己是什麼人。

從我站的位置可以看見黴菌在櫛瓜與黃瓜上蔓延，儘管我一直噴灑乳製溶液來阻礙黴菌擴散。瓜類最終會抵擋不住黴菌，不過我希望時候未到，因為我確信還會結出更多的果實。另一陣突如其來的熱風讓幾株番茄的葉子烤得捲曲起來，還折斷了中間一株高聳的蒔蘿。蛞蝓啃過的萘菜上有一些小洞，而毛茸茸的毛蟲咬過的旱金蓮上出現了大洞。前幾天，我覺得我在南瓜上看到嵌紋病毒的徵兆，擔心會蔓延到園圃裡的其他植物上，因此採收了堅韌的果皮呈亮橘色、最成熟的果實，並且比計畫提早處理掉這些植物。

我可以看到三座新的鼴鼠丘，不知道下一座可能會在哪裡出現。或許鼴鼠的行動有某種模式或邏輯，那表示我可以猜出牠們下一步要破壞哪座園圃或哪種植物。雖然我想讓花園感到重新充滿活力，但是這任務可能會非常艱鉅、難以駕馭，而令人沮喪。有時感覺好像做得太多，花園越覺得承受不了就會變得越難控制。通常在這個時刻，尤其是一年的這個時節，最需要放棄想要控制的衝動。我停下腳步記下沒有按照計畫發展的地方，希望下一季能夠從中汲取教訓。

我提醒自己，儘管有些失望，而且今年令人焦慮和苦惱，但我站在自己成真的夢想之中。我正站在我的溫室旁，位在我栽種餵養自己的食用植物的花園裡。生活在英格蘭鄉間，經歷了一場全球的大流行病，體驗了前所未有的種族討論，這可能是讓我感覺最接近家的地方。看著模里西斯黃瓜彎彎曲曲地朝天空伸展，等著看秋葵花凋落後剩下的豐滿莢果，留意苦瓜長出第一批花蕾——雖然在生長季節結束前來不及結果送給我媽——是非常踏實、誘人的成就。

第13章

我的身體總是知道秋天何時來到。當一個季節鬆手，邀請下一個來立足時，我會察覺到小小的滑動。破曉時分霧氣迷濛，每片草葉的頂端都結著微小的露珠，位在低空的清晨太陽移動，照得每滴露珠微微閃光。在夏末幾個月，大多數時候都是寒鴉的啼叫聲和海鷗的大笑聲，現在我又能聽見悅耳的鳥囀了。椋鳥回來了，一大清早就在臥室窗戶外閒聊。雞群正在換毛，脫換的羽毛和第一批落葉從後門吹進來，偶爾長腳蛛也會一起，懊惱得在屋內踉蹌地走來走去。隨著生長逐漸減緩，光線開始變暗，變化令人無法抗拒的特性就顯露出來。我的直覺和靈魂早在大腦能夠辨別什麼出現變化之前，就已經認出秋天最初的姿態。我的胸口有種述說著可能性的輕微疼痛，一種因潛力而沉重、因希望而輕快的感覺。一個新的鉛筆盒，打開一本全新的筆記本，想像未來一年的旅程。

如今我們已經在鄉間住了將近一年，成功地度過一輪四季是我想要重複的成就。我想要留在這裡，繼續看著薄暮的光線在紫藤葉間舞動，明年再次嘗試在溫室裡種苦瓜。儘管我不知道冬天是否會因為白晝縮短、夜晚變冷而難過，因為以往的冬季都很難熬，但我樂於接受逐漸變暗的光線和日益放緩的精力，及灌輸在這季節變化中的指引——要萬物沉靜、退縮、休息的呼籲。我要放棄控制所有我抽不出空來做，以及沒有成功、沒有成長的一切，藉由鬆手，接受接下來將發生的任何事。

在這段時期我一年中最愛的水果出現了：第一批蘋果和青梅。某個心曠神怡的一年，我在一處農場工作，那裡的晚熟覆盆子進入九月才成熟。我遭受那些偷偷從圍籬底下鑽進爬出、在灌木叢下面擺好尖刺的無賴荊棘威脅，並且多次在樹林裡絆倒，因為被肆無忌憚橫過小徑的枝條絆住腳，差點摔得臉貼地，就這樣又過了一年的時間，我終於想起為什麼要忍受這一切，因為黑莓終於來了。

每隔幾天，在下午三點左右，我們就會把收藏的舊優格罐聚集在一起，走到後面田野採摘成熟的漿果，讓指尖刺痛、染成紫色。我把身體擠進一團混亂、長滿尖刺的莖幹之中，在我能忍受的範圍內盡量靠近，盡可能地多摘一些，長袖運動衫都被鉤破了。長得最好的總是正好在搆不著的地方，儘管如此我還是悄悄地走近，努力避免那些尖刺在我夏天晒黑的皮膚上刮出白線。即使把太陽晒過仍然溫熱的漿果壓到上顎上，嘗到的味道不是我希望的甜而是極度的酸，我還是感謝這種我在春冬兩季咒罵的植物，它以貪婪和慷慨挽回了形象。

這時期也是戴姆森李子出現的時候，我認識這種水果只有幾年，但是比其他所有的李子都要來得喜歡。瑞秋和格雷姆從夏末以來就一直分享他們花園的豐收成果，用番茄和維多利亞李子裝滿我們的口袋。但是從春天開始，我就不時注意他們家的戴姆森李子樹，現在終於結滿了成熟的果實。山姆輕輕地把樹枝拉向我，我盡可能地多摘，裝進帆布袋裡帶回家。戴姆森李子是種奇特的小東西，但是我覺得非常地美味可口，是我最忙碌的種植月分即將結束的象徵。

戴姆森李子的果皮是深得近乎黑色的靛藍色，鮮豔黃色的果肉緊緊地黏在果核上，這種水果要求你為了享受它的滋味的特權而努力，因為這種果實有苦味，生吃不好吃。必須先煮過，它們才會臣服於你，我這麼珍愛它們的部分原因可能正是因為需要努力。我烤了一些攪拌到麥片粥裡，再將另一把戴姆森李子做成克拉芙堤法式甜點，其餘的則煮成果醬。要將果肉從果核上切下來極為困難，因此我用一些水煮半鍋的李子直到果實散開，混合物變成了深血紅色。加了糖以後，趁混合物不斷地翻滾時，我探頭到鍋子裡，透過起霧的眼鏡，用木勺將果核一一撈起。我是可以把果核留在裡面，但我無法想像那麼做。我寧可花點時間來確保我的果醬完美無瑕。

我在這裡比較注意日出日落的時間和色調。在晴朗的日子，黎明與黃昏的天際線豐富多彩而美麗。溫暖的桃紅色、柔和的櫻桃色，以及帕馬香堇花似的深紫色逐漸褪去，從黑暗轉變為冷色調的帝王藍，或是迅速變成黑暗。我一直認為壯麗的一天的開始與結束極為罕見，因為在城市裡建築林立遮蔽了地平線，所以我看不見。但是這樣的景致並不稀有；只是隱藏在視線外而且稍縱即逝。能夠有餘裕目睹白晝轉變成黑夜，或是初升的太陽取代清晨的黑暗，是一種恩典。這種壯麗的景象在足夠晴朗的日子裡只出現短短幾分鐘，而且只有那些有幸能夠看到完整天空的人才看得見。由於可以清楚地看見林木線，我看著又大又低的月亮，在傍晚的天空中發出光潔的橙色光芒，明亮無比，你甚至可以畫出成為月球表面特徵的峭壁與山脊的地圖。能夠見證這時空的鍊金術，看到最神聖的變化及最鮮明的萬物無常，是一種恩賜。因此我在這種時刻盡可能多注視天空與大地交會的地方。凝視地平線能夠讓我鎮定下來，不像城市景觀那樣會令人眼花繚亂。

我經歷過一些與自然界最令人驚嘆、幽靜宜人的時刻都是發生在城市裡，然而正因為這些時刻我才渴望獲得自己相信能夠在鄉間找到的空間與寧靜。我認為在這裡，大自然的一切包括我在內，都會有更多機會深深吸入新鮮的空氣。在城市裡可以找到很多生命，但是對這些生命熱情友好的空間並不多——樹木種植在路旁，根部包裹在混凝土中，樹枝被路過的公車從樹幹上扯下來。當成街道家具來設置的灌木叢與矮樹，成為裝空飲料瓶和洋芋片包裝袋的容器，安裝在牆上的尖刺阻止爪子變形的鴿子棲息，蒲公英被噴灑了有毒的除草劑，翻找垃圾箱的狐狸跑進黑夜，以逃避我們的沮喪和憤怒。大多數在城市裡謀生的植物和生物都被視為是害蟲、雜草、害獸。我自己也會咒罵挖起我剛加覆蓋層的園圃的松鼠，當這些植物與我為了生計種植的作物競爭時，我會將它們從土裡拔起，稱之為雜草。我在城市時不一定熱情友好，現在在鄉下也不見得總是熱情友好。明年黑醋栗開始成熟的時候，我會及時用網子罩住，防止那些該死的黑鶇把黑醋栗吃得一乾二淨。

雖然我現在住的地方有空間與寧靜，卻找不到荒野。在城市人的眼睛與耳朵裡，鄉村似乎比較「自然」。我以為這就是我想要的，到一處人類痕跡沒那麼明顯、生物有更多空間茁壯成長的地方，然而如今我在這裡，發現與我想像的荒野大為不同。這裡也是人為的地方。這些綿延起伏的金色與綠色的田野都是荒蕪的私人土地，任意用冬青和荊棘的灌木樹籬及帶刺鐵絲網的圍欄來劃分。沒有真正探索的自由，小徑和期望路線、梯蹬和黃色箭頭告訴你該往哪裡走，提醒你禁止擅自闖入。沒錯，這裡有林地，到處都是山楂及橡樹、啄木鳥與紅腹灰雀、鹿和獾，但這些空間並不像看起來的那麼「自然」，在這片鄉村裡可能沒有一處是我想像的那種荒野。

我逐漸領悟到我真正渴望的是市集園圃和農場的熱烈、活力與生氣，在那裡人類促進欣欣向榮的生態系統形成。我想望的地方不是沒有人而是充滿了園藝家和栽種人，他們用心目中的荒野與美麗來培育植物和土壤。我渴望的空間是人與自然界深切地纏繞在一起，而不只是繞過別人的私有土地邊緣。我想要居住的地方是放棄劃分與控制的欲望，在那裡園圃側邊的植物可以溢出到小徑上。我想要尋求的地方是人類親手栽種植物，邀請其他的生物到來，這樣我們就可以一起在四季裡跳舞。我想要待的地方是人們將土壤當成神聖的實體崇敬，在那裡美麗和美味的植物並排生長，到處都是有意圖的地球人，而不是完全沒有他們。我想要待在小型農場、社群種植空間、市集園圃，在那些地方人們都是有意圖、無章法地種植，種到作物都滿溢出來，並且歡迎所有的生物，我想要在那裡和其他栽種的人一起。

菜園裡的櫛瓜和黃瓜在結出最後一批畸形的果實後，澈底向黴菌屈服。自從法蘭西斯風暴差點將番茄吹倒後，番茄就斜向一邊生長，現在一株接一株遭枯萎病擊敗。準備開花結籽的萵苣變得又老又苦，因此我將所有的萵苣從土裡拔出來放進堆肥。在原本芝麻葉生長的地方，我種下芥菜幼苗，想像接下來幾周它們會展開有皺邊或捲曲的紫色葉子，然後冬眠一整個冬季，準備明年春季再度生長。溫室裡，苦瓜植株已經結出第一顆極綠的果實，比我的小指頭還小，而且不可能再長多大，因此很遺憾地，無法收割烹煮。我明年要再試試看。

雞現在會對我說話了。牠們歪著頭直視我的眼睛，讓我知道該給牠們晚間的一把玉米了。我說服自己，牠們體型小，比較不可能飛走，然而體型小、體重又輕，讓牠們比正常大小的雞更善於飛翔，事實證明葛蕾絲就愛好高處。牠喜歡上飛到花園盡頭最高的圍籬樁上，只有幾株菜將牠和外面廣大的世界隔開。我只能屏息看著牠和牠黑色羽毛上斑斕的綠色在秋天的斜陽下閃閃發光，希望牠會飛回我身邊而不是飛走。咪咪仍然很害羞，除了我在清理雞舍的髒亂時，牠會密切注意我是否清得很澈底。起初雞遊蕩進來時，我們會將牠們趕出屋外，但是只不過放寬了一次設定的界線之後，每次我們將後門打開，牠們就會大著膽子闖進廚房。大多數早晨牠們會走進來悄悄接近餐桌，希望得到一些早餐的麵包屑或一小塊香甜的水果。假如沒有現成的東西，牠們會慢慢四處遊走，在廚房地板上仔細搜尋可食的殘渣。因為和雞共享花園，所以現在我在花園裡走動時跟以前不同。牠們會跟著我來來回回，鑽到我的腳下，吵鬧地干擾我做事，忘記我只有在需要抓鼠婦或是拔甜菜根時才會在那裡。

我們去散步找尋真菌，我不時會發現一些東西，蹲下來檢查林地地面獻上的禮物。在倒塌白樺樹幹上所綻放的形如茶碟的肥厚多孔菌，天鵝絨般的藍色麗殼菌的皺邊緊緊依附在枯樹皮上，一簇簇奶油黃的金毛鱗傘驕傲黏滑地坐在一截翻過來的老樹幹上。卡通似的毒蠅傘從枯葉中硬往上擠，起先狀如陰莖，然後張開來形成帶有白色斑點的紅傘，述說著小仙子、幻覺，與耶誕節的飛天馴鹿的故事。我曾經參加過一場說明菇類生長過程的研討會，立即對菇類的奇特以及它們與植物的天壤之別深深著迷。

由於生長不需要陽光，真菌的大部分，也就是菌絲體，在土裡穿行生活，滲透到一塊木頭裡或是占據任何它所占有的基質。真菌在哪種基質裡生活就會消耗那種基質，因此真菌是出類拔萃的分解者。我們所認為的菇類只是真菌的子實體，當真菌準備繁殖時會衝出地面，到陽光下散布孢子，重新開始循環。真菌的本領幾乎深不可測——淨化汙染物質、去除放射性廢棄物的毒素，讓樹木能夠互相照應。它們持續在冰涼、黑暗、安靜的地方工作，不被人看見，直到適合露頭的時機到來，這是值得追求的人道生活方式的典範。

今天我們順著一條小徑往下走到一座蓄水池，夏天把池中的水給清空了，地面彷彿乾旱似的裂開，不過仍保有足夠的水在腳下令人不安地吧唧作響。我走到池裡的地面上，有一點下沉，不過迫不及待想要探索這個人眼很少看到的空間。涓涓細流汩汩流動，在潮濕的深棕色土地上形成一條條橘紅色的紋路，原本應該是水最深的地點現在光禿禿的，不過在曾經有水的地方邊緣長著東爪草和蕁麻。我循著一頭鹿和一隻狐狸的腳印深入泥巴裡，然後在鹿調頭但狐狸繼續走到對岸的地方停下來，因為我也不想再陷得更深。山姆想要沿著河流回到小徑上，但是我們往前走時水又開始再度出現，每走一步水就越深，直到我們發覺自己爬上陡峭難走的河岸，在茂密的樹木間找尋回到林子的路。這就是山姆的作風，憑著直覺走，萬一直覺帶你迷了路，那就爬過灌木叢，直到找著通往小徑的路為止。

在健行回程的路上，我看到了一種熟悉的真菌，一種我終於不需要應用程式來辨識的菌類植物——肥厚、有絨毛的苞片有芭蕾舞裙般的褶邊，顏色呈同心圓排列，外圈是檸檬黃，裡面是珊瑚紅。這是硫磺菌，而且這朵樣本相當可觀。我頭一次也是唯一一次吃到是在格洛斯特郡，有一名農場工人給我看硫磺菌的模樣，然後烹煮了以後當我們周一的晚餐。我上網查了一下，確保不會害自己中毒，覺得確定後，便從底部輕輕地折斷，然後小心翼翼地塞進外套口袋，回家後我要用大蒜和一些花園裡種的歐芹來料理這朵硫磺菌。

氣溫開始下滑，早晨放雞出去變成是一項越來越冷的差事，我也越來越少澆水。如同往常，當秋分來臨我就開始恐慌，因為「我還沒有充分享受好天氣」，我想要在季節轉換前再多擠出一點時間去散步探險。當我在做早餐，山姆正努力尋找我們早上要去探索的地點時，收音機傳來的聲音正在討論英國國民信託和一份即將發表的報告。報告將會說明一項顯而易見的事實：英國國民信託管理的一些莊園宅第和其他財產，是因為奴隸交易與殖民主義才有可能存在。這項歷史研究成果感覺並不受到歡迎，廣播主持人只是為了提供「平衡報導」，感覺不得不提及這件事。

這種不願承認主流的歷史記述並不完整的態度感覺令人氣餒又不合理。嚴厲指責「既定的」歷史不僅是為了尋找曾經遭到抹滅的東西，深入挖掘我們集體歷史中這些醜惡、複雜的時期能夠提供我們一片透鏡，經由這透鏡我們可以觀察到帝國主義與殖民主義的剝削動力至今在許多方面仍然健在。我只聽到那幫日趨減少的帝國辯護者逐漸變弱的吶喊聲，我決定不給他們的反對意見過多的關注。

雖然清晨有點冷，不過太陽已經開始爬升。在季節交替時我從不相信英國的天氣，因此多穿了一層以防萬一。山姆告訴我要到鄰近的村莊散步，那裡有一組建築物的起源故事很奇怪。一名古怪的鄉紳是個眾所周知的酒鬼，在一七八〇年他二十三歲時曾擔任下議院議員，他在布萊特林村裡及周圍建造了一系列毫無功能的紀念碑，他們稱之為愚蠢建築。那裡既有趣又奇特而且夠近，我們在保溫瓶裡裝滿茶後出發，消磨接下來的幾個鐘頭。

我們開車不斷地往上走，在單線的鄉間小路上隨意行駛，直到爬升到夠高的地方，可以看到朝四面八方展開的風景。從這裡往南看，幾乎可以看到地平線上藍色的海岸線。空氣朦朧而溫暖，完全沒有濕氣，天空是柔和的淺藍色，一只紅色的風箏盤旋在天空中央。這條鄉間小道似乎沒有起點或終點，因此我們停好車，朝最近的建築物的方向走去。我們按照指示路徑沿著荊棘與金雀花的灌木樹籬走，在樹籬另一側，剛出生的小牛和牠們的母親，與一隻臉的周圍盡是捲毛的公牛，看著我們經過。我們來到的第一個愚蠢建築是座塔，事實上是一座塔樓，塔的大部分都被四周圓形林地的樹木遮蔽而看不見。這是一座石砌的宏偉建築物，窗戶上有鐵欄杆，脫離現實地矗立在這裡，沒有明顯的用途，可能曾經有段時期可以爬上裡面的環形樓梯，但是目的不明。這裡的位置優越，從地面眺望就足以令人印象深刻；蓋一座塔實在毫無意義。

我們跟著山姆手機地圖上的釘選圖示，回頭穿過田野進入村莊，經過一間漂亮的小石屋，屋前的樹上結滿了搆不著的蘋果。我們找到的下一個愚蠢建築是在教堂墓地裡。這是一座金字塔，是那鄉紳的陵墓，是個古怪的東西，也許有二十呎高左右，占據的空間比鄰居風化的墓碑要大上許多。傳聞他在死前就籌劃建造了這座金字塔，並且埋葬在裡面，挺直地坐在桌前，桌上擺了一瓶酒。我們嘲笑這陵墓的荒謬及浮誇，還有在小村子的教堂墓地裡看見金字塔多麼奇怪。我繞著金字塔走一圈，在應該是門的地方費力地往內窺探，山姆則大聲唸出更多約翰・「瘋子傑克」・富勒的生平事蹟。

「瘋子傑克是藝術與科學的贊助人，他為伊斯特本購買了第一艘救生艇，買下波定堡使其免於遭到摧毀，而且公開支持奴隸制。這篇文章說他大聲疾呼反對廢除奴隸制。」

我應該猜到的，我當然可以猜得到。一個擁有如此龐大財富的人，建造了這些毫無用處的白痴殿堂，很有可能是透過剝削來積聚財產，這並不令人驚訝。我覺得噁心想吐。我開始討厭一個地方、一座建築，或是一棟房屋可以在一時看起來迷人或美麗，然而當處在完整的歷史，也就是它的起源故事中，卻可以變得令人失望和怪誕。他被譽為慈善家卻同時稱得上是個奴隸制的狂熱支持者，對此我怎麼可能不氣得毛髮直豎呢？

我走回馬路，坐在長椅上等候山姆。他正在和他祖父進行視訊通話，我不想讓爺爺看到我又悶悶不樂。四周沒有別人，因此我靜靜地看著從人行道長出來的逐漸萎縮的蜀葵。我背後的牆上掛著一塊幾乎空白的布告欄，只有一份最新的教區會議議程，有兩個事項要討論，還有一張護貝過的公告，說明如何發現「外來的」亞洲黃腳虎頭蜂。在這些公告下面還有一張紙，釘在布告欄上，上面寫著：

聖湯瑪斯貝克特教堂與「黑人的命也是命」運動

我們團結一致，竭力對抗種族歧視和壓迫，與黑人社群齊心站在一起。對布萊特林教區教會而言黑人的命很重要，對每個人來說應該都很重要。

布萊特林新聞申訴委員會承認傑克．富勒生前參與並支持奴隸交易。聖湯瑪斯貝克特教堂奉行開放包容的方針，歡迎來自不同種族背景的遊客與信徒。

布萊特林新聞申訴委員會，二〇二〇年八月

這些文字遠遠比不上他們所指的那些建築物來得顯眼及令人印象深刻。這些文字是由行政教區委員會裡的某個人撰寫，獲得其他成員的同意後，在某人家中的電腦上打字、列印出來，再按尺寸裁剪。這些文字釘在布告欄上，供所有路過的人閱讀。這些文字指涉的這些將近兩百年歷史的建築物，一直以來都毫無疑問地受到稱頌，直到今年夏天促使人們反思選擇性地述說故事可能會對像我這樣的人造成什麼影響。

我想知道還有誰看到這張公告？我有可能是第一個讀到這張公告的黑人。這個意想不到的表達團結的告示告訴我，這小村莊裡的人考慮到像我這樣的人可能有一天會來到這裡，看見這座在教堂墓地中央的奇特金字塔。這篇公告也告訴我，這同一群人想讓每個人都知道，儘管他們致力於維護瘋子傑克委託建造的建築物，因為那是村莊歷史的一部分，不過他們也可以承認他的觀點令人憎惡。就只是幾個詞語而已，從全局來看只是微不足道的表態，但是在此刻，這些文字向我暗示改變是可能的，給予我些許可喜的寬慰。

有些人希望歷史乾乾淨淨，不想去思考英國國民信託管理的九十三處財產與殖民主義和奴隸制有關，或者邱園如何解決屬於它遺產一部分的剝削問題。他們希望過去停留在過去，因為木已成舟，他們希望我們相信雖然是統治，但是也有善行和益處。他們想要我們承認，儘管他們榨取破壞，不過沒有任何負面的後果持續到今天。他們希望我們接受其他的歷史（也就是我們的歷史），是毫無根據、無關緊要，甚至不存在的，同時拒絕承認他們故意遺漏的那些史實。我覺得希望我們集體的故事變成這樣子很奇怪。殘缺、抹殺、隱瞞。只要我和像我一樣的人還存在，並且拒絕接受這樣的抹殺，尋找我們故事的任務就會繼續下去。

畢竟，我們得接受什麼樣的捏造故事才會相信這些有權有勢的人和機構，以及他們造成災難的行動，沒有留下絲毫的痕跡？世人必須承認這些事實，償還那些被奪走的以及至今仍持續被拿走的東西，我們必須允許查哥斯人返回家鄉，並且為他們承受的一切提供補償。因此在抹殺導致沉默的地方，我們必須提高聲量要求一個公正的世界。

彌補的主意具有爭議性——倒不是我認為應該引起爭議。但另一方面，對我來說，相信彌補可能伸張正義並不會促使我認為自己將會失去什麼。只有那些知道，或者至少懷疑，他們生活中的物質享受，包括財富、特權、大片的土地並不成比例的人，才會立即駁回要求彌補的呼聲。要建立一個能夠逐步邁向公平的體制需要國際、多方、跨世代的許諾，這任務的規模難以推測，並且會讓特權階層付出他們無法忍受放棄的東西，這就是為什麼我相信談話從來沒有真正傳到那些有權可以兌現的人那裡。可是我也相信總有一天——或許不是在我有生之年，解決歷史上的不公不義的想法不會再受到忽視。已經有些機構，例如：邱園和英國國民信託，做出了尋求真相與和解的微小舉動，讓我抱著局勢總有一天會扭轉的希望。

「彌補」一詞的根源意思是修復，除了有形的補償之外還有很多修復的工作要做。以歸還土地、取消債務、交還財富的形式來彌補是正義；修復我們與土地的關係是我們終生的精神工作。因為除了竊取肉體和土地、植物與土壤、政府機構及控制權、管理體系與統治之外，還有其他方面的竊盜。精神也曾經遭到掠奪，至今仍然如此。另外還有歷史與希望、文化和傳統、想像力以及夢想我們自己主張的未來都遭到搶奪。我幾乎不忍去想那些強迫遷移的暴行以及他們承受的痛苦程度，這種痛苦難以磨滅，直到今天都還存留在他們許多後代的身體裡。所有這些遭痛苦占據的空間，本來可以有獨創力和洞察力、願景與信念，以及好奇漫遊的機會。我極度震驚地領悟到，就連我最誠摯的熱望都是在絲毫沒有考慮到我的發展的體制中所形成。我們對可能性的想像持續受到限制，而制定並執行這些界限的不公正體制也依然存在。我永遠不會知道在這種體制負擔沉重的視野之外，我可能會成為什麼樣的人。雖然我知道有很多值得我感謝的地方——首先要感謝的就是擁有許多特權和舒適的生活——但是我為自己失去的可能性感到悲傷，因為我對事物的理解、我的希望和想法都是透過白人、英語，以及身在這塊土地上卻不屬於這塊土地的稜鏡折射出來的。

因此我尋求修復，照護由於這樣的領悟造成的創傷。擁有餘地和恩典去找尋任何餘留的真相與故事，將我的心和所能找到的祖先碎片縫合在一起，為永遠失去的一切哀悼。修復看起來像是能夠追查交織在我血脈中的創傷的線，讓線引導我找到韌性以及逃亡，那也是我遺傳到的特點。修復是說出那些遭到掠奪、消失、抹殺的東西名稱，勇於要求歸還殘存的東西。今天，當我坐在紫葉歐洲山毛櫸的底部，背靠在銀色的樹皮上，聆聽一隻鵟對著上方的天空叫喚。當我要求管理這塊土地，全心全意地增進土壤的健康，選擇不將這塊土地視為是這個令我困擾的國家的一部分，而是把這裡的土壤視為是我的身體、勞動、溫柔，與土地之間的結締組織。這就是我眼中的修復。

修復是再造，對我來說就是透過栽種食物重新建立與自然界無限的關係。這是我一生中大多時候都感覺無法獲得的東西，對許多尚未找到方法回歸自然的人來說，這仍然是一個絕緣、令人不自在的地方。因為我們的祖先是被迫或者自願離開家族的土地，那塊他們熟悉的土地是他們自我的一部分。我們的祖先被帶到別處，在那裡他們的身體遭到利用、剝奪人性、支離破碎，被迫在土地上耕作，從日出做到夜晚——只要月光夠亮的話。對我們的祖先而言，這種勞動在被當成壓迫他們的工具之前，曾經是一種維生和撫養的例行工作，是光榮可敬的工作。我們的祖先逃離那個惡劣的環境，盡其所能地飛快逃跑，拋棄他們的鎖鍊和不合理的債務，逃進樹林的庇護所。

我的祖先開始認為這種播種、收割的勞動是卑賤、骯髒、毫無尊嚴的工作，因為工作是要出人頭地，而不是向下扎根。我們必須重新講述有關栽種食物的工作以及那些代替我們耕種的人的故事。我們必須再次抱著感激與崇敬的心看待他們，因為他們是生命的守護者。我們必須尋求修復，不僅是為了自己，也是為了我們的祖先，那些我們承繼了他們的骨血的人。我們必須為後代追求修復，讓他們有一天可以擺脫祖先的創傷，同時始終保有祖傳韌性的力量。修復並非單獨一人的追求，雖然我們的旅程是個人的，而且這條路走起來可能很孤單。我們必須在社群裡療傷，尊崇祖先的智慧，與那些和我們一樣尋求安寧的人一起治癒。

栽種食物既神聖又基本。這是少數我們可以指出是人類能夠繼續生存的原因的行為之一。我們每咬一口都吃掉不可計數的生物的貢獻，包括人類與超越人類的萬物。我們消耗掉陽光和水、光合作用的奇蹟，以及分解作用的慷慨，所有這些實體、元素、過程讓我們的生存成為可能。我們的生存是群體的努力。

栽種食物是我修復破碎心靈的方法，也是我將自己織回豐富而大膽的祖先織錦的方式。由於我沒有家譜，只能在脈搏中感受到我的祖先，我就是用這種方法讓自己扎根於現在——我自己獨特的現在——並且把握機會赤腳涉水進入長草中，當體重往下壓在泥土裡，明顯地體會到生根的感覺。是植物把我帶到這裡，它們向我伸出根系和枝葉，指引我該往何處去。因為有植物當我的嚮導，因此現在我明白了，儘管我以為自己沒有可稱為家的地方，但是我——我們的真正歸屬是大地。

樹木為你呼吸，蜜蜂為你嗡嗡作響，菌絲為你鑽入土壤深處。我們的祖先知道如何依照相互依存的法則生活，我們務必要學會那麼做。我們必須深入自己的細胞結構中，找尋那些世世代代以他們應有的大地管理員身分深留在記憶中的東西。當林地的寂靜讓頸部的汗毛豎起來，或者當熱燙的皮膚碰到令人痛苦的冷水而猛烈顫抖，或是當站在懸崖、峽谷，或山坡的峭壁上感覺到心的空間開闊起來時，深呼吸一口氣，我們就能夠接觸到那種記憶。積聚在皮膚上的鹽，流下的眼淚，通過嘴唇的氣息，全都證明了我們是多麼深切地連結在一起。大地存在於讓我們細胞穩定的水中，以及遍布我們骨頭的骨髓裡。我們的祖先深知我們與大地相互聯繫，現在我們有責任記住這一點。為了這個星球，我們唯一的家園，我們必須設法與那些神聖、密不可分的事物保持密切的關係。

因此我種植養育我的食物，包括黃瓜、秋葵，和小苦瓜，而且我就在這裡，在我所在的地方，做這件事。與季節共舞，在鳥鳴中醒來，暫停一下吸入雨後涼爽的空氣。我用這種方法重新將自己拼湊起來，用這種方法好不容易終於找到了歸屬感——一種人為的一切無法削弱的歸屬感。沒有任何邊界或劃分、身分識別，或者人為編造的認為我們彼此分離的看法，能夠讓我相信我不屬於大地。歸屬感是種行動，是名詞，但更像是動詞。這種歸屬感就像土壤一樣需要培養，因此每當我感覺歸屬感悄悄溜走，或是從手中被奪走時，我就播下另一顆種子，相信它會在我如今生活的這片土地上萌芽生長。我會照料這棵植物就像它照顧我一樣，當我需要想起了解家是什麼感覺時就仰賴它。

我爸給了我黃瓜種子，我認為這地方太過陰沉、寒冷、嚴酷，但他相信它們可以在這裡生長。我在六月又多種了一些種子，在新的溫室裡培育，雖然依照大多數栽種人的建議，時間有點太晚了。然後，到了七月，我將幼苗從盆子裡取出來，移到大花盆中，裡頭裝滿了堆肥和附近鼴鼠提供的質地細緻的土壤。儘管我種植秋葵的努力收穫不豐，但是黃瓜植株在整個八月瘋狂地生長，並且在月底開始開花，我每天密切地觀察它們，敦促它們繼續緩慢地成長到九月。黃昏時，我關上門窗以抵擋黑夜，身邊備著園藝用不織布，萬一氣溫降得太低就要將不織布披在它們上面。今天，在秋天的降臨變得無可否認時，我父母來這裡度過一天。

和往常一樣，我爸被屋裡所有需要修理的東西分散了注意力，因此我請媽媽用手肘輕推他走進花園，朝溫室走去。黃瓜就垂吊在那裡，緊抓住當令最後的活力，我拉開遮住黃瓜的大葉子，好讓他能第一次親眼看到他的黃瓜在這裡生長。他蹙起的眉頭轉變成難以置信的表情，接著綻放出燦爛開心的笑容。我很幸運能夠多次看到這種笑容，這是他的笑容，然後遺傳給我。我把修枝剪遞給他，他從藤蔓上剪下一條黃瓜，接著再一條，他將黃瓜放在手肘彎處，輕輕地抱在懷裡。然後他轉向我媽，將黃瓜高舉在空中說：「Pran enn foto! Mo bizin montre mo ser！拍張照片，我要拿給我妹妹看。」

後記

寫這本書是出於一種感覺，而不是想法。在邁入栽種食物的世界幾年後，我有種迅速萌生的感覺，覺得這工作比我聽到或讀到的要來得深遠。這工作雖然艱鉅，但感覺影響深刻、具有改造能力，而這種意義深刻的感覺要求我將其表達出來。

在喬治・佛洛伊德遭到殺害一周年的那天，我將番茄與黃瓜移植到室外，交了初稿，然後陷入了有點崩潰的狀態。就我看到的情況來說，儘管在IG上張貼黑色方塊後網路上出現了大量裝腔作勢、出於好心的交流內容，但種族正義的局面幾乎沒有什麼改變。在全球疫情持續發展、富裕國家囤積疫苗、氣候災難不斷發生的背景下，我在冬季封鎖期間寫作了八個月，脫離了這段時期後感覺到自己的任性及無能為力。當整個世界持續在燃燒的時候，一個人寫自己非常獨特的故事又有什麼用？

儘管如此，我仍繼續前進。等到我交完第三稿，秋天正在召喚葉子變色時，我的大腦不剩絲毫文字，身體也毫無活力，我前往西南部參加一個訓練課程——在野外待六天，學習如何鼓勵人類與自然界建立更好的關係。

我不是很喜歡露營，不過一直希望在露營中找到許多愛好戶外活動的人似乎享有的那種樂趣。我在訂位前猶豫不決，但是考慮到這是唯一有空位的住宿選項，因此我報名參加了課程，希望能夠從中獲得一些樂趣。山姆在我出門前一天教我如何搭帳棚，所以當我抵達時，天空烏雲密布，我成功在暴風雨降下之前搭好帳棚，我感到得意洋洋，一直到當晚我試圖睡覺的時候。大雨持續不停地下，氣溫降到攝氏五度，我整晚冷到顫抖著醒來，牙齒打顫到發疼。我不知道的是，帳棚的地墊讓水從底下滲入，因此到早上時我渾身又濕又冷而且筋疲力盡。在那之後，我就把車子後座放倒（謝天謝地，由於新型冠狀肺炎的關係，我是開車去而不是搭火車），在那一周剩下的日子裡，我都把身體蜷縮得像可頌麵包似的睡在那裡。

每天早晨，我都被懸鈴木種子掉落在車頂上的聲音以及努力穿透起霧窗戶的晨光給吵醒。雖然我對身體儘管有點痠痛但保持乾爽充滿感激之情，還是陷入憤怒與羞愧的情緒。我生氣的是那頂帳棚辜負了我，羞愧的是我在我逐漸相信是「以自然為中心的人」必不可少的活動上失敗了，儘管事實上沒有人清楚地告訴我，我要在帳棚裡睡五個晚上，除了一個冰冷的戶外水龍頭外沒有任何洗滌設施，廁所附近沒有洗手臺（我擔心生理期可能快要來了），也沒有地方為自己烹煮熱食。雖然營地接近一幢有宿舍設施的建築，卻得接受這種種不便，彷彿忍受身體的不適是一種未說出口的評判方法，用來衡量誰有資格、誰沒資格待在那裡。容忍度越高必定越愛大自然。

接下來五天的體驗好壞參半。訓練師提供的東西非常豐富，他們在協調團體方面經驗老到，並且樂於分享、示範他們認為在野外招待群體的有效方法。其他的參與者都很友善好心，但是不出所料，我一如往常又是這野外空間裡唯一可見的少數族群。儘管幾年來在各種天氣狀況下栽種食物的經驗讓我配備了必要的制服，包括堅固耐磨的健走靴、保暖層，及防水的衣物，但引人注目總是有點惱人。

雖然如此，當我看到其他參與者對於自己喜愛的景觀滿懷熱情，覺得與別人分享這份熱忱是使命時，我還是覺得十分感動。但是有些時刻卻令我感到擔憂和苦惱，在大家的語言、歌曲、談話中似乎滲透著一種潛在的信念，暗示著我們與土地的所有關係都一定相同——充滿敬慕、崇拜，毫無困擾，主要以歐洲為中心——而且沒有質問這種假設的餘地。這些參與者努力和土地建立連結的特點是，儘管笨拙但全心全意地傾向我們周遭的樹木與野生生物，同時不願意去深思我們可以接近土地所擁有的特權。在一次小組談話中，我提出了一種可能性：身為剛起步的自然引導員，我們的責任之一是檢視我們設定的期望、我們相信並重述的故事、我們想當然地認為是普遍性的真理，以及我們強化的觀點，這些可能——並且的確，為許多我們沒有考慮到他們的存在與經驗的人製造了障礙。然而我的論點只換來尷尬的沉默，讓我覺得自己好像是個對立者，是破壞和睦氣氛的人。

那星期的天氣多變。當秋陽露臉時，天氣和煦、令人心曠神怡，但是當雨又出現時——大多數日子都是如此——就帶走了舒適的可能性。我身上經常有點濕答答，總是覺得冷，渴望在室內溫暖的地方坐一會兒。有一條主要道路通往我們每天早上聚會的戶外教室，路況一天比一天泥濘。當我步履艱難地在這條短卻陡峭的小路上來回行走時，我滿腦子想著那些無法來這地方的人。雖然我在這個團體中可能感覺格格不入，但至少我的身體能夠在這空間裡活動。當然我們必須自問，在世人構思創造這些戶外體驗活動時，哪些人立刻被全面排除在邀請名單之外？

我在抵達這裡時心裡想著，我把去年一年花在寫這本書上是享有特權但毫無價值的，這種感覺逐漸騰出空間給其他的想法。它讓出空間給一種可能性：藉由勇於說出我自己的故事，我將會理所當然地在經常被認為是白種人、英國人，以及我不認同的那種身分所獨享的景觀，在那些我的存在是異類的地方，占據一席之地，這麼一來可能會鼓勵其他和我一樣的人做同樣的事。對於為了和他們一樣的人，或者充其量是應該會符合他們預期的人，而（有意或無意）看守這些戶外空間的那些人，我希望我的文字會促使他們深思他們排斥了哪些人。哪些人的存在遺漏了，哪些人的故事他們沒有聽過，哪些人的聲音他們沒有仔細聆聽，以及我們要如何糾正這種情況。另外考慮到我們正面臨了一場最終可能會摧毀所有人的氣候危機，不論我們擁有多大的特權，我們鼓勵與自然界建立連結的活動當然應該急迫地擴展到每一個人，所以要先從廢除阻撓任何人獲得這種可能性的障礙開始吧？

當課程結束時，我迫不及待地想要離開。我的衣服和頭髮裡附著著木材的煙味，身體因為六天六夜從未得到充分的溫暖，生理或心理都不曾舒適自在而疲憊不堪。我帶著與三年前同樣的羞愧和寬慰的心情開車離開，當時我從本國的西南部前往東南部，跟著同一張碧昂絲的專輯哼唱，努力重新找回自我。

我能聽見椋鳥在上面的雨水槽擺盪、撞擊臥室窗戶的聲音，對於在自己的床上醒來重新有種感激之情。山姆為我端來一杯綠茶並拉開窗簾，我看著粉紅色松鴉將我從窗戶看得見的那棵橡樹上的橡實扯下，然後飛走將橡實埋起來，為即將到來的冬季做準備。躺在這裡，我能看見遠處的樹木在忙著變換顏色。我盯著外面看了好一陣子，仍然滿腦子想著還有多少工作要做，才能讓我們每一個人都覺得自己在這片景觀中有一席之地。

翌日早晨，鏈鋸的聲音將我們吵醒。隔兩扇門的那對夫妻希望他們的臥室明亮一點，因此我喜歡觀賞的那棵寶貴橡樹正在遭到肢解。我聽著橡樹粗大的樹枝被鋸斷，掉落在下面的草地上，發出令人沮喪的沉悶聲響。鏈鋸嗡嗡作響時沒有看到任何鳥兒。沒有大山雀或藍山雀，也沒有灰斑鳩或寒鴉，椋鳥在別處，松鴉飛走了。牠們沒有留下來當見證，於是我留了下來，直到我再也無法忍受那猛烈的聲響在我體內不住地轟鳴。

我穿上一些舊衣，走到菜園裡。我不在的時候颳過的風暴把這地方吹得亂七八糟，豆類的支架倒塌，根被拖到地面上，成堆的枝葉扼殺了僅存的一點作物。這對從事園藝來說是奇怪的一年。我們在這裡的第二個生長季節，氣候比預期的潮濕涼快，以至於所有的番茄植株連一顆果實都沒有機會成熟就得了枯萎病。不過，模里西斯黃瓜倒是長得很好，於是我將冬南瓜的失敗歸咎於模里西斯黃瓜的成功。另外我成功地種出我媽最愛的綠葉蔬菜，我們在這裡一起採收、烹煮、食用。

溫室裡的狀況也相當混亂。紅秋葵整個夏季都遭受不斷啃食的害蟲侵擾，始終沒有完全產出。我種給爸爸用來做文達耶的細長茄子不再結果，倒下來互相撞在一起。但是攀爬在如今已死掉的模里西斯黃瓜植株乾枯的藤蔓上，苦瓜漂亮的葉子和小巧玲瓏的花朵仍繼續成長，而且在一簇灰褐色的枯葉下我發現兩條鮮綠、如爬行動物似的果實懸掛在那裡。我從來不了解我父母對這些帶苦味的東西的強烈喜愛，不過我確信再一次意外的收穫會令他們感到高興。我把苦瓜從藤蔓上剪下來時，口袋裡的手機發出嗶的一聲，是我爸發來的簡訊。我的外祖母今天早上過世了，她是我祖父母輩中最後一個走的，成為我最新的祖先。

我低頭凝視如今在我手掌中的兩條果實。她喜歡苦瓜。她一定會喜歡我在這裡設法栽種苦瓜，或許我也應該學著像個真正的模里西斯人喜歡吃苦瓜了。

致謝詞

爸媽，我做的一切都是因為你們。你們來到英國是為了追求美好的生活，並且為孩子爭取更好的機會，我想用這本書向你們的韌性、犧牲，以及你們給我的深切而無限的愛表示敬意。我寫這本關於你們的書是為了你們，也是因為你們，我很高興你們認為這麼做很好。我希望你們的父母、祖父母，我們的祖先會贊同。

山姆，我的摯愛。說我沒有你不可能寫出這本書是太過輕描淡寫。在寫下這些文字使我崩潰的時候是你讓我振作起來，在我滿腦子只想著這本書連你都顧及不到的時候，你鼓勵我、支持我、愛我。我很榮幸能夠和你一起培養這份堅定但狂熱的愛，謝謝你一直陪在我身邊。

Alice，我知道妳討厭為我做的事情居功，但是我目前擁有的生活很多都是歸功於妳和我們的友誼。過去幾年來妳向我表達的愛和鼓勵是我最珍貴的禮物，是妳促使這本書問世，並且給了我最寬厚的文字，讓我使用在原版的封面上。謝謝妳。

Becky，我們的友誼是在熱浪時耕耘土地的熱情中鍛造出來的，現在，我的生活裡不能沒有妳的智慧和心靈。妳是那段糟糕時期中唯一的一件好事，沒有我們之間認真的對話，這本書就不會誕生。

Henrietta，妳是我希望從小一起長大的姊妹。沒有妳的愛和強大的力量，我無法熬過這寫作過程中令人心碎的部分，我真是太愛妳、太欣賞妳了。

Hannah，親愛的，我不敢相信我的好運，妳就住在附近。妳貼心的存在、令人感到安慰的能量，以及對我的信心是我需要的慰藉，幫助我度過封鎖時期。

敬我出色的經紀人和生命中的陽光，Rachel。妳讓我認真看待自己和我的文字、想法，然後如龍捲風般，用魔法將我的文字與想法變成撰寫這本書的機會。我非常感謝妳讓《朱槿可以在這裡開花嗎？》成真。

致我才華橫溢的編輯，Poppy。謝謝妳選擇跟我一起踏上這趟旅程。有些時候，尤其是在仲冬的封鎖期間，當我覺得一切都不可能時，妳卻能夠溫柔堅定地引導我回到正軌。妳敦促我進一步深入探究，我知道這本書因此變得更好。我欠妳這份情。還有Chatto & Windus 整個團隊，感謝你們的支持。

敬Shiraz。你很快就感覺像是我的家人。認識你，一個對我們島嶼的故事深深著迷的模里西斯同胞，讓我明白我覺得需要質問不光是自我偏執的問題。我很榮幸這本書的原版封面能夠擁有你美麗的藝術作品。兄弟，謝謝你。

敬所有深愛的人，你們鼓勵我成長、認真思考、勇敢地大聲說出來。致那些驅策我寫作的人：Sara、Sophie、Sui、Chelsea、Dee、Josina、Andrew、Jack、Nikesh、Alexis、Tamer。謝謝你們。

敬無數的生命，包括人類與超越人類的萬物，我的茁壯成長全都仰賴你們。我對你們永遠懷著刻骨銘心的感激。

國家圖書館出版品預行編目 (CIP) 資料

朱槿可以在這裡開花嗎 ?/ 克萊兒・拉堤農 (Claire Ratinon) 著 ; 黃意然譯 . -- 初版 . -- 臺北市 : 遠流出版事業股份有限公司 , 2023.06
面 ;　公分
譯自 : Unearthed : on race and roots, and how the soil taught me I belong
ISBN 978-626-361-121-4(平裝)

1.CST: 拉堤農 (Ratinon, Claire.) 2.CST: 傳記 3.CST: 園藝學 4.CST: 歸屬感 5.CST: 英國

784.18　　112006678

朱槿可以在這裡開花嗎？

Unearthed : On race and roots, and how the soil taught me I belong

作　　者｜克萊兒・拉堤農
譯　　者｜黃意然
總 編 輯｜盧春旭
執行編輯｜黃婉華
行銷企劃｜鍾湘晴
美術設計｜王瓊瑤

發 行 人｜王榮文
出版發行｜遠流出版事業股份有限公司
地　　址｜臺北市中山北路 1 段 11 號 13 樓
客服電話｜02-2571-0297
傳　　真｜02-2571-0197
郵　　撥｜0189456-1
著作權顧問｜蕭雄淋律師
ISBN｜978-626-361-121-4

2023 年 6 月 1 日初版一刷
定　　價｜新臺幣 500 元
（如有缺頁或破損，請寄回更換）

YLib.com 遠流博識網
http://www.ylib.com
Email: ylib@ylib.com